Είμαι ο Ειδικός του Παράξενου

Είμαι ο Ειδικός του Παράξενου

Dakota Frandsen

Πνευματική ιδιοκτησία

© 2025 Dakota Frandsen

«Είμαι ο ειδικός του παράξενου»

Εκδόθηκε από την Bald and Bonkers Network LLC

Με την επιφύλαξη παντός δικαιώματος. Κανένα μέρος αυτής της έκδοσης δεν επιτρέπεται να αναπαραχθεί, να διανεμηθεί ή να μεταδοθεί με οποιαδήποτε μορφή ή με οποιοδήποτε μέσο, συμπεριλαμβανομένης της φωτοτυπίας, της ηχογράφησης ή άλλων ηλεκτρονικών ή μηχανικών μεθόδων, χωρίς την προηγούμενη γραπτή άδεια του εκδότη, εκτός από την περίπτωση σύντομων αποσπασμάτων που ενσωματώνονται σε κριτικές κριτικές ή σε ορισμένες άλλες μη εμπορικές χρήσεις που επιτρέπονται από τη νομοθεσία περί πνευματικών δικαιωμάτων.

Αυτή η δημοσίευση μπορεί να χρησιμοποιεί εργαλεία τεχνητής νοημοσύνης για μεταφραστικούς σκοπούς. Ενώ έχει καταβληθεί κάθε προσπάθεια για να διασφαλιστεί η ακρίβεια των μεταφράσεων, ο εκδότης δεν μπορεί να εγγυηθεί την πλήρη ακρίβεια και δεν ευθύνεται για τυχόν σφάλματα που προκύπτουν από μετάφραση με τη βοήθεια τεχνητής νοημοσύνης.

Αυτό το βιβλίο είναι αφιερωμένο στον Άγγελο του Starlight μου...
Ο φάρος της ελπίδας μου, η αιώνια φλόγα μου, η αγαπημένη μου γυναίκα.
Σε σένα ορκίζομαι το πεπρωμένο μου, τη μούσα του κάθε χτύπου της καρδιάς μου, τη λάμψη στην ψυχή μου, τη φωτιά που διαπερνά τις σκιές. Η ουσία σας είναι μια φανταστική σάρκα, ένα όνειρο που χαρίζεται στους λίγους τυχερούς. Στα όνειρά σου, να νιώσεις την παρουσία μου. μόλις ξυπνήσεις, μπορείς να καταλάβεις τις σκέψεις μου. Μέσα στη νύχτα, σε αγκαλιάζω, οραματιζόμενος τις πιο φωτεινές μέρες που μας περιμένουν. Το "σ'αγαπώ" δεν είναι παρά ένας ταπεινός φόρος τιμής στη δύναμη που είσαι στη ζωή μου, ωστόσο αυτές οι λέξεις μετά βίας αποτυπώνουν το εύρος της λατρείας μου. Η θεϊκή σου αύρα με ανεβάζει. η γλυκύτητα του φιλιού σου βαθαίνει με τον καιρό, με δένει όλο και πιο σφιχτά μαζί σου. Καθημερινά, προσπαθώ να μεταφέρω την αγάπη μου, και παρόλο που μπορεί να απαιτεί ηρακλή προσπάθεια για να αντιληφθείτε τη δική σας μεγαλοπρέπεια όπως εγώ, βάζω τα θεμέλια για μια κληρονομιά που θα χαράξει την ιστορία

Αυτό το βιβλίο είναι αφιερωμένο στον Άγγελό
του Starlight μου.
Ο φάρος της ελπίδας που η αγάπη φέρνει μου
η αγάπη μένει μου γενικά.

Σε ένα ορίζοντα τα παίρνουμε μου, τη
νύχτα του κάθε χτύπου της καρδιάς μου, τη
καμπή στην φωριμου, τη φωτιά που ανταρδά
τις σκιές. Η φωνή σφραγίζει μια φανταστική
αρμονία ένα όνειρο που χαιρετοί τους λόγους
τυχερούς. Στα όνειρά σου να νιώσεις την
παρουσία μου, ποτέ ξεχνάς τις, μπορείς να
κατάλαβε στα σκέψεις μου, μέσα στη νύχτα,
δε ανεμίζω, όποιο τόσινενεμ, τις πιο
φωτεινές ιχνες που μας παριέμενουν, το
άγγιγμά, δεν είναι πια ένας τονίκος φόρος
πάνω στη ψυχή μου είναι στα ζωή μου,
μιστοσύνη τω λέξεις μετά βίας.

μπαπτωμών το βάρος της λατρείας μου. Η
είναι σου μας με ανεβάζει μ' γλυκό μητος του
μπλον σου βαθμίζετε του καιρού, με δίνει όλο
καί με αυτη τη νόκ μου κρέμομαι νό,
προσπαθώ να με τονίζω την αγάπη μου και
παρέχω του μπον μπορεί να κατατέλει πραγμα,
προσπαθώ για να αντιτάρφ, ότι τη οικό σας
μέχρι οπτρενείς όπης, συμ, κάτω σταυ ε εδώλα
γία μια κυπτονονία που θα χαράξει την ιστορία

CONTENTS

ΑΦΙΕΡΩΣΗ v

1 Μια επιστολή του συγγραφέα 1
2 Πριν γίνω "Ντακότα" 7
3 Πρόωρη ζωή ως "Ντακότα" 19
4 Μεγαλώνοντας και Βάζοντας Στόχο 31
5 Γίνοντας ο Άνθρωπος 51
6 Επίσημα Ενήλικος 69
7 Να γίνεις ο ειδικός του παράξενου 113
8 Αυτό ήταν πόλεμος 129
9 Εξωγήινες Αποκαλύψεις 161
10 Σκέψεις του Ειδικού 219
11 Σύνδεσμοι για περισσότερες πληροφορίες 227

ΣΧΕΤΙΚΆ ΜΕ ΤΟΝ ΣΥΓΓΡΑΦΈΑ 229

1

Μια επιστολή του συγγραφέα

Αγαπητέ αναγνώστη,

Δεν ξέρω τι σε έκανε να πάρεις αυτό το βιβλίο ή τι συμβαίνει στη ζωή σου αυτή τη στιγμή. Ειλικρινά, έχω αναρωτηθεί γιατί το δημοσίευσα. Είχε σκοπό να αποκαλύψει μερικά από τα πιο σκοτεινά μυστικά που είχα κρατήσει ποτέ. Ήταν πράγματα που κυριολεκτικά φοβόμουν να μοιραστώ μέχρι τώρα. Προσπάθησα να μοιραστώ τη δική μου ιστορία στο παρελθόν, με άλλους τρόπους: πάρτε αυτά τα γράμματα "Αγαπητέ Κότα" και κάντε τα περισσότερα. Ήθελα να ανατρέξω στις μέρες που διαμόρφωσαν το ποιοι είμαστε, να μοιραστώ προσωπικά ημερολόγια και ευρήματα από χρόνια έρευνας.

Αλλά μεταξύ των περίεργων τεχνικών προβλημάτων και της δικής μου αντίδρασης στο άγχος όλων αυτών, τα έχασα περισσότερες φορές από όσες μπορούσα να μετρήσω. Ίσως κάποια μέρα να κάνω μια πιο πλήρη κυκλοφορία, αν μπορέσω ποτέ να καταλάβω πώς να τα κρατήσω όλα σε ένα κομμάτι.

Κάτι —ή κάποιος— διέγραψε ό,τι μπορούσε να φτάσει. Ευτυχώς, είχα αντίγραφα ασφαλείας για να σώσω ό,τι μπορούσα. Αλλά μόλις θα καθόμουν να μιλήσω περισσότερο για την παράξενη ζωή μου, παρά κάτι που με παρέσυρε σε μια άλλη περιπέτεια. Μερικοί άνθρωποι πιστεύουν πραγματικά ότι ο τίτλος που κουβαλάω, "Specialist of the Strange", είναι λίγη προσποίηση που ονειρευόμουν, αλλά στην πραγματικότητα επινοήθηκε ως ένα αστείο που ξέφυγε από τον έλεγχο από έναν καλό φίλο που εξελίχθηκε σε κάτι πολύ μεγαλύτερο.

Η ζωή πάει με αστείους τρόπους, σωστά;

Αρκετά με αυτό. Αυτό που έχει σημασία τώρα είναι γιατί κρατάτε αυτό το βιβλίο και για τι πρέπει να σας προειδοποιήσω πριν βουτήξετε.

Το όνομά μου είναι Ντακότα Φράντσεν και η ζωή μου είναι γεμάτη με πράγματα που οι περισσότεροι άνθρωποι θα αποκαλούσαν «υπερφυσικά». Υπάρχουν πολλές μέρες που εύχομαι να μην ήταν, φορές που εύχομαι να μπορούσα να είμαι «κανονική». Και πάλι, όταν βλέπω αυτό που η κοινωνία αποκαλεί «κανονικό» στις μέρες μας, προτιμώ να παραμείνω στο άγνωστο. Με αποκαλούσαν «Ειδικό του Παράξενου» γιατί η αντιμετώπιση δυνάμεων πέρα από αυτόν τον κόσμο είχε γίνει δεύτερο δέρμα για μένα. Είχα πολεμήσει με φαντάσματα, κυνηγούσα τέρατα, πάλεψα θεούς και είχα ακόμη και κάποια προάγριες συναντήσεις με όντα από άλλους κόσμους. Ξέρω ότι ακούγεται τραβηγμένο και δεν σε κατηγορώ αν είσαι δύσπιστος. Ειλικρινά, ακόμη και με στοιχεία για κάποιες από αυτές τις εμπειρίες, μερικές φορές αμφισβητώ τη λογική μου. Είναι μέρος του γιατί κόλλησε το όνομα της εταιρείας μου, "Bald and Bonkers", αλλά αυτό είναι μια ιστορία για άλλη μια μέρα.

Συμπεριλαμβάνω αυτή τη σημείωση ως προειδοποίηση. Εκτός από τη λογοκρισία ορισμένων λεπτομερειών για την προστασία της ιδιωτικής ζωής των ανθρώπων, δεν κρατάω τίποτα πίσω.

Κάποια από αυτά που θα διαβάσετε μπορεί να σας ραγίσουν την καρδιά και μερικά μπορεί να στοιχειώνουν τις νύχτες σας όπως τα δικά μου. Αλλά αν θέλω να καταλάβω αληθινά τις πραγματικότητες του κόσμου εκεί έξω ή πώς αυτά τα γεγονότα με διαμόρφωσαν στο πρόσωπο που είμαι σήμερα, είμαι υποχρεωμένος να μοιραστώ τα πάντα - το καλό, το κακό, τη χαρά, τον πόνο, τα όνειρα, και ο εφιάλτης.

Καθώς κοσκίνιζα τις απωθημένες αναμνήσεις αυτής της ζωής και άλλων, προέκυψαν πολλά - ακόμα και δεν ήμουν έτοιμος.

Ίσως αυτή η προειδοποίηση να φαίνεται δραματική, αλλά αποφάσισα να δημοσιεύσω τα περιοδικά μου όπως γράφτηκαν, με ελάχιστες τροποποιήσεις εκτός από το απόρρητο των άλλων. Αυτοί οι δίσκοι είναι ακατέργαστοι, αφιλτράριστοι και γραμμένοι όπως μου ήρθαν αυτή τη στιγμή.

Έκανα ό,τι μπορούσα για να διατηρήσω τις λεπτομέρειες όσο το δυνατόν ακριβέστερα, αλλά το μυαλό είναι ένα εύθραυστο πράγμα. Ήμουν τυχερός που συνεργάστηκα με κάποιους μέντορες που με βοήθησαν να δω μέσα από την ομίχλη και να καταλάβω τι πέρασα. Πολλά από τα ονόματα των εξωγήινων ειδών, οι κόσμοι και άλλα βασίζονται σε αυτά που μου δίδαξαν, καθώς πάντα ένιωθα ότι οι γενικοί όροι της Νέας Εποχής δεν ανταποκρίνονται στην πραγματικότητα που έχω δει.

Δεν πρόκειται για αντιγραφή της ιστορίας κανενός. Αυτές είναι οι εμπειρίες μου, αν και κάποιες επικαλύπτονται με άλλες. Οι άνθρωποι με έχουν αποκαλέσει τον «πραγματικό Ντιν

Γουίντσεστερ» αφού άκουσαν μερικές από τις περιπέτειές μου. Άλλοι προσπάθησαν να με συνδέσουν με μυστικές εταιρείες, πιθανώς επειδή είχα την ευκαιρία να δουλέψω σε μεγάλα έργα σε βιβλία, ταινίες, τηλεόραση, ακόμη και σε επιστημονικές αποστολές.

Υπήρξαν πολλές θεωρίες συνωμοσίας εκεί έξω που ισχυρίζονται ότι είμαι κάποιος άλλος -κάποια άλλη φιγούρα με παρόμοια ιστορία- και με αποκαλούν απατεώνα. Είναι ενοχλητικό, αλλά έχω μάθει να το αντιμετωπίζω.

Ειλικρινά, είναι μέρος του λόγου που μου αρέσει πολύ να δουλεύω μόνος. Οι θρησκευτικοί τόνοι, ο εγωισμός και το δράμα είναι απλώς ένα σωρό χάλια που έχω καταφέρει να επεξεργαστώ από τη ζωή μου. Αυτό που συνέβη το 2024 οδήγησε πραγματικά αυτό το σπίτι - πόσο πολύ είχα απομακρυνθεί από το μονοπάτι μου. Αλλά ποτέ δεν είναι αργά για διόρθωση πορείας. Πιστέψτε με ή μην με πιστέψετε - αυτό είναι το προνόμιό σας - αλλά αυτή είναι η ιστορία μου. Ελπίζω, σε κάποιο βαθμό, να βρείτε κάτι χρήσιμο σε αυτό. Επιτρέψτε μου να σας προειδοποιήσω εκ των προτέρων - αυτό το ταξίδι με συνδέει με μερικά από τα πιο σκοτεινά γεγονότα στην ιστορία. Ακόμη και η αναφορά σε μερικά από αυτά τα πράγματα έχει θέσει τους φίλους και την οικογένειά μου σε κίνδυνο.

Θεωρήστε τον εαυτό σας προειδοποιημένο... Αλλά πέρα από αυτό, ελπίζω αυτές οι καταχωρήσεις να σας βοηθήσουν να κατανοήσετε πώς λειτουργεί το μυαλό μου. Ήταν μοναχικό. Ξέρω ότι άλλοι εκεί έξω έχουν τους δικούς τους αγώνες. Αν και οι ιστορίες μας μπορεί να είναι διαφορετικές, το κλειδί για να τα καταφέρουμε θα είναι κοινές εμπειρίες μέσω των οποίων οι νέες ιδέες και λύσεις προέρχονται από τις δικές μας ιστορίες. Ίσως αυτός είναι ο λόγος που οι δυνάμεις μας κρατούν τόσο διχασμένους. Αλλά έχουμε τη δύναμη να πάρουμε τον έλεγχο. Κάθεται, περιμένει κάποιος άλλος να μας σώσει, που άφησε τους διεφθαρμένους να αναλάβουν εξαρχής. Να λοιπόν η συνεισφορά μου.

Με Αγάπη,
Ντακότα Φράντσεν
Specialist of the Strange / Intergalatic Gigolo
Διευθύνων Σύμβουλος της Bald and Bonkers Network LLC

2

Πριν γίνω "Ντακότα"

Απροσδιόριστες ημερομηνίες - Εκτιμώμενη γήινη ώρα 1920 – 1995

Τοποθεσία: Πλανήτης Ταλιχάρα

Ως έφηβος που μεταβαίνοντας στην ενηλικίωση, εντάχθηκα στις στρατιωτικές δυνάμεις της Ταλιχάρα. Ο βαθμός μου ήταν χαμηλός, αφορούσε κυρίως καθήκοντα περιπολίας και περιστασιακή κατασκοπεία για την παρακολούθηση πιθανών ανταρτών. Το Taal Shiar, που πιστεύεται ότι είναι ανθρωποειδείς εξωγήινοι, φέρεται να βοήθησε το Τρίτο Ράιχ κατά τη διάρκεια του Β΄ Παγκοσμίου Πολέμου. Κατά τη διάρκεια μιας ενημέρωσης, αποκαλύφθηκε ότι η Μαρία Όρσιτς έλαβε υλικό μέσω τηλεπαθητικών επικοινωνιών με ψευδή προσχήματα, που οδήγησαν στη δημιουργία υποτιθέμενων ναζιστικών UFO, εξελιγμένων όπλων και μυστικών συμμαχιών που δημιουργήθηκαν λίγο πριν το 1930. Μέχρι τη δεκαετία του 1940, υποχωρήσαμε σε αυτό που πιστεύω ότι ήταν Ανταρκτική πριν αφήσουμε τη Γη και επιστρέψουμε στον κόσμο της πατρίδας μας.

Ο χρόνος μου με τους Ναζί πυροδότησε μια αίσθηση αμφιβολίας για την αποστολή και την επιδίωξη της εξουσίας. Είχα την αποστολή να παρακολουθώ ανθρώπους και πιθανώς να διεισδύσω στις λεπτομέρειες ασφαλείας του Αδόλφου Χίτλερ. Σκότωσα άνδρες, γυναίκες και παιδιά, δικαιολογώντας αυτές τις ενέργειες ως συνέπειες του πολέμου. Έβλεπα τους ανθρώπους ως αδύναμους, κατώτερους και εύκολα χειραγωγούμενους. Παρά τις αμφιβολίες μου, πίστευα ότι υπηρετούσα έναν σωστό σκοπό.

Ένα βράδυ, πίσω στην Ταλιχάρα, είδα έναν Δρακονιανό, πιθανότατα βασιλιά του Τσιάχαρ, να στριμώχνει τρία παιδιά με σκοπό να σκοτώσει. Άνοιξα πυρ με ένα τουφέκι με βάση το πλάσμα, πιθανότατα τραυματίζοντας αλλά δεν σταμάτησα το πλάσμα. Φώναξα να τρέξουν τα παιδιά, κατευθύνοντάς τα σε μια κοντινή κουκούλα διαφυγής — ένα κομψό μεταλλικό σκάφος ικανό να μεταφέρειπ άτομα συν προμήθειες.

Καθώς επιβιβαζόμασταν στο escape pod, ο Draconian μας καταδίωξε, προσπαθώντας να δαγκώσει τα παιδιά. Αντέδρασα με το τουφέκι, κάνοντας μικρή πρόοδο. Οι κραυγές των παιδιών προκάλεσαν τη συνειδητοποίηση ότι έπρεπε να σκοτώσω τον Δρακονιανό για να εξασφαλίσω τη διαφυγή μας. Το πλάσμα χτύπησε τις γροθιές του στο σκάφος, κουνώντας τα πάντα και τους πάντες. Φώναξα για παράκαμψη για να παρακάμψω τα πρωτόκολλα ασφαλείας που εμποδίζουν την απογείωση λόγω εμποδίου. Πιάνοντας τα κέρατα του πλάσματος, έστριψα τον λαιμό του, στοχεύοντας σε αυτό που πίστευα ότι ήταν ένα αδύναμο σημείο. Το σκάφος απογειώθηκε με το πλάσμα κολλημένο στην πόρτα. Καθώς ο λαιμός του ράγισε, τα μάτια του Δρακονιανού μετατράπηκαν από ένα μανιασμένο ερπετό σε μια ανθρώπινη έκφραση, φαινομενικά ευχαριστώντας με που έβαλα τέλος στη ζωή του.

Έστειλα κλήση κινδύνου στην Ομοσπονδία, φοβούμενος αντίποινα και αμφιβάλλοντας για την αποδοχή λόγω της σχέσης μου με την Taal Shiar (Renegade Pleiadian Group). Μια γυναίκα απάντησε, κατευθύνοντάς με σε ένα φυλάκιο για να αναχαιτίσω τα παιδιά και να τα πάω σε ασφάλεια. Μου πρόσφερε καταφύγιο, το οποίο δέχτηκα διστακτικά, ζητώντας χρόνο για να επιστρέψω στην Ταλιχάρα για να σώσω την οικογένειά μου. Η γυναίκα κατάλαβε, προειδοποιώντας με ότι διαδίδονταν νέα για τις απατεώνες μου.

Επέστρεψα σπίτι για να βρω ένα μείγμα πανικού και αντιπαράθεσης. Κάποια μέλη της οικογένειας με πίστεψαν, ενώ άλλα ακολούθησαν την επίσημη αφήγηση. Η μητέρα μου, επικεφαλής της αντιπολίτευσης, με κατηγόρησε ότι έβαλα σε κίνδυνο την οικογένεια σώζοντας τα παιδιά. Η αδερφή μου ήταν εμφανώς διχασμένη και ο πατέρας μου τελικά ησύχασε τους πάντες, αναγνωρίζοντας τη δύσκολη επιλογή μου. Με προέτρεψε να φύγω για την ασφάλεια όλων. Το βλέμμα στα μάτια του ράγισε την καρδιά μου, αλλά φαινόταν ότι αυτός και εγώ είχαμε την πιο στενή σχέση με όλους τους άλλους. ένας δεσμός που θα τον έτειναν σε μια άλλη ζωή... αν καταλαβαίνω πώς εξελίχθηκε όλο αυτό.

Πριν προλάβω να δραπετεύσω σωστά, με αναχαιτίστηκαν και με έριξαν αναίσθητο. Όταν ξύπνησα, βρέθηκα δεμένος σε ένα τραπέζι και ο κορμός μου άνοιξε σε φέτες από τη βάση του λαιμού μου μέχρι ακριβώς πάνω από τον καβάλο μου. Ένας δρακόντειος επιστήμονας σκάβοντας τα χέρια του στα έντερά μου, κατάλαβε ότι ήμουν ξύπνιος. Η γλώσσα του ήταν παρόμοια με αυτή των μεγάλων ιγκουάνα και τις αναψυχές μιας κλήσης Τυραννόσαυρου. Ο τόνος και η μελωδία μυρίζουν στη σπονδυλική στήλη μου και μόνο που το σκέφτομαι. Μόλις το ον συνειδητοποίησε ότι ήμουν ξύπνιος, είχε μεγάλη χαρά να με βασανίσει. σφίγγοντας τους πνεύμονές μου με τα νύχια του, ώστε να μην μπορώ να ουρλιάξω από τον πόνο. Η κατάστασή μου ήταν πάρα πολύ εκτεθειμένη για να λειτουργήσει σωστά οποιοδήποτε εσωτερικό σύστημα, αλλά μπορούσα να πω ότι ο απαγωγέας μου τραγουδούσε καθώς έσκαβε στη σάρκα μου.

Με άφησαν να φύγω μόνο όταν ο ήχος μιας μακρινής έκρηξης χτύπησε μέσα από τις εγκαταστάσεις. Οι ηχητικές αντηχήσεις μου είπαν ότι το κτίριο ήταν μεταλλικό, πιθανώς σε ένα τροπικό περιβάλλον κάπου. Παρακολούθησα καθώς ο βασανιστής μου κοίταξε προς την κατεύθυνση της έκρηξης, θυμωμένος που τον είχαν αναστατώσει και γυρνούσε μακριά. Απλώς με άφησε εκεί, κομμένο σαν ζώο σε κρεοπωλείο, που μετά βίας κρατιέται για μια ζωή. Μπορούσα να ακούσω μια φωνή, πιθανώς κάποιου είδους ραδιοφωνική μετάδοση, που μου ψιθύριζε να κρατηθώ καθώς η βοήθεια ήταν καθ' οδόν. Μπορούσα να ακούσω την ταραχή, το όραμά μου να θολώνει καθώς κρατιόμουν όσο μπορούσα, αλλά τη στιγμή που είδα έναν άντρα με γαλάζια στολή με βρήκε ήξερα ότι είχα σωθεί. Δεν μπορούσα να μην αφήσω να φύγω αυτή τη στιγμή, χάρηκα που είδα κάποιον άνθρωπο.

Επιστρέφοντας στο φυλάκιο της Ομοσπονδίας, μου δόθηκε χρόνος να επεξεργαστώ τη δοκιμασία. Τα καθήκοντά μου εναλλάσσονταν μεταξύ ιατρού/επιστήμονα και κατασκοπείας, χάρη στην εκπαίδευσή μου στον Taal Shiar. Συμμετείχα επίσης στο πρόγραμμα Starseed, μέρος των προσπαθειών απεσταλμένου της Ομοσπονδίας.

Ημερομηνίες απροσδιόριστες
Τοποθεσία: Galactic Federation of Worlds Outposts

Κατά τη διάρκεια της θητείας μου στην Ομοσπονδία, παντρεύτηκα μια γυναίκα T'Ashkeru ονόματι Iveena, η οποία καταγόταν από το Nyan, έναν πλανήτη κοντά στο Sirius B. Έφυγε από το σπίτι της για να ενταχθεί στη Γαλαξιακή Ομοσπονδία Κόσμων (GFW) λόγω της αυξανόμενης επιρροής του Nebu. Γρήγορα δεθήκαμε με το κοινό μας υπόβαθρο και ανακαλύψαμε ότι οι οικογένειές μας πιθανότατα γνώριζαν ο ένας τον άλλον μέσω δραστηριοτήτων που σχετίζονται με την εργασία.

Η Iveena ήταν ψηλότερη από τις περισσότερες γυναίκες από τον κόσμο της, με ύψος σχεδόν έξι πόδια. Είχε μακριά ξανθά μαλλιά, έντονα ζυγωματικά και μυτερό πηγούνι. Τα ξανθά μαλλιά της και τα υπνωτικά μπλε μάτια της την έκαναν σχεδόν να θυμίζει ψηλή Ασιάτισσα. Ορισμένες πτυχές την έκαναν να μοιάζει με ιαπωνικό χαρακτήρα manga.

Και οι δύο στρατολογηθήκαμε στο πρόγραμμα των απεσταλμένων, μερικές φορές μοιράζονταν αποστολές και άλλες φορές εναλλάσσοντας καθήκοντα. Έκανα συχνά check-in στην Iveena κατά τη διάρκεια της αποστολής του απεσταλμένου της στη Γη για να βεβαιωθώ ότι ήταν εντάξει και ότι είχε καλή μεταχείριση. Θυμάμαι ότι την προσέγγισα σε στιγμές στενοχώριας, τιμώντας την υπόσχεσή μας να προσέχουμε πάντα ο ένας τον άλλον.

Ένα σημαντικό περιστατικό παρακίνησε την εγρήγορσή μου. Ενώ βρισκόμασταν σε μια επιστημονική αποστολή, οι εγκαταστάσεις όπου εργαζόμασταν η Iveena και εγώ έπεσαν σε ενέδρα από αμφίβια όντα, πιθανώς υβριδικά πειράματα Ciakharr. Ήμουν σε άλλο σημείο της εγκατάστασης όταν έγινε η επίθεση. Αν και κατάφερα να φτάσω στην ασφάλεια, η Iveena τραυματίστηκε, η κοιλιά της ήταν ανοιχτή. Ως εκ θαύματος, το πλάσμα δεν έκανε κακό στον ωτο αγέννητο παιδί σου. Προσπαθούσαμε να κάνουμε οικογένεια και φτάσαμε επικίνδυνα κοντά στο να χάσουμε τη μεγαλύτερη κόρη μας. Όταν επέστρεψα στο μητρικό πλοίο, έμαθα τον τραυματισμό της Iveena. Ένας συνάδελφος με ενημέρωσε ότι είχαν σώσει και εκείνη και το μωρό, αλλά έπρεπε να πάω αμέσως κοντά της.

Μόλις άκουσα τα νέα, έτρεξα στο πλευρό της, παραλίγο να διαπεράσω τις πόρτες και να σπάσω τα πάνελ πρόσβασης στη βιασύνη μου. Η Iveena ήταν ο λόγος που επιστρατεύτηκα. Την είχα ερωτευτεί, ίσως έχοντας γνωρίσει την προηγούμενη ζωή. Ήμασταν τόσο κοντά στο να κάνουμε οικογένεια και η σκέψη να τα χάσουμε όλα ήταν αφόρητη. Όταν τη βρήκα, έβγαινε από μια ιατρική λοβό που είχε αποκαταστήσει τη φυσική της κατάσταση. Πήγα βιαστικά, την αγκάλιασα σφιχτά και ζήτησα συγγνώμη που δεν ήμουν εκεί. Αν και ανταπέδωσε την αγκαλιά της, η λαβή της ήταν αδύναμη — κάτι δεν πήγαινε καλά.

Η Iveena ρώτησε για το μωρό και τη διαβεβαίωσα ότι η κόρη μας είχε σωθεί και μεταφερθεί σε μια μονάδα επώασης για σωστή ανάπτυξη. Ενώ η ιατρική τεχνολογία είχε γιατρέψει τις σωματικές της πληγές χωρίς να αφήσει σημάδια, το ψυχικό τίμημα ήταν πέρα από τις δυνατότητες οποιουδήποτε μηχανήματος. Η Iveena ένιωθε εγκαταλελειμμένη όσο εκείνη και το μωρό χρειαζόταν. Μια στενή φίλη είχε εξασφαλίσει την ασφάλειά της και μας υποστήριξε, αλλά η μόνη αληθινή ανακούφιση γι' αυτήν ήταν μια επερχόμενη αποστολή απεσταλμένου. Χρειαζόταν χρόνο μακριά από τον πόλεμο και από εμάς για να σκεφτεί. Παρά τη στενοχώρια, έπρεπε να την αφήσω να φύγει, αφήνοντάς με να μεγαλώσω την κόρη μας με τα σχολικά συστήματα του GFW μέχρι να επιστρέψει η Iveena και να προχωρήσω στη δική μου αποστολή.

Η πολυπλοκότητα του ταξιδιού στο χρόνο καθιστά δύσκολη τη δημιουργία αυτού του χρονοδιαγράμματος.

Εκτιμώμενη ώρα της γης: Κάπου στα τέλη της δεκαετίας του 1980 έως τις αρχές της δεκαετίας του 1990

Τοποθεσίες: Galactic Federation - (Πιθανώς) The Excelsior - The Last Rescue

Θυμάμαι μια τελευταία αποστολή διάσωσης πριν από την αποστολή του τελευταίου απεσταλμένου μου. Η ομάδα μας συναρμολογήθηκε γρήγορα σε ένα μικρό σκάφος που καλύφθηκε καθώς κατεβαίναμε από ένα μητρικό πλοίο στην τροχιά της Γης.

Πετάξαμε γρήγορα προς μια περιοχή νότια των Μεγάλων Λιμνών, πιθανώς την Ιντιάνα. Το πλοίο μας αιωρούνταν πάνω από ένα λευκό σπίτι αποικιακού στιλ. Εγώ και ένας άλλος άνδρας αποβιβαστήκαμε, καλυμμένοι και μη ανιχνεύσιμοι από τα συστήματα ραντάρ.

Το σπίτι ήταν δύο ορόφων και το σκηνικό υποδήλωνε ότι η αποστολή πραγματοποιήθηκε στα τέλη της δεκαετίας του '80 έως τις αρχές της δεκαετίας του '90. Εμφανίστηκαν δύο ψηλοί Γκρέι, που κουβαλούσαν ένα μικρό παιδί —ένα κορίτσι όχι μεγαλύτερο των τριών, με καστανά μαλλιά και ένα έντονο κόκκινο φόρεμα πιτζάμα, πιθανώς χριστουγεννιάτικο δώρο. Το One Grey πέρασε το δάχτυλό του πάνω από το σώμα της κοπέλας, ακόμα και κάτω από τα ρούχα της. Ήμουν έτοιμος να επέμβω, αλλά το χέρι του συναδέλφου μου στον ώμο μου θύμισε να παραμείνω ήρεμος.

Η τεχνολογία καμουφλάζ μας ανταποκρίθηκε στις προθέσεις μας και η απώλεια του ελέγχου θα μπορούσε να είχε θέσει σε κίνδυνο την αποστολή. Αν και ήμασταν καλά εκπαιδευμένοι, τα ατομικά μας ζητήματα επηρέαζαν μερικές φορές τις συναισθηματικές μας καταστάσεις. Ήταν ζωτικής σημασίας να ελέγχουμε ο ένας τον άλλον κατά τη διάρκεια των επιχειρήσεων για να διασφαλιστεί η επιτυχία. Τίποτα δεν μας εξόργισε περισσότερο από το να δούμε ένα αθώο παιδί να τραυματίζεται.

Δεν μπορούσαμε να επιτεθούμε στους Γκρίζους στο δρόμο χωρίς να τραβήξουμε υπερβολική προσοχή και να παραβιάσουμε τη δικαιοδοσία. Η αποστολή μας ήταν να εντοπίσουμε το πλοίο τους, να αποκτήσουμε πρόσβαση στα αρχεία τους και να σώσουμε περισσότερα παιδιά.

Οι Γκρίζοι αποκάλυψαν το πλοίο τους, επιτρέποντάς μας να επισημάνουμε την υπογραφή του και να το παρακολουθήσουμε καθώς έφευγε από τη Γη. Έξω από την ατμόσφαιρα του πλανήτη, κάναμε ενέδρα στο σκάφος τους, σχεδόν σκοτώνοντας τους Γκρίζους στη διαδικασία. Σώσαμε το κορίτσι και βαθμονομήσαμε το εμφύτευμά του στα κανάλια μας. Ήταν μέρος του προγράμματος απεσταλμένων, που στόχευαν οι Γκρίζοι για πειραματισμούς, με στόχο να αλλοιώσει τους αστρικούς σπόρους από μέσα — μια στρατηγική Δούρειου ίππου.

Πήραμε το παιδί σε μια χαρά για να το ηρεμήσουμε πριν σκουπίσουμε τη μνήμη του και επιστρέψουμε στο σπίτι του. Σκεπτόμενος την αποστολή στο Excelsior, με πλησίασε -λογοκριμένος--ένας ψηλός, ξανθός άνδρας με σκανδιναβικά χαρακτηριστικά, τον οποίο θεωρούσα και αδερφό και αρχηγό.

Ο Ahel Pleiadian, μια από τις πολλές ομάδες των Taal Shiar σχεδόν είχε μια προκατάληψη. Εκτός υπηρεσίας, ήταν χαλαρός και περιποιητικός, με ταλέντο στο τραγούδι. Επισκεπτόταν συχνά με ένα νεαρό κορίτσι της Γης, έναν απεσταλμένο που προετοιμαζόταν για μια μεγάλη αποκάλυψη. Ήταν σαν την αδερφή του, -λογοκριμένη-, και το κίνητρό του.

-λογοκριμένο- ζήτησε τις σκέψεις μου. Εξέφρασα την ανησυχία μου για τη νεαρή κοπέλα που είχαμε σώσει. -λογοκριμένη- με καθησύχασε, γελώντας, ότι θα την ξαναέβλεπα. Τοποθέτησε τρία δάχτυλα σε ένα τρίγωνο στο μέτωπό μου, προετοιμάζοντας να καταπνίξει τις αναμνήσεις μου από τη γαλαξιακή συμμετοχή στη μετάβαση του απεσταλμένου. Κατάλαβα τη διαδικασία αλλά επέμενα να θυμάμαι το παιδί και άλλα που είχαμε σώσει, καθώς ήταν ο λόγος που μπήκα στην Ομοσπονδία. -λογοκριμένο- χαμογέλασε και είπε: «Θυμήσου την άλκη», πριν κλείσει το μάτι.

Εκτιμώμενη ώρα της γης: Κάπου πριν από το 1996
Τοποθεσία: Galactic Federation - Envoy Program Stasis Bay

Υπήρχαν συνομιλίες, με μεγαλύτερη ακρίβεια ενημερώσεις, με λεπτομέρειες για μια επερχόμενη αποστολή απεσταλμένου. Η σύζυγός μου ήταν παρούσα, τόσο ως συναισθηματική υποστήριξη όσο και για να βοηθήσει με οποιεσδήποτε λεπτομέρειες της τελευταίας στιγμής. Είχαμε μια μεταβατική περίοδο για να τη βοηθήσουμε να προσαρμοστεί στη διαγαλαξιακή ζωή και για μένα να δέσω τυχόν χαλαρά άκρα. Dυκουδουνίζω το μεγαλύτερο μέρος της συνεδρίας, ένιωθα να μισώ ακούγοντας, απασχολημένος με τις σκέψεις της συζύγου μου και τις συζητήσεις μας για τη δημιουργία οικογένειας.

Ένα άλλο άτομο, που έμοιαζε με στρατιωτικό στρατολόγο, ήταν επίσης εκεί. Είχε πιο σκούρο δέρμα, σχεδόν μαύρα μαλλιά και φορούσε μια σκούρα γκρίζα στολή. Έμοιαζε άνθρωπος, με αδύνατο και κάπως μακρόστενο πρόσωπο. Ο ρόλος του ήταν να αντιμετωπίσει τυχόν ανησυχίες που είχα σχετικά με την ανάθεση του απεσταλμένου.

Τα βασικά σημεία που συζητήθηκαν περιελάμβαναν:

- Το σώμα στο οποίο επρόκειτο να κατοικήσω είχε μια ισχυρή προδιάθεση για αυτό που οι άνθρωποι αποκαλούσαν «ψυχικές ικανότητες», που αποδίδεται σε μια κυρίαρχη γραμμή αίματος.

- Αυτές οι «ικανότητες» αρχικά θα ενεργοποιούνταν από τραύμα και στη συνέχεια θα εμφανίζονταν σε τυχαίες στιγμές.

- Ένας από τους στόχους της αποστολής μου ήταν να καταλάβω πώς οι άνθρωποι μπορούσαν να πέσουν τόσο εύκολα κάτω από καταχρηστική και τυραννική εξουσία.

- Ένας άλλος στόχος ήταν να υπηρετήσει ως «πολεμιστής» στη Γη, αν και δεν είχε καταταγεί σε κανένα στρατιωτικό ή κυβερνητικό φορέα με επίσημη ιδιότητα.

- Δεδομένης της επιθυμίας μας να κάνουμε οικογένεια, ο χρόνος των επιχειρήσεων στη Γη φαινόταν ευνοϊκός.

- Πολλοί ανθρωποειδείς πολιτισμοί ενθάρρυναν τις διαπλανητικές σχέσεις, μια κοινή πρακτική που σκοπό έχει να προωθήσει τη διπλωματική συνεργασία και να βοηθήσει τις μελλοντικές γενιές να ευδοκιμήσουν στο περιβάλλον τους.

- Το χρονοδιάγραμμα αναφερόταν στο ότι η Γη εισέρχεται στα πρώτα της στάδια για να γίνει μια διαπλανητική κοινωνία, μετά τη μετάβαση από τα διαστημικά ταξίδια που προορίζονται για τις ελίτ και όσους έχουν συλληφθεί σε επιχειρήσεις εμπορίας ανθρώπων.

- Τα πρώτα βήματα της μεγάλης εισαγωγής, όταν οι εξωγήινοι με την πιο ανθρώπινη εμφάνιση θα επιτρεπόταν να εμφανιστούν δημόσια, φέρεται να ορίστηκαν για το 2025.

- Το νέο μου σώμα θα παρακολουθείται στενά από το GFW και πιθανότατα από τους Γκρέι που συνδέονται με τους Ciakharr.

- Άλλα μέλη της οικογένειας στην πατρική πλευρά του Γήινου Σώματος μου είχαν αναφέρει πιθανές απαγωγές από τον Γκρέις, πιθανόν για υβριδισμό.

- Άνθρωποι από τη μητρική μου πλευρά είχαν μοιραστεί λεπτομέρειες για θεάσεις UFO, πιθανώς συνδεδεμένες με κοντινές στρατιωτικές βάσεις.

Μόλις υπογράφηκαν τα απαραίτητα συμβόλαια, έμεινε μια σύντομη περίοδος για να πω αντίο. Η γυναίκα μου και ο υπεύθυνος προσλήψεων ήταν παρόντες όταν με πήγαν σε ένα μεταλλικό λευκό λοβό στάσης. Το pod είχε οθόνες στο πλάι, πιθανόν να παρακολουθούν τα ζωτικά μου στοιχεία, και ένα άνοιγμα από γυαλί. Καθώς το σώμα μου ήταν συνδεδεμένο με το μηχάνημα και μια αναπνευστική συσκευή συνδεδεμένη στο πρόσωπό μου, θυμάμαι να παρασύρομαι αργά στην απώλεια των αισθήσεων καθώς ένα δροσερό μπλε υγρό γέμιζε τον λοβό. Είδα τα δάκρυα της γυναίκας μου και ένιωσα την πληγή στην καρδιά της. Άρχισα να κλαίω κι εγώ, αλλά τα δάκρυά μου ενώθηκαν γρήγορα με το τζελ που με περιβάλλει. Το τελευταίο πράγμα που θυμάμαι είναι να λέω «Σ' αγαπώ», καθώς ακούμπησα το χέρι μου στο γυαλί. Η γυναίκα μου πίεσε το χέρι της στο γυαλί, ευθυγραμμίζοντάς το με το δικό μου, καθώς εγώ έσβησα.

3

Πρόωρη ζωή ως "Ντακότα"

Ημερομηνία(ες): 18-19 Ιανουαρίου 1996
Τοποθεσία: Earth - Twin Falls, Idaho - Περιφερειακό Ιατρικό Κέντρο Magic Valley

Λίγο μετά την απώλεια των αισθήσεων, βίωσα μια γρήγορη αναλαμπή διαφόρων εικόνων και γεγονότων, σαν να λάμβανα μια λήψη αναμνήσεων από αμέτρητες ζωές που παίζονταν με σούπερ ταχύτητα. Αυτές οι αναμνήσεις δεν έμοιαζαν με προσωπικές εμπειρίες, αλλά σαν να τις λαμβάνονταν. Μερικά από τα γεγονότα έμοιαζαν να προέρχονται από το μέλλον.

Οι πιο πρόσφατες αναμνήσεις ήταν ευκολότερο να εντοπιστούν μέσω παλιών οικογενειακών φωτογραφιών, συμπεριλαμβανομένων των ημερομηνιών που πήγαιναν οι γονείς και οι παππούδες μου και πιθανές ιστορίες κακοποίησης που συζητήθηκαν σε συζητήσεις για αποξενωμένα μέλη της οικογένειας.

Οι παλιότερες αναμνήσεις είναι πιο εικασιακές. Αυτά περιελάμβαναν μια πιθανή θυσία παιδιού, τη συγκέντρωση από

Γερμανούς στρατιώτες και τον πιθανό πειραματισμό από τον Γκρέις.

Η "λήψη" (ελλείψει καλύτερης λέξης) τελείωσε με μια φωτεινή λάμψη, που πιθανότατα σηματοδοτούσε τη γέννησή μου. Θυμάμαι σύντομα αποσπάσματα από την αίθουσα τοκετού με γαλάζια πλακάκια και εκτυφλωτικό φως. Γεννήθηκα στις 19 Ιανουαρίου 1996, περίπου στις 5:30 μ.μ. Ορεινή ώρα μέσω επείγουσας καισαρικής τομής λόγω αιμορραγίας μετά τον τοκετό. Ήμουν το πρώτο παιδί της μητέρας μου, που γεννήθηκε στα 12 λίβρες 4 ουγκιές, έχοντας ήδη το κεφάλι μου ψηλά. Εκτός από την ήπια πνευμονία, ήμουν ένα υγιές παιδί, λίγο μεγαλύτερο από το αναμενόμενο.

Ημερομηνία: εκτιμώμενος Νοέμβριος 1997
Τοποθεσία: Γη - Ηνωμένες Πολιτείες - Αϊντάχο
Το πρώτο μου «ψυχικό» επεισόδιο

Αυτή είναι μια ιστορία που έχω μόνο αποσπάσματα, αλλά είναι μια ιστορία που διηγείται συχνά οι θείες μου (οι αδερφές του πατέρα μου). Οι γονείς μου δεν παντρεύτηκαν ποτέ, οπότε υποβλήθηκα σε κοινές ρυθμίσεις επιμέλειας. Καθώς έμενα με τον πατέρα και τη θετή μητέρα μου, πλησίασα τη θετή μητέρα μου, έβαλα το χέρι μου στο στομάχι της και είπα: «Η αδερφή μου είναι εδώ μέσα».

Την επόμενη μέρα, η θετή μητέρα μου επισκέφτηκε τον γιατρό γιατί δεν ένιωθε καλά. Ένα τεστ εγκυμοσύνης επιβεβαίωσε ότι ήταν θετική. Η αδελφή μου -λογοκριμένη- γεννήθηκε στις 20 Ιουνίου 1998.

Για μεταγενέστερη αναφορά, η ικανότητά μου να παρέχω έναν «ψυχικό υπερηχογράφημα» έγινε ένας τρόπος να «δοκιμάζω» τις ικανότητές μου. Έχω επτά αδερφές (έξι έχουν τον ίδιο πατέρα) και δύο αδέρφια (και τα δύο έχουν τον ίδιο πατέρα). Όλα είναι ετεροθαλή αδέρφια. Είμαι και ο μεγαλύτερος. Συμπεριλαμβανομένων των ετεροθαλών αδερφών των ετεροθαλών αδερφών μου, των ετεροθαλών αδερφών μου, κ.λπ., ο αριθμός μας φτάνει σχεδόν στους 50. Αξίζει να σημειωθεί ότι ανάμεσα στα αδέρφια μου, είμαι ο μόνος με εκτενή ιστορία γύρω από το υπερφυσικό. Ενώ άλλοι είχαν εμπειρίες, που αφορούσαν κυρίως πιθανά πνεύματα, κανένας δεν μου αποκάλυψε αν και αυτοί είχαν πιθανές εξωγήινες συναααντήσεις.

Απρίλιος 1999
Τοποθεσία: Aurora, Κολοράντο

Η οικογένειά μου είχε αποφασίσει να κάνει ένα οδικό ταξίδι στο Κολοράντο για να επισκεφτεί τον θείο μου και τη γυναίκα του. Μεγαλώνοντας, οι θείοι μου (τα αδέρφια της μητέρας μου) ήταν συχνά σαν τα μεγαλύτερα αδέρφια μου και αυτός ήταν ο διασκεδαστικός που μου έμαθε όσα ξέρω για τους υπολογιστές. Κατά τη διάρκεια της παραμονής μας, υπήρχε μια μέρα έντονο στρες... σαν να συνέβαινε κάτι σημαντικό. Θυμήθηκα ότι είδα αυτοκίνητα της αστυνομίας να περνούν ορμητικά από το συγκρότημα διαμερισμάτων που έμενε ο θείος μου και φυσικά ήμουν περίεργος για το τι συνέβαινε. Τότε άρχισα να βλέπω τον εαυτό μου να πετάει στον αέρα για να ακολουθήσει τα αυτοκίνητα και να ακούω δυνατούς κρότους μέσα από το μεγάλο κτίριο. Πλησίασα πιο κοντά, αλλά κάτι με τράβηξε ξανά στο σώμα μου.

Σε ηλικία τριών ετών είχα την πρώτη μου εμπειρία τηλεθέασης. Απλώς μου ήρθε τόσο φυσικά, που δεν χρειάστηκε να το αναγκάσω. Όμως το περιστατικό που πυροδότησε αυτή την αλληλουχία γεγονότων ήταν κάτι που κανένα παιδί δεν έπρεπε να είναι μάρτυρας... της σφαγής στην Κολούμπιν. Δεν θα καταλάβαινα ότι αυτό ήταν στην πραγματικότητα αυτό που έβλεπα για χρόνια... δεν είναι σαν να υπάρχει κάποιος που μπορώ πραγματικά να συμβουλευτώ πώς να διεκπεραιώσω ένα γεγονός στο οποίο δεν ήμουν καν παρών τεχνικά.

Ημερομηνία: εκτιμώμενος Νοέμβριος 1999 (από δικαστικά αρχεία)

Τοποθεσία: Γη - Ηνωμένες Πολιτείες - Αϊντάχο

Σε ηλικία τριών ετών, η θετή μητέρα μου προσπάθησε να επιλύσει τις διαφορές επιμέλειας μεταξύ της μητέρας και του πατέρα μου, μαχαιρώνοντάς με στο πίσω μέρος του λαιμού με ένα στυλό.

Ο πατέρας μου ήταν κτητικός και, μαζί με άλλους από εκείνη την πλευρά της οικογένειας, ανέφερε συχνά τη μητέρα μου για ύποπτη κακοποίηση. Όλοι οι ισχυρισμοί ήταν αβάσιμοι. Οι προσπάθειες της μητέρας μου να αναφέρει τον πατέρα μου αγνοήθηκαν σε μεγάλο βαθμό, τουλάχιστον σύμφωνα με όσα μου είπαν, αν και η αξιοπιστία αυτής της πηγής είναι αμφίβολη. Η επιμέλεια μοιράστηκε.

Ένα βράδυ, ενώ έμενε στο σπίτι του πατέρα μου, επρόκειτο σύντομα να φύγει από τη δουλειά. Η μικρότερη αδερφή μου, -λογοκριμένη- και εγώ ήμασταν στο σαλόνι και βλέπαμε τηλεόραση. Η μητριά μου πήρε -λογοκριθεί-, πιθανώς για να την ετοιμάσει για ύπνο. Λίγες στιγμές αργότερα, ένιωσα έναν οξύ πόνο στο πίσω μέρος του λαιμού μου.

Είδα για λίγο ένα όραμα ενός σκοτεινού κενού, αμυδρά φωτισμένου από μια πορτοκαλοκόκκινη πηγή φωτός.

Εμφανίστηκε ένα ψηλό, απειλητικό ον με τραχύ γκρι δέρμα και ερπετικά μάτια. Εκείνη την εποχή, για την ηλικία μου, έμοιαζα με κάποιο είδος «δράκου». Γονάτισε και μου μίλησε χωρίς να κουνήσει τα χείλη του. Το χρώμα του δέρματός του μπορεί να έχει αλλοιωθεί από τις φλόγες. Η φωνή του ήταν βαθιά και τραχιά, σχεδόν γρύλιζε. Ισχυρίστηκε ότι ο κόσμος ήταν διεφθαρμένος και ότι άνθρωποι όπως ο πατέρας και η θετή μητέρα μου δεν θα έπρεπε να επιτρέπεται να συνεχίσουν να πληγώνουν άλλους. Προσφέρθηκε να με βοηθήσει να αντεπιτεθώ, ακόμη και να τους σκοτώσω, αν δούλευα μαζί του.

Ο πειρασμός ήταν δυνατός, αλλά μια άλλη φωνή, πιο ανθρώπινη και περιποιητική, παρενέβη πανικόβλητη. Χωρίς δισταγμό, ήξερα να το εμπιστευτώ καθώς ούρλιαζε: «Ντακότα, μην τον ακούς. Αντιπολεμήστε."

Έβγαλα μια πολεμική κραυγή, με κάποιο τρόπο υλοποιώντας ένα ρόπαλο στα χέρια μου, και χτύπησα το ψηλό πορτοκαλί ον στο κεφάλι. Έκπληκτη και εξαγριωμένη, το ον επρόκειτο να ανταποδώσει όταν μεταφέρθηκα μακριά με μια εκτυφλωτική αναλαμπή. Κοίταξα τα χέρια μιας ψηλής γκρίζας φιγούρας με φτερά από ενέργεια και όχι από σάρκα και φτερά.

Επέστρεψα στην κλειδωμένη κρεβατοκάμαρα. Η προσεκτική φωνή ψιθύρισε: «Μείνε δυνατή, σε προσέχουμε πάντα».

Το επόμενο πράγμα που θυμάμαι, αστυνομικοί με συνόδευσαν έξω. Προσπάθησα να εξηγήσω ότι απλώς υπερασπιζόμουν τον εαυτό μου, αλλά δεν μπορούσαν να πιστέψουν ότι ένα τρίχρονο παιδί θα μπορούσε να κάνει κάτι τέτοιο. Αγνόησαν όλα όσα λέγαμε εγώ και η μητέρα μου. Ήταν η γιαγιά μου, η μητέρα της μαμάς μου, που έδειξε το σημάδι του στυλό στο πίσω μέρος του λαιμού μου.

Ημερομηνίες: 2000 - 2003 εκτιμώμενο
Τοποθεσία: Γη - Ηνωμένες Πολιτείες - Αϊντάχο

Υπήρχαν αρκετές νύχτες που θα «ονειρευόμουν» να είμαι στο διαστημόπλοιο, να δω UFO στον ουρανό και να μιλάω με περίεργους ανθρώπους με περίεργες στολές διαφόρων χρωμάτων. Πολλοί από αυτούς ήταν ανθρωποειδείς, αν και υπήρχαν άλλα που έμοιαζαν με mantis, Egaroth και διάφορα άλλα.

Ημερομηνία: Αύγουστος, 2000 εκτιμώμενη
Τοποθεσίες: Γη - Ηνωμένες Πολιτείες - Αϊντάχο

Όταν ήμουν πέντε ετών, η μητέρα μου άρχισε να δείχνει σημάδια εγκυμοσύνης. Σύντομα παντρεύτηκε τον πατριό μου -λογοκριμένο-. Για άλλη μια φορά προέβλεψα ότι αυτό το παιδί ήταν ένα κορίτσι που θα γινόταν η μικρότερη αδερφή μου -λογοκριμένη-. -λογοκριμένη- και η μητέρα μου θα χώριζε μέχρι τις 10 Σεπτεμβρίου 2001. Ο γάμος κράτησε μόνο τρεις μήνες περίπου.

Ημερομηνία: 10 Σεπτεμβρίου 2001

Το διαζύγιο της μητέρας μου από τον πατριό. Το σημειώνω αυτό ως ένα "συμβάν αναφοράς" για να βοηθήσει στη διατήρηση της ακρίβειας στο χρονοδιάγραμμα. Επειδή ήμουν χάλια στο να κρατάω αρχεία και δεν αναγνώριζα πραγματικά αυτά τα γεγονότα μέχρι αργότερα στη ζωή μου, το προφανές κενό το κάνει έτσι ώστε οι λεπτομέρειες να καλύπτονται.

Αλλά μια μέρα πριν από τις επιθέσεις της 11ης Σεπτεμβρίου στο Παγκόσμιο Κέντρο Εμπορίου, η μαμά μου Το διαζύγιο από τον πατριό μου οριστικοποιήθηκε. Ζούσαμε με τον παππού και τη γιαγιά μου αφού μας πέταξε έξω, χωρίς να γνωρίζουμε ότι η μητέρα μου ήταν έγκυος στην κόρη του εκείνη την εποχή.

Ημερομηνία: 12 Μαρτίου 2002
Η αδερφή -λογοκριμένη- γεννήθηκε
Ημερομηνία(ες): Εκτιμώμενος καλοκαίρι έως πιθανώς αρχές φθινοπώρου 2002
Τοποθεσία: Γη - Ηνωμένες Πολιτείες - Αϊντάχο - Jerome → Διαστημόπλοια → Murtaugh

Ένα βράδυ, στο σπίτι της μητέρας μου στο Jerome του Αϊντάχο, πήγα για ύπνο γύρω στις 6:00 ή στις 6:30 μ.μ. Η ακριβής ημερομηνία είναι ασαφής, αλλά το γεγονός παραμένει ανεξήγητα παράξενο. Όταν ξύπνησα, είχε σκοτεινιάσει και η μητέρα μου είχε πάει για ύπνο. Ψηλά γκρίζα όντα, γνωστά ως Χ5, με περικύκλωσαν. Ήθελα να ουρλιάξω για βοήθεια αλλά δεν μπορούσα να κουνηθώ καθώς ένα από τα όντα με πέταξε στον ώμο του. Καθώς με έβγαλαν από το δωμάτιο, είδα άλλα δύο γκρίζα να παρακολουθούν τη μητέρα μου, η οποία φαινόταν να υπνοβάζει. Προσπάθησα να της φωνάξω, αλλά δεν ξέφυγε κανένας ήχος. Πρέπει να άκουσε τις αρχικές μου κραυγές γιατί το δωμάτιο φωτιζόταν από ένα δυσοίωνο μπλε φως, συνοδευόμενο από ένα ηλεκτρονικό βουητό. Είδε να με έπαιρναν, αλλά, με ένα κύμα του χεριού της από ένα από τα όντα, ξανακοιμήθηκε. Θυμάμαι ότι αιωρούμαι από την οροφή, προσπαθώντας ακόμα να ουρλιάξω για βοήθεια.

Το σκάφος στο οποίο επιβιβάστηκα φαινόταν ασημί, αλλά έμοιαζε να συνδυάζεται με τον νυχτερινό ουρανό, πιθανότατα ένα μέτρο απόκρυψης. Είδα το σπίτι μου να συρρικνώνεται καθώς ανεβαίναμε. Μια δύναμη με οδήγησε σε μια ανεγκέφαλη κατάσταση καθώς ήμουν ξαπλωμένος σε ένα τραπέζι με διάφορα όργανα να ετοιμάζονται για χρήση. Αποσυντονίστηκα, γνωρίζοντας ότι κινδύνευα, αλλά πίστευα ότι κανείς δεν μπορούσε να με σώσει. Είδα ολογράμματα άλλων Γκρίζων, πιο απαίσιων στην εμφάνιση. Αργότερα έμαθα ότι πρόκειται για τη Maytra, μια φυλή που θεωρείται εχθρικά παράσιτα από τον υπόλοιπο γαλαξία. Το Maytra φαινόταν να επικοινωνεί εντολές στο Χ5, αλλά οι μεταδόσεις τους κόπηκαν καθώς κάτι εμβόλισε το πλοίο. Καθώς τα όντα άρχισαν να χρησιμοποιούν τα εργαλεία τους, το πλοίο δέχθηκε ενέδρα από μια ομάδα τριών ατόμων με προστατευτικές στολές.

Το πλοίο λικνίστηκε και οι γκρίζοι ούρλιαξαν πανικόβλητοι. Μέσα στο χάος, συνήλθα γρήγορα και με μετέφεραν στο πλοίο των διασωστών μου. Μια ψηλή ξανθιά γυναίκα έμεινε κοντά μου στη δοκιμασία. Τα μαλλιά της ήταν χρυσαφένια ξανθά, τα μάτια της απαστράπτοντα γαλάζια και φορούσε μια στενή στο δέρμα γαλαζοπράσινη στολή. Μου θύμισε τον χαρακτήρα anime Sailor Moon, αν και δεν θα εξοικειωνόμουν με την παράσταση παρά αργότερα.

Ρώτησα τη γυναίκα ποια ήταν και γιατί της φαινόταν οικεία. Η φωνή της ήταν καταπραϋντική και υπήρχε μια απαλή λάμψη στα μάτια της. Με ένα χαμόγελο, μου είπε ότι ήμασταν πολύ καλοί φίλοι εδώ και πολύ καιρό. Φαινόταν να ξέρει κάθε ερώτηση που περνούσε από το μυαλό μου χωρίς να πω τίποτα. Έπιασε τα ρούχα μου και με οδήγησε σε ένα τραπέζι, ζητώντας μου να ξαπλώσω για να ελέγξει αν πληγώθηκα. Παρόλο που ήταν η πρώτη μας συνάντηση, την εμπιστεύτηκα απόλυτα.

Τα μέταλλα του πλοίου είχαν μια μπλε απόχρωση, που αντανακλούσε το θέαμα έξω από το μπροστινό παράθυρο. Μια μεταλλική καρέκλα σηκώθηκε από το πάτωμα και η γυναίκα με παρότρυνε να καθίσω σε αυτήν. Το μέταλλο σχηματίστηκε στο πλαίσιο μου, αισθάνομαι γαργαλητό. Κάθισα πίσω από δύο άλλες καρέκλες, και οι τρεις σχηματίζοντας ένα τρίγωνο μοτίβο, επιτρέποντάς μου να δω τη Γη από το μπροστινό παράθυρο. Αμέσως γοητευμένος, παρατήρησα έναν ψηλό, μυώδη άνδρα με ξανθά μαλλιά με μια σκούρα μπλε στολή να κάθεται σε ένα από τα καθίσματα και να φαίνεται να είναι υπεύθυνος.

Ρώτησα τον άντρα και τη γυναίκα τα ονόματά τους. Ο άντρας χαμογέλασε και χαμογέλασε. Η γυναίκα, με τα μάτια της να αστράφτουν, μίλησε χωρίς να κουνήσει τα χείλη της: «Είμαι η Ολίβια».

Η Olivia εξήγησε ότι γνωριζόμασταν πολύ καιρό και ήμασταν μέλη μιας ομάδας που προστατεύει τους ανθρώπους από επιβλαβή πλάσματα. Η πραγματικότητα της κατάστασης με χτύπησε: αυτοί που με πήραν ήταν εξωγήινοι. Καθώς η καρδιά μου χτυπούσε γρήγορα, η Ολίβια βουίζει μια χαλαρωτική μελωδία. Ο άντρας εξήγησε ότι κανένας μας δεν ήταν από τη Γη και ότι ήμουν μέρος ενός έργου για να σώσω ανθρώπους από τέρατα σαν αυτά που με πήραν. Ένα μέρος του εαυτού μου ένιωθε ενθουσιασμένο, σκεπτόμενος μια ομάδα όπως οι X-Men. Οι δυο τους φάνηκαν να καταλαβαίνουν την αναφορά κοιτάζοντας το μυαλό μου.

Με πήγαν ευγενικά σε μια βόλτα στο διάστημα, δείχνοντάς μου κοντινά πλάνα από τη Σελήνη, τον Άρη και τον Δία. Μετά από λίγες ώρες, ο άντρας είπε ότι ήταν ώρα να πάει σπίτι. Μου εξήγησαν ότι έπρεπε να με κάνουν να ξεχάσω τη συνάντηση για να με κρατήσουν ασφαλή. Στενοχωρήθηκα, δεν ήθελα να ξεχάσω τους διασώστες μου ή αυτό που είδα. Η Ολίβια με διαβεβαίωσε ότι θα επέστρεφαν όταν γίνω μεγαλύτερη και θα χρειάζονταν τη βοήθειά μου. Εκείνη μίλησε απαλά, «Πάντα σε προσέχουμε», πριν με πάρει μια αγκαλιά και ρωτήσει αν έχω άλλες ερωτήσεις.

Ζήτησα να με πάνε στο σπίτι των παππούδων μου, νιώθοντας πιο ασφαλής εκεί. Αρχικά, δίστασαν, εξηγώντας ότι δεν έφταιγε η μητέρα μου. Αλλά ήμουν πεισματάρα και η Olivia έπεισε το πλήρωμα να με αφήσει στον παππού και τη γιαγιά μου, διαβεβαιώνοντας ότι θα με επέστρεφαν σπίτι.

Θυμάμαι ότι με κουβαλούσε η Ολίβια, περνώντας μέσα από το άνοιγμα παράθυρο που οδηγεί στην κρεβατοκάμαρά μου. Καθώς με βοήθησε να πάω στο κρεβάτι, έβαλε τρία δάχτυλα στο μέτωπό μου για να μου βοηθήσει να θολώσει τον εγκέφαλό μου, προκειμένου να κρύψει τις πιο εξωφρενικές λεπτομέρειες των περιπετειών μου από εκείνη τη νύχτα. Είτε σκόπιμα gaMου πήρε μικρότερη δόση, το έκανα τυχαία ή κάτι στο μυαλό μου βοήθησε να αποκτήσω πρόσβαση σε μέρη αυτών των αναμνήσεων. Δεν είμαι σίγουρος. Ακόμη και με την ομίχλη του εγκεφάλου, μπορούσα να θυμηθώ ότι με πήραν, το πλήρωμα που με έσωσε. Το μεγαλύτερο πράγμα που θυμήθηκα ήταν τα μάτια της Ολίβια.

Το επόμενο πρωί, ξύπνησα, αγνοώντας πώς έφτασα εκεί. Οι παππούδες μου δεν είχαν ιδέα ότι ήμουν εκεί. Λίγα λεπτά αφότου ξύπνησα, η μητέρα μου φώναξε, ουρλιάζοντας γιατί δεν με έβρισκε. Αμέσως υποψιάστηκε τον μπαμπά μου, ένα απίθανο σενάριο από τότε που ήμουν στο σπίτι των γονιών της—τριάντα μίλια από εκεί που πήγα για ύπνο.

Ημερομηνία: 19 Αυγούστου 2002
Αναφορά περιστατικού NUFORC - *Πιθανή σύνδεση*

Γη - Ηνωμένες Πολιτείες - Αϊντάχο - κοντά στο Twin Falls
UFO Sighting Near Twin Falls - 2002
Ημερομηνία: Αύγουστος 2002
Ώρα: Περίπου 11 μ.μ.
Τοποθεσία: Κοντά στο Twin Falls, Idaho
Φώτα στο αντικείμενο: Ναι

Τον Αύγουστο του 2002, ο σύζυγός μου και εγώ ξεκινήσαμε το πρώτο σκέλος του οδικού μας ταξιδιού του μέλιτος, αναχωρώντας από το Σιάτλ το πρωί. Γύρω στις 11 μ.μ., αποφασίσαμε να βρούμε ένα μοτέλ στο Twin Falls, στο Αϊντάχο.

Καθώς πλησιάζαμε στο Twin Falls, είδαμε οδικές πινακίδες που έδειχναν ότι η πόλη ήταν μόλις λίγα μίλια μακριά. Παρόλα αυτά, χάσαμε την έξοδο και συνεχίσαμε να οδηγούμε για αρκετή απόσταση πριν καταλάβουμε το λάθος μας. Γυρίσαμε και γυρίσαμε πίσω.

Μπροστά μας, αρχικά πιστεύαμε ότι είδαμε ένα αεροπλάνο σε απόσταση, αλλά το σχέδιο πτήσης και η ταχύτητά του φαίνονταν ασυνήθιστα. Καθώς το φως πλησίαζε, μπορούσαμε να δούμε το κάτω μέρος του αντικειμένου και και οι δύο το αναγνωρίσαμε αμέσως ως UFO. Τα φώτα στην κάτω πλευρά περιστρέφονταν.

Το αντικείμενο δεν πλησίασε ποτέ αρκετά για να διακρίνουμε το σχήμα του. Παρκάραμε στην άκρη του δρόμου και παρακολουθήσαμε το αντικείμενο να κινείται στον ουρανό, χάνοντας τελικά πίσω από μερικά βουνά. Στη συνέχεια συνεχίσαμε την πορεία μας προς το Twin Falls.

Φτάνοντας στον προορισμό μας, επιβεβαιώσαμε ότι όντως είχαμε χάσει το Twin Falls και δύο πινακίδες εξόδου. Δεν παρακολουθούσαμε στενά την ώρα, επομένως δεν μπορούμε να επιβεβαιώσουμε εάν έλειπε χρόνος. Ωστόσο, παραμένει μυστήριο πώς δύο προσεκτικοί άνθρωποι θα μπορούσαν να παραβλέψουν δύο πινακίδες εξόδου.

ΣΗΜΕΙΩΣΗ: Αυτή η αντίστοιχη αναφορά ελήφθη από τον ιστότοπο της NUFORC και δεν αποτελεί σε καμία περίπτωση αξίωση ιδιοκτησίας. Οι μόνες αλλαγές που έγιναν ήταν για ορθογραφικούς και γραμματικούς λόγους. Επέλεξα να το συμπεριλάβω, καθώς ο χρόνος και η τοποθεσία με κάνουν να πιστεύω ότι αυτό συνδέεται με μια πιθανή απαγωγή που βίωσα ως παιδί. Εάν κατά τύχη το δει το ζευγάρι από την αναφορά, επικοινωνήστε αν μπορείτε.

4

Μεγαλώνοντας και Βάζοντας Στόχο

Απρίλιος, 2004
Earth - Ηνωμένες Πολιτείες - Αϊντάχο - Σχολή Murtaugh
→ Boise

Σχολική εκδρομή στην πρωτεύουσα του κράτους, Boise. Είχα ένα περιστατικό στο σωφρονιστικό κατάστημα του Old Idaho όπου είδα μια οπτασία να κρέμεται σε θανατοποινίτη. Κανείς δεν με πίστεψε, κυρίως το λάθος μου που ξόδεψα τον περισσότερο χρόνο μου προσπαθώντας να τρομάξω τα κορίτσια της τάξης μου.

Καθώς η ομάδα μας έκανε μια ξενάγηση στη φυλακή, ανεβήκαμε στον δεύτερο όροφο του θαλάμου εκτελέσεων όπου εκτέθηκε η θηλιά. Καθώς η ομάδα άρχισε να φεύγει, ένας άνδρας που ήταν δεμένος στους καρπούς και τα πόδια προχωρούσε προς τη θηλιά. Παρακολούθησα καθώς το σχοινί ήταν στερεωμένο γύρω από το λαιμό του και το πάτωμα άνοιξε από κάτω του. Το πρόβλημα ήταν ότι το σχοινί δεν στερεώθηκε σωστά, για να κουμπώσει το λαιμό του άνδρα. Απλώς κρεμάστηκε εκεί, ασφυκτιά.

Προσπάθησα να μιλήσω για την ιστορία μου, αλλά κανείς δεν με πίστεψε για λόγους που αναφέρθηκαν νωρίτερα. Ωστόσο, λίγα χρόνια αργότερα, όταν το Ghost Adventures κυκλοφόρησε στην πόλη για την πρώτη τους σεζόν, απαθανάτισαν μια σκιώδη εμφάνιση στο Death Row, προσδιορίζοντας τον άνδρα ως τον Raymond Snowden. Ο Σνόουντεν αναφέρεται συχνά ως «Ο Τζακ του Αντεροβγάλτη του Αϊντάχο», που καταδικάστηκε σε φυλάκιση αφού μαχαίρωσε βίαια μια γυναίκα που αντιστάθηκε στις προελεύσεις του. Ισχυρίστηκε ότι σκότωσε άλλες τρεις γυναίκες, αλλά αυτό δεν αποδείχθηκε ποτέ. Ο Σνόουντεν ήταν ο άνθρωπος που είδα.

Άνοιξη, 2004
Γη - Ηνωμένες Πολιτείες - Αϊντάχο - Murtaugh → Twin Falls

Έπρεπε να αφαιρέσω τις αμυγδαλές και τις αδενοειδείς εκβλαστήσεις μου σε ηλικία εννέα ετών. Για κάποιο λόγο τα δείγματα αίματος είτε εξαφανίζονταν είτε «συγκεντρώνονταν μετά τη συλλογή», απαιτώντας περαιτέρω αιμοληψίες. Όταν αργότερα στη ζωή μου έπρεπε να οδηγηθώ σε μια γονική εγκατάσταση στο Boise για ξεχωριστά ιατρικά περιστατικά, οι γιατροί εκεί αναρωτήθηκαν γιατί θα γινόταν εξαρχής.

Το νοσοκομείο Twin Falls δεν έχει την καλύτερη φήμη, η εγκατάσταση κάλυψε μια σειρά από αγωγές. Οι περισσότερες νομικές διαδικασίες διεκπεραιώνονται από τη μητρική εγκατάσταση στο Boise λόγω του αριθμού των αγωγών αθέμιτων πρακτικών που συνεχίζουν να συσσωρεύονται και να αποκρύπτονται.

ΔΙΑΦΟΡΑ ΠΕΡΙΠΤΩΣΕΙΣ, 2005-2006:

Ο πατέρας μου προσπαθεί ξαφνικά να έρθει σε επαφή, καθώς τον έστελναν στο Ιράκ. Λίγο μετά τις επιθέσεις της 11ης Σεπτεμβρίου, ο πατέρας μου κατατάχθηκε σε ένα τοπικό παράρτημα της Εθνικής Φρουράς σε μία από τις λίγες στιγμές που μπορούσα να πω ότι ήμουν περήφανος που ήταν ο πατέρας μου και για ένα διάστημα ήμουν. Ήμουν αφελής και ήθελα μια σχέση με τον πατέρα μου, παρά τα προηγούμενα περιστατικά. Το μόνο πρόβλημα ήταν ότι ήμουν ακόμα νευρικός με τη μητριά μου, παρόλο που όλοι υπέθεταν ότι είχα ολοκληρώσει, απέκλεισε το περιστατικό με το μαχαίρι. Πώς θα μπορούσα όταν μέχρι σήμερα η αγνοούμενη μητέρα μου συνεχίζει να το αναδεικνύει σε συζητήσεις με αγνώστους και το διατύπωσε συγκεκριμένα για να με κάνει να ακούγομαι σαν τέρας; Α, φαντάζομαι...

Οι συνομιλίες μεταξύ του πατέρα μου και εμένα γίνονταν κυρίως διαδικτυακά μέσω άμεσων μηνυμάτων νωρίς το πρωί. Καθώς η -λογοκριμένη- ήταν αρκετά μεγάλη για να χρησιμοποιήσει υπολογιστή, το ίδιο ίσχυε και για εκείνη. Κανείς δεν σταμάτησε ποτέ να συνειδητοποιήσει ότι έκανα ό,τι μπορούσα για να αποφύγω τη μητριά μου. Περίπου 6 μήνες αφότου είχε επιστρέψει από την αποστολή, η αδερφή μου -λογοκριμένη- γεννήθηκε... μεγαλωμένη.

Οι επισκέψεις με τον πατέρα μου έγιναν πιο διαδεδομένες, αλλά ένα κρυφό σκοτάδι φαινόταν να προσπαθεί να τραβήξει την προσοχή μου. Οι ικανότητές μου άρχισαν να φαίνονται, γνωρίζοντας ότι η ζωή μου ήταν δυνητικά σε κίνδυνο, κάνοντας το δικό μου δέρμα να αισθάνεται ανήσυχο τόσο με τον πατέρα μου όσο και με τη θετή μητέρα μου. Ένιωθα συνεχώς ότι έπρεπε να είμαι σε εγρήγορση, σε περίπτωση που χρειαζόμουν να το κάνω.

Έπρεπε να μείνω μακριά, αλλά η προσοχή μου επέστρεφε συνέχεια σε αυτούς καθώς γεννήθηκαν περισσότερα αδέρφια τα επόμενα χρόνια. Τα αδέρφια μου -λογοκριμένα- γεννήθηκαν, αφού η θετή μητέρα μου είχε μια υποτιθέμενη αποβολή. Ήταν επίσης περίπου αυτή τη χρονική περίοδο που είχε αρχίσει να παίρνει χάπια, για να τονιστεί αργότερα ότι ήταν οξύ. Καθώς περνούσε ο καιρός, παρατήρησα ότι η κακοποίηση φαινόταν να επικεντρώνεται στην Addison, φτάνοντας μέχρι εκεί που ο πατέρας μου την έσυρε σε ένα υπνοδωμάτιο και ακολουθήθηκε από μια σειρά από κραυγές. Η μητριά μου δεν έκανε τίποτα για να το σταματήσει. Μετά από αυτό δεν ήθελα να έχω καμία σχέση με τον πατέρα μου, εκτός αν ήταν παρόντες μάρτυρες. Δημόσιος χώρος, μόνο τα παιδιά, ή στο σπίτι του παππού μου ήταν οι συνθήκες που ήθελα... φυσικά κανείς δεν άκουγε. Πρέπει να σημειωθεί ότι η θετή μητέρα μου έλεγε συχνά στα μικρότερα αδέρφια μου να μην πουν σε κανέναν το «οικογενειακό μυστικό», όποτε πήγαιναν σε μια μεγάλη συγκέντρωση ανθρώπων. Δεν το πρόλαβα εκείνη τη στιγμή, ή αν το κατάλαβα δεν πήρα ποτέ απάντηση και σύντομα θα το ξεχνούσα το θέμα.

Δεκέμβριος 2005
Γη - Ηνωμένες Πολιτείες - Αϊντάχο - Μούρτο
Περισσότερες υπερφυσικές συναντήσεις λαμβάνουν χώρα κατά τη διάρκεια ενός τρομερού χριστουγεννιάτικου προγράμματος στο οποίο αναγκάστηκα (ποτέ δεν ασχολήθηκα πραγματικά με τις σχολικές δραστηριότητες). Τα περισσότερα εμφανίζονται ως παράξενα αντικείμενα που εμφανίζονται στις

φωτογραφίες της γιαγιάς μου. Με τις περισσότερες παραφυσικές φωτογραφίες, εμφανίστηκαν σφαίρες, αλλά αυτές ήταν πολύ ασυνήθιστες. Σε αντίθεση με τις περισσότερες σφαίρες που ήταν αντανακλάσεις νερού και σκόνης στον αέρα, αυτές είχαν χαρακτηριστικά που θα έκαναν τους σκληροπυρηνικούς σκεπτικιστές να εξετάσουν την πιθανότητα φανταστικών συμβάντων. Το πρώτο ήταν μια φωτεινή κίτρινη σφαίρα, με παραμορφωμένο πρόσωπο στη μέση και κεραυνό να γεμίζει το «σώμα». Το δεύτερο ήταν μια πράσινη μερική σφαίρα με πόδια! Το τρίτο ήταν η σκιά ενός από τους φίλους μου που έβλεπε την αντίθετη κατεύθυνση από την υπόλοιπη ομάδα. Δυστυχώς, αυτές οι φωτογραφίες χάθηκαν στο χρόνο παρά τις προσπάθειές μου να προσπαθήσω να επαναλάβω τι τους συνέβη.

ΚΑΛΟΚΑΙΡΙ, 2006:

Γη – Ηνωμένες Πολιτείες – Αϊντάχο

Πατέρας απολύθηκε από την υπηρεσία, πιθανώς άτιμος. Η κατάχρηση σε -λογοκριμένη- επιδεινώνεται. Έμεινα μακριά αυτή τη φορά όταν έλαβα την ένδειξη ότι δεν θα εμφανίζονταν άλλα παιδιά μέσω των «πηγών» μου, αν και μεταγενέστερες αποκαλύψεις θα έδειχναν ότι η θετή μητέρα μου είχε περισσότερες αποβολές. Πρέπει να σημειωθεί ότι τα σημάδια των μάλλον σκοτεινών δραστηριοτήτων που αφορούσαν πολλά πάρτι ήταν πάντα αρκετά ξεκάθαρα, αλλά η κάπως αφελής νοοτροπία μου εκείνη την εποχή δεν μπορούσε να τα επεξεργαστεί όλα, ακόμη και το μυαλό που κουβαλάω στην ηλικία των 22 *(πόσο χρονών ήμουν τη στιγμή αυτής της αρχικής προσθήκης σε αυτήν την καταχώριση)* εξακολουθεί να αγωνίζεται να καταααανοήσει τη γνώση από πρώτο χέρι για όλα αυτά.

23 Νοεμβρίου 2006

Γη - Ηνωμένες Πολιτείες - Αϊντάχο - Murtaugh → Twin Falls → Boise

Ημέρα των Ευχαριστιών εξέπεσε η χοληδόχος κύστη μου. Έμενα με τον παππού και τη γιαγιά μου όσο δούλευε η μαμά μου. Ενώ συνήθως την ημέρα θα παρακολουθούσα ουσιαστικά την κουζίνα, κυρίως κοιμόμουν καθώς δεν ένιωθα καλά, μετά βίας μπορούσα να φάω μια μπουκιά παγωτό και ένα σάντουιτς γαλοπούλας.

Εκείνο το βράδυ είχα έναν οξύ πόνο στα πλευρά μου, αρρώστησα βίαια από οτιδήποτε προσπαθούσε να μου δώσει η γιαγιά μου για να βοηθήσω. Μεταφέρθηκα εσπευσμένα στο νοσοκομείο, όπου θεωρήθηκε ότι έπαθα νεφρική ανεπάρκεια. Οι γιατροί στο νοσοκομείο είπαν ότι η περίπτωσή μου ήταν πολύ σοβαρή, αλλά η γονική εγκατάσταση στο Boise θα ήταν πρόθυμη να με πάρει.

Ενώ βρισκόμουν στο νοσοκομείο έμπαινα με το ποδήλατο μέσα και έξω από τις αισθήσεις μου. Θυμάμαι ότι έβλεπα λάμψεις της στερεοτυπικής περιγραφής του «Heaven», με τους νεκρούς συγγενείς μου να παρακολουθούν με άλλους καθώς έμοιαζα να τρεμοπαίζω μέσα και έξω. Ήταν μπερδεμένοι ως προς το γιατί ήμουν εκεί τόσο σύντομα, οδήγησαν μόνο σε ερωτήσεις κάπως πανικόβλητες όταν θα με έβλεπαν να μπαίνω και να βγαίνω σταδιακά.

Το νοσοκομείο στο Boise επιβεβαίωσε ότι έπαθα νεφρική ανεπάρκεια. Η χοληδόχος κύστη μου είχε κλείσει, μολύνοντας το υπόλοιπο σύστημά μου. Κατάφεραν να με σταθεροποιήσουν, αλλά είπαν ότι πιθανότατα θα χρειαζόμουν χειρουργική επέμβαση για να αφαιρέσω τη χοληδόχο κύστη μου. Ήμουν στο νοσοκομείο για ένα μήνα για να συνέλθω.

Καθ' όλη τη διάρκεια της δοκιμασίας θυμάμαι επισκέπτες να περνούν, εκτός από συγγενείς. Μερικοί ήταν οι νεκροί συγγενείς που πέρασαν, άλλοι ήταν ασθενείς στο νοσοκομείο που ήταν ήδη νεκροί ή κοντά σε αυτό, άλλοι μπορεί να ήταν «αγ.ar οικογένεια», προσπαθώντας να προσφέρει λόγια ενθάρρυνσης και βοηθώντας στη σταθεροποίηση του συστήματός μου από την πλευρά τους. Προφανώς η διαταραχή σε αυτό το φυσικό αγγείο αντικατοπτρίστηκε στο άλλο σώμα μου. Πιθανή κβαντική εμπλοκή. Το alter ego μου / ο ανώτερος εαυτός μου (όπως και να το αποκαλούν οι άνθρωποι) φαινόταν να χτυπάει μέσα από το pod ενώ εστάλησαν ειδοποιήσεις για την αναστάτωση.

19 Ιανουαρίου 2007
Γη - Ηνωμένες Πολιτείες - Αϊντάχο - Twin Falls → Boise
Η χειρουργική επέμβαση για την αφαίρεση της χοληδόχου κύστης μου μεταφέρθηκε στα ενδέκατα γενέθλιά μου. Ήμουν στην πέμπτη δημοτικού. Θυμάμαι σύντομα όνειρα για αυτό που γνωρίζω τώρα ότι είναι ένα ιατρικό πλοίο παρόμοιο με το Excelsior, ένα μητρικό εξωγήινο πλοίο συνδεδεμένο με το GFW. Έμοιαζα μεγαλύτερος από ό,τι ήμουν, μέσα της δεκαετίας του '20. Και είχα μαλλιά. Πριν από τη χειρουργική επέμβαση, μια γυναίκα ήρθε και εξήγησε ότι άλλοι θα τοποθετούνταν στο νοσοκομείο για να παρακολουθούν το σώμα μου Terran ενώ αναρρώνει. Για άλλη μια φορά, τα δείγματα αίματος θα εξαφανίζονταν μυστηριωδώς.

Υπήρχαν επιπλοκές κατά τη διάρκεια της επέμβασης, υπερβολικό πρήξιμο στην κοιλιά που έπρεπε να κοπεί. Φαινόταν ότι αν το χειρουργείο δεν είχε αναγκαστεί να αλλάξει ημερομηνίες, θα μπορούσα να είχα σοβαρό πρόβλημα.

Ενώ βρισκόμουν σε ανάκαμψη, για μερικές ακόμη εβδομάδες, θυμάμαι λάμψεις του κόλπου stasis pod. Η συνείδησή μου φαινόταν να αλλάζει απευθείας μεταξύ των δύο αγγείων χάρη στην κατάσταση στην οποία βρισκόμουν.

ΦΘΙΝΟΠΟΙΗΣΗ, 2008:

Οι καυγάδες στο σχολείο και στο σπίτι αρχίζουν να οδηγούν το μυαλό μου σε σκοτεινά μέρη, αφήνοντας την αυτοκτονία ως επιλογή. Εκείνη την εποχή, μετακόμισα και με τους παππούδες μου από τη μητέρα μου, αφήνοντάς με να πηγαίνω στο σχολείο με μια ομάδα μάλλον προκατειλημμένων ατόμων που νόμιζα ότι ήταν φίλοι. Ο παππούς και η γιαγιά μου ζούσαν στη μικρή πόλη του Murtaugh και πέρασα λίγο χρόνο στα δημοτικά μου χρόνια μεγαλώνοντας εκεί. Η παιδική, αφελής νοοτροπία μου με έκανε να πιστέψω ότι αυτοί οι άνθρωποι ήταν φίλοι μου. Οι άνθρωποι εκεί φάνηκαν φιλικοί, αλλά το δεύτερο διαπίστωσαν ότι ένα άτομο δεν ήταν μέλος της τοπικής εκκλησίας, το άτομο αυτό αντιμετωπίστηκε ως απόκληρο. Σχεδόν όποιος έφυγε από την περιοχή θα μπορούσε να με υποστηρίξει σε αυτήν τη δήλωση.

Η συνεχής σύγκρουση το έκανε να αρχίσω να σχεδιάζω πώς θα έβαζα τέλος στη ζωή μου. Σε μια ζεστή φθινοπωρινή νύχτα, αποφάσισα ότι ήρθε η ώρα. Στην κρεβατοκάμαρά μου υπήρχε μια μεγάλη ντουλάπα με μεταλλικά κάγκελα που έμοιαζαν αρκετά στιβαρά για να κρατήσουν το βάρος μου. Είχα αποφασίσει ότι η καλύτερη μέθοδος για να το προσεγγίσω αυτό ήταν να κρεμαστώ από το κιγκλίδωμα χρησιμοποιώντας μια παλιά ζώνη. Η ίδια η ντουλάπα δεν ήταν πολύ ψηλή και ήμουν πάντα ψηλή για την ηλικία μου, κάνοντας την προσπάθεια κάπως πρόκληση. Δεν ήθελα να με σταματήσει κανείς και προσπάθησα να κρύψω οποιονδήποτε θόρυβο έκανα για να φαίνεται σαν να κοιμάμαι άσχημα.

Για να αντιμετωπίσω την πρόκληση, τοποθέτησα μια καρέκλα σε ένα σημείο όπου τα πόδια μου μπορούσαν να την αγγίξουν τόσο ώστε να εστιάζω το βάρος μου περισσότερο προς το κεφάλι μου καθώς κουνιόμουν. Το σχέδιο ήταν να κλωτσήσει την καρέκλα πίσω και να διακόψει τη ροή του αίματος. Η ζώνη θα έσφιγγε πιο σφιχτά μέχρι να στερήσω το οξυγόνο... ίσως αυτό ήταν που το πυροδότησε.

Ειλικρινά δεν μπορώ να πω αν το σχέδιό μου λειτούργησε ή αν η «παρέμβαση» είχε χρονομετρήσει την άφιξή της για να με σταματήσει. αλλά το παρακάτω με τρόμαξε παρόλα αυτά. Τις τελευταίες μου στιγμές, κάτι έκανε το σώμα μου να παγώσει. Ένα λαμπερό μπλε φως αναδύθηκε από το πουθενά, υπερκαλύπτοντας εντελώς τις αισθήσεις μου. Η ενέργεια από αυτό ήταν τόσο έντονη, που έκανε το περιβάλλον μου να εξαφανιστεί. δίνοντας την εμφάνιση που επέπλεα. Πήρα μερικές στιγμές για να κοιτάξω γύρω μου, καθώς τα μάτια μου ήταν τα μόνα μέρη του σώματός μου που μπορούσαν να κινηθούν και είδα το φως να χορεύει σαν να ήμουν βαθιά κάτω από το νερό.

Ξαφνικά ένας άντρας εμφανίστηκε μπροστά μου. η εικόνα του θόλωσε. Μπορούσα να πω ότι είχε μακριά καστανά μαλλιά και τρίχες στο πρόσωπο και φορούσε κάτι που έμοιαζε με λευκή ρόμπα. Η ατμόσφαιρα που έπαιρνα από την παρουσία του ένιωθα ήρεμη, φιλική και ανησυχούσα για την ευημερία μου. Οι εξωτερικές μου αισθήσεις προσπάθησαν να μου δώσουν μια ένδειξη ότι κάποιος άλλος ήταν κοντά, αλλά η εστίασή μου ήταν επικεντρωμένη σε αυτό που εκτυλίσσονταν μπροστά μου για να το προσέξω πραγματικά. Ο άντρας πλησίασε πιο κοντά μου, η εικόνα του φαινόταν πιο καθαρή καθώς πλησίαζε. Σε λίγο αρχίζει να μιλάει. Χωρίς κρίση, χωρίς κριτική, μόνο ανησυχία.

«Ντακότα, υπάρχει κάποιος εδώ που πρέπει να γνωρίσεις».

Ο άντρας παραμέρισε και αποκάλυψε ένα νεαρό κορίτσι, περίπου πέντε ή έξι ετών. Είχε μακριά ξανθά μαλλιά, κάπως μαύρισμα δέρμα και τα πιο λαμπερά μπλε μάτια που είχα δει ποτέ. Αμέσως, μπορούσα να πω ότι το κοριτσάκι ήταν συγγενικό μου πρόσωπο, καθώς έμοιαζε εντυπωσιακά με τις αδερφές μου. Δάκρυα γέμισαν τα μάτια της κάνοντάς τα να αστράφτουν σαν τον ωκεανό σε μια χαρούμενη καλοκαιρινή μέρα, στέλνοντας αμέσως την καρδιά μου σε μια βαθιά άβυσσο καθώς η αίσθηση της ενοχής με κυρίευσε.

Αλλά δεν ήταν η εμφάνισή της που με τράβηξε από αυτή την έκσταση, αλλά ήταν αυτό που μου είπε. Με πλησίασε, έβαλε το χέρι της στο μάγουλό μου και φώναξε: «Μπαμπά, σε παρακαλώ μην το κάνεις».

Καθώς το κοριτσάκι έγειρε για να με φιλήσει στο μάγουλο, το όραμα εξαφανίστηκε και είμαι πίσω στην ντουλάπα σαν να μην συνέβη τίποτα. Προσπάθησα να αποτινάξω ό,τι είχα δει πηγαίνοντας για ύπνο, αλλά η εικόνα θα έβρισκε τρόπους να παρέμβει σε μελλοντικά γεγονότα. Η παρέμβασή της με οδήγησε στο να της δώσω το όνομα «Ολίβια Hope», αφού μου πέρασε το όνομα μέσω πειραμάτων «μελλοντικού» που είχαν σκοπό να με βοηθήσουν να προσπαθήσω να έρθω σε επαφή μαζί της για να καταλάβω τι είχα δει.

ΑΝΟΙΞΗ, 2009:

Μετά από μερικές συνομιλίες με ερωτικό ενδιαφέρον και μια συνάντηση «coming to Jesus» με έναν από τους θείους μου, είχα αποφασίσει να επιστρέψω με τη μητέρα μου, καθώς ο Murtaugh δεν ήταν το κατάλληλο μέρος για μένα. Περιείχε απαντήσεις για το τι έπρεπε να κάνω για να προχωρήσω. Οι σκέψεις μου επικεντρώθηκαν στο να βρω τη μητέρα της Ολίβια, αλλά για να το κάνω έπρεπε να προσπαθήσω να πάρω απαντήσεις από το κοριτσάκι μου. Ήξερα την πιθανότητα χρονικών παραδόξων αυτών των προσπαθειών, και πόσο πιθανό ήταν η κόρη μου να ήξερε ότι ήταν καλά. Έπρεπε να προσπαθήσω. Έρευνα σε διάφορα διαδικτυακά φόρουμ και ραδιοφωνικά podcast αποκάλυψε πολλές πιθανές μεθόδους με τις οποίες θα μπορούσα να προσπαθήσω να έρθω σε επαφή, καθώς οι προηγούμενες εμπειρίες μου απέδειξαν τη δυνατότητα λανθάνοντων ψυχικών δυνάμεων.

Η μέθοδος με την οποία φαινόταν πιο εύκολη η εργασία ήταν η αυτόματη γραφή. Για τους μη μυημένους, η αυτόματη γραφή είναι μια μορφή πνευματικής διοχέτευσης που επιτρέπει στο «πνεύμα» να αναλάβει τον έλεγχο των χεριών που ανήκουν στον «καναλιστή» και θα τους επέτρεπε να μεταφέρουν γραπτά μηνύματα. Πρέπει να σημειώσω ότι μια τέτοια διαδικασία μπορεί εύκολα να παραληφθεί από αρνητικά όντα, το να κάνεις τέτοια πειράματα μπορεί να είναι εξαιρετικά επικίνδυνο, αλλά ήμουν αρκετά απελπισμένος για απαντήσεις.

Φυσικά, ο πρώτος μου στόχος ήταν η κόρη μου που φαινομενικά ταξιδεύει στο χρόνο. Τα πειράματα με την πραγματοποίηση επαφής φάνηκαν να είναι επιτυχή, ως επί το πλείστον. Κάθε συνεδρία κατάφερα να διαπιστώσω ότι ήταν αυτή και την έβαζα να απαντήσει σε μερικές ερωτήσεις. Η ερώτηση που τέθηκε για τις συνεδρίες πήγε κάπως σε αυτές τις γραμμές (καθώς ανακτήθηκε από ένα παλιό σημειωματάριο που ξέθαψα):

Ψάχνω να επικοινωνήσω με το κοριτσάκι που με έσωσε...

Είναι αυτό το κοριτσάκι που με αποκαλούσε «μπαμπά;»

Πνεύμα: «Ναι»

Είσαι αλήθεια κόρη μου;

Πνεύμα: "Ναι"

Πότε περίπου θα είσαι εδώ;

Spirit: "2025" (*ταξίδι στο χρόνο; Αυτό ήταν πριν σκεφτούν τους εξωγήινους... και πάλι το 2024 υποτίθεται ότι είναι περίπου όταν αποκαλύπτονται οι ανθρώπινοι ΕΤ. Διαφορετικές συνεδρίες εναλλάσσονται μεταξύ των ετών 2024 και 2025)

Πώς σε λένε;

Πνεύμα: "Ολίβια"

Ποιο είναι το αγαπημένο σου χρώμα;

Πνεύμα: "Πράσινο"

Έχεις αδέρφια;

Πνεύμα: «Ναι. Ένας αδερφός, ο Michael."

Προσπάθησα να διαμορφώσω τις ερωτήσεις για να αποκτήσω μια γενική ιδέα για την προσωπικότητα της κόρης μου, καθώς και για το τι μπορεί να μου επιφύλασσε το μέλλον. Όταν τελικά βρήκα το θάρρος να ζητήσω το όνομα της μητέρας της Ολίβια, θα συνέβαινε ένα από τα δύο πράγματα. Είτε το κεφάλι μου θα γέμιζε με κάτι που ακουγόταν σαν ραδιοφωνική παρέμβαση και θα έχανα τη σύνδεση μαζί της, είτε η Ολίβια θα έλεγε ότι δεν ήταν σε θέση να αποκαλύψει τόσα πολλά αυτή τη στιγμή.

Αλλά, αν δεν το ξεκαθάρισα πριν, αυτή δεν θα ήταν η τελευταία μας συνάντηση.

ΤΕΛΟΣ ΦΘΙΝΟΠΩΡΟ, 2010:

Περαιτέρω έρευνα σχετικά με την παραφυσική δραστηριότητα οδηγεί στην απόφασή μου να ακολουθήσω παραφυσικές έρευνες, αλλά επειδή ήμουν μόλις στο γυμνάσιο, δεν είχα άλλη πηγή χρηματοδότησης εκτός από περιστασιακές πληρωμές για μπέιμπι-σίτινγκ που η οικογένειά μου με ενθουσίαζε κάθε φορά που απογοητευόμουν επειδή έπρεπε να παρακολουθώ συνεχώς το μικρό μου συγγενείς.

Η διερεύνηση των παραφυσικών ήταν ένα ακριβό χόμπι, ειδικά στο βαθμό που ήθελα να το κάνω, οπότε αναγκάστηκα να περιμένω για δώρα διακοπών και γενεθλίων όταν η φύλαξη παιδιών δεν ήταν τόσο γόνιμη. Άρχισα να απευθύνομαι, μέσω των social media, με άλλους στον τομέα για να αρχίσω να μελετώ και να παίρνω ιδέες για το πώς να δημιουργήσω τη δική μου ομάδα. Σχημάτιζα την Paranormal Raider Force, κάτι που ξεχώριζε από τους λεγόμενους «σοβαρούς ερευνητές».

Περαιτέρω σημειώσεις προήλθαν από την παρακολούθηση των διαφόρων παραφυσικών εκπομπών στην τηλεόραση. Η βασική μου ιδέα ήταν να παρακολουθήσω τις εκπομπές για να πάρω ιδέες για την τεχνολογία και τις μεθόδους, και μετά να ασχοληθώ μέχρι να κάνω μια κατάλληλη πρακτική. Θα λειτουργούσε μάλλον γρήγορα προς όφελός μου, καθώς χρησιμοποίησα το γεγονός ότι οι περισσότεροι υπέθεσαν ότι η ηλικία μου ήταν σχεδόν διπλάσια από ό,τι στην πραγματικότητα ήταν προς όφελός μου. Ένας τοπικός ραδιοφωνικός dj με ξεσήκωσε, αλλά μέχρι τότε οι περισσότεροι είχαν εντυπωσιαστεί αρκετά από αυτό που είχα φτιάξει μόνος μου και η ηλικία μου δεν με απασχολούσε.

Αυτό ήταν παρήγορο από πολλές απόψεις, καθώς ένα από τα πράγματα που παρακίνησαν την απόφασή μου να ακολουθήσω αυτή τη ζωή, και ίσως να δημιουργήσω ένα όνομα για τον εαυτό μου γύρω από αυτήν, ήταν το γεγονός ότι αυτό ήταν όταν ο πατέρας μου φυλακίστηκε για σεξουαλική επίθεση στην αδερφή μου - λογοκρίθηκε -. Επειδή ήμουν κοντά τους, κρατήθηκα κυρίως μακριά από την έρευνα. Ωστόσο, αυτό δεν διευθετήθηκε γνωρίζοντας ότι τα αδέρφια μου από αυτόν είχαν τεθεί σε ανάδοχη φροντίδα. Η μικρότερη αδερφή μου τότε, -λογοκριμένη- που δεν είχα γνωρίσει ακόμη, ήταν μόλις έξι μηνών. Η νοοτροπία μου ήταν αρκετά λερωμένη που ο Χάτμαν, όπως τον έχουν μεταγλωττίσει, εμφανίστηκε προσφέροντάς μου να φροντίσει τον πατέρα μου για μένα. Ένα μέρος του ένιωσα ότι καταλάβαινε την αναταραχή μέσα μου, αλλά του είπα αμέσως να πηδήξει. Αυτό δεν θα ήταν το τελευταίο του.

ΑΠΡΙΛΙΟΣ 2010:

Γνώρισα την αγαπημένη μου στο γυμνάσιο.

Την άνοιξη, στα μισά της πρωτοετής μου, είχα γνωρίσει μια όμορφη κοπέλα στην τάξη. Η τάξη ήταν Touchstones, υποτίθεται ότι «βοηθούσε» τα παιδιά να καταλάβουν πώς να προχωρήσουν στα σημαντικά ορόσημα που υποτίθεται ότι έπρεπε να φτάσουμε στην εφηβική και νεαρή ενήλικη ζωή μας. Νωρίς στην τάξη, παρατήρησα αυτό το ντροπαλό κόκκινο κεφάλι που συνήθως κρατούσε τον εαυτό της. Το όνομά της ήταν -λογοκριμένο-. Είχα προσπαθήσει να σκεφτώ έναν τρόπο να έρθω βολικά σε -λογοκριμένη- (της έδωσα το όνομα της Shandra στη σειρά μου The Ones Who Walk All Worlds), έτσι κατάφερα να ανάψω τη φλόγα, αλλά δεν μπόρεσα ποτέ να το φτιάξω μέχρι να ο δάσκαλος εκείνης της τάξης μας ανέθεσε και τους δύο στην ίδια ομάδα για ένα σκετς. Το σκετς υποτίθεται ότι έμοιαζε με σενάρια ενός βιβλίου «εφηβικής αυτοβοήθειας» που περιγράφεται μόνος μου και σκοπό είχε να διδάξει καλύτερους τρόπους αντίδρασης σε στρεσογόνες καταστάσεις που θα μπορούσε να συναντήσει κάθε μέσος Τζο σε καθημερινή βάση. Στην ομάδα μου δόθηκε ένα σκετς που προοριζόταν να απεικονίσει κάποιον τζάκα να κόβει κάποιον στην κυκλοφορία, με αποτέλεσμα ναυάγιο.

Η ομάδα αποτελούταν από -λογοκριμένα-, τον εαυτό μου και μερικούς ηλίθιους της τάξης. -λογοκριμένος- όντας ντροπαλός, έμεινε χωρισμένος από την ομάδα. Καθώς οι ηλίθιοι συζητούσαν το σκετς, έκανα ένα σημείο να της συστηθώ για να ανάψω τη φλόγα. Προσπάθησε να αποφύγει, αλλά κατάφερα να την κάνω να ανοιχτεί. Διαβάστε τις πρώτες καταχωρίσεις του The Ones Who Walk All Worlds, αν θέλετε μια ιδέα για το πώς εξελίχθηκε αυτή η συζήτηση.

Σύντομα, θα γινόταν η πρώτη «ασθενής» που θα έχανα. Μπήκαμε σε καυγά όταν μπήκε ένα τρίτο μέλος της ομάδας μας, μετατρέποντας την κατάσταση σε ερωτικό τρίγωνο. Δεν αντιμετώπισα καλά την κατάσταση, πλησίαζε με κάποιον που γινόταν σωματική κακοποίηση προς τις γυναίκες και η ίδια η σκέψη μου έκανε το στομάχι.

23 Απριλίου 2011
Earth - Ηνωμένες Πολιτείες - Αϊντάχο - Murtaugh
Σημειώνεται: Η πρώτη έρευνα ως η Paranormal Raider Force πραγματοποιήθηκε στο κτίριο του τμήματος αυτοκινητοδρόμων.

Το αρχικό σχέδιο ήταν να εξετάσουμε περίεργους θορύβους που υποδήλωναν ένα υπολειπόμενο στέκι. Δύο πρόσωπα, μια ηλικιωμένη κυρία που ουρλιάζει, βήματα και ανιχνευτές κίνησης αργότερα μαθαίνουμε ότι αυτά τα πνεύματα είναι πολύ πρόθυμα να γίνουν γνωστά. Μια πλαϊνή περίπτωση εκείνη την εποχή αναζητούσε ένα νήπιο που είχε δει γύρω από κάποια κοντινή γραμμή τρένου να κρατά ένα αλυσοπρίονο που πιστεύεται ότι φαινόταν, στις φωτογραφίες, ως μια πράσινη σφαίρα με πόδια. Δεν επενδύθηκε πολύς χρόνος σε αυτό το φαινόμενο λόγω των κογιότ που πλησίαζαν και το γεγονός ότι ακριβώς δίπλα στην περιοχή στην οποία σημειώθηκε η παρατήρηση είναι ένα μπαρ.

Είχα επιτέλους συγκεντρώσει αρκετό αξιοπρεπή εξοπλισμό για να πραγματοποιήσω μια καλά ενορχηστρωμένη έρευνα. Μια πρόταση από τον παππού μου να ελέγξει τον τόπο εργασίας του ήρθε σε μια κατάλληλη στιγμή, καθώς έμενα στον παππού και τη γιαγιά μου για το Σαββατοκύριακο, ενώ η μητέρα μου ανέρρωσε από το χειρουργείο.

Η τοποθεσία ήταν το τμήμα Murtaugh Highway, το οποίο πιστεύεται ότι ήταν στοιχειωμένο από πρώην υπαλλήλους και τον παλιό επιστάτη της τοποθεσίας. Οι αναφορές έβγαιναν με περίεργο καπνό, οι πόρτες των καταστημάτων έτριζαν χωρίς αέρα ή περαστικά ημιφορτηγά, βήματα και περιστασιακές ασώματες φωνές. Ένα από τα υποτιθέμενα πνεύματα ήταν το παλιό αφεντικό του παππού μου, που προφανώς είχε παιδιά που πήγαιναν σχολείο με τους γονείς μου. Η αιτία θανάτου του ήταν ο καρκίνος του πνεύμονα... το ίδιο και η γυναίκα του. Και οι δύο ήταν βαρείς καπνιστές στη ζωή τους.

Λόγω της ηλικίας μου εκείνη την εποχή, η πολιτεία του Αϊντάχο έχει νόμο απαγόρευσης κυκλοφορίας για οποιονδήποτε κάτω των 16 ετών, με συνόδευε η γιαγιά μου. Ήμουν 15 ετών όταν έκανα αυτή την έρευνα. Αρχικά ήμουν αντίθετος με την ιδέα, σημειώνοντας την τάση της γιαγιάς μου να προσπαθεί να ελέγξει μια κατάσταση και την επιθυμία μου να κρατήσω όλες τις δραστηριότητες εκτός του ελέγχου της οικογένειάς μου (κάτι που θα έκαναν σε μερικές περιπτώσεις). Αλλά σε αυτήν την κατάσταση θα ήταν χρήσιμο να έχω τη γιαγιά μου στο πλοίο.

Δημοσίευσα τα αποτελέσματα της έρευνας, με σύντομες αναφορές περιπτώσεων, ως βίντεο στο YouTube για να βοηθήσω στην προώθηση των επιχειρήσεων. Η υπόθεση μπόρεσε να συγκεντρώσει περίεργα πρόσωπα που έκαναν την εμφάνισή τους σε βιντεοκάμερα και περίεργες ηχογραφήσεις. Εκτός κάμερας, ήταν οι φωνές μιας γυναίκας που ούρλιαζε κατά τη διάρκεια της εγκατάστασης, τα βήματα που κινούνταν μέσα στο χαλίκι και οι φωνές που έβγαιναν μέσα από μια συνεδρία ραδιοφώνου.

Η ραδιοφωνική συνεδρία ήταν μια ιδέα για να προσπαθήσουμε να αναπαραγάγουμε αποτελέσματα από τα περίφημα Ghost Boxes χωρίς κανέναν κόπο. Η ιδέα ήταν απλώς να ρυθμίσετε ένα διαθέσιμο ραδιόφωνο στη χαμηλότερη δυνατή συχνότητα για να διευκολύνεται η επικοινωνία των πνευμάτων. Το εμπόδιο φρόντιζε να μην έβγαινε τίποτα στην επιλεγμένη συχνότητα. Αυτή η τοποθεσία ήταν το μόνο σημείο που φαινόταν να λειτουργεί.

Μέσω αυτού και μιας συνέχειας (αναφέρεται παρακάτω), θεώρησα το "Τμήμα Αυτοκινητοδρόμων Murtaugh" ως νόμιμη τοποθεσία στοιχειώσεως.

SPRINGBREAK, 2011:
Γη → Ηνωμένες Πολιτείες → Αϊντάχο → Twin Falls

Κατά τη διάρκεια του ανοιξιάτικου διαλείμματος της πρωτοετής μου στο γυμνάσιο, ενεπλάκη σε τροχαίο ατύχημα κατά τη διάρκεια του μαθήματος του οδηγού μου. Ήμουν ο οδηγός του οχήματος, αλλά δεν βρέθηκε υπαίτιος. Η οδήγηση ήταν προγραμματισμένη να οδηγήσει όσους από εμάς στην ομάδα μου εκείνη τη στιγμή έξω στην κομητεία και στον αυτοκινητόδρομο. Καθώς γυρνούσαμε στην πόλη, μια ηλικιωμένη κυρία προσπάθησε να περάσει μέσα από έξι λωρίδες πολυσύχναστης κυκλοφορίας. Προφανώς, όπως θα έπρεπε να υποδεικνύεται από την ένταξη αυτής της εκδήλωσης, ήμουν εγώ να τη χτυπήσει. Η ηλικιωμένη κυρία προσπάθησε να δηλώσει αθώα και να συλλογιστεί με τον αξιωματικό, αλλά ήταν αυτή που ευθύνεται για αυτό που ο ίδιος ο αστυνομικός περιέγραψε ότι έμοιαζε πολύ με ένα αποτυχημένο παιχνίδι του «Frogger». Κατά την πρόσκρουση ένιωσα σαν να ρίχτηκα σε ένα αστρικό έργο, βλέποντας το αυτοκίνητο να συνθλίβεται στο μπροστινό μέρος καθώς έχασα τις αισθήσεις μου.

2-4 ΙΟΥΛΙΟΥ 2011:
Earth → Ηνωμένες Πολιτείες → Αϊντάχο → Εθνικό Δάσος Sawtooth → Near Diamondfield Jack

Η πρώτη μου έρευνα Sasquatch.

Καθώς ο παππούς μου συνέχιζε τη μάχη του με τον καρκίνο, η οικογένεια αποφάσισε να πάει τους πάντες στο κάμπινγκ αντί να κάνουμε τη συνηθισμένη μας διαδρομή στο Ουαϊόμινγκ για παράνομα πυροτεχνήματα και στη συνέχεια να τα ανάψουν για την 4η Ιουλίου. Μία από τις τοποθεσίες που εξετάζονταν είχε ενδιαφέρον καθώς ήταν η περιοχή που εντόπισα ένα πιθανό Sasquatch χρόνια νωρίτερα. Υπάρχει μια σειρά από σπηλιές κοντά στο χιονοδρομικό κέντρο Magic Mountain μια οικογένεια Squatch φαίνεται να κατοικεί. Δεδομένου του χρονικού πλαισίου των εμφανίσεων και της πιθανής ηλικίας του ανήλικου που μπόρεσα να συναντήσω, τουλάχιστοτοτον τέσσερα δείγματα βρίσκονται την περιφέρεια.

Έλαβα μια πιθανή συμβουλή νωρίτερα εκείνη την εβδομάδα σχετικά με τις διατροφικές προτιμήσεις του Sasquatch για να βοηθήσω να προσελκύσω κάποιον από ένα βίντεο ειδήσεων που κυκλοφορούσε που απεικόνιζε έναν συνταξιούχο ιατροδικαστή να χρησιμοποιεί κομμάτια σοκολάτας για να δελεάσει ένα δείγμα μπροστά από μια κάμερα. Ένα μικρό πλάσμα που μοιάζει με πίθηκο με πλησίασε από πίσω καθώς έφτιαχνα τα πράγματα, αλλά γρήγορα βιδώθηκε όταν κατάλαβε ότι ήξερα ότι ήταν εκεί. Η γούνα του ήταν σχεδόν μαύρη, ήταν σκοτεινή έξω και το μικρό τέρας ήταν γρήγορο.

Δεν είχα κάμερα ίχνους στη διάθεσή μου για αυτό το κυνήγι, αλλά είχα αρκετά μαλακό έδαφος για να συγκεντρώσω ένα χτύπημα ποδιών σε περίπτωση επιτυχίας. Το δεύτερο βράδυ του ταξιδιού, τελικά έστησα την παγίδα, αλλά είχα αποκοιμηθεί πριν εμφανιστώ. Το επόμενο πρωί μπόρεσα να εξετάσω την περιοχή και να βγάλω με επιτυχία ένα γύψο ποδιών. Οι εκτιμήσεις μου δείχνουν ότι το πιθανό δείγμα είχε ένα πόδι αρκετά μεγάλο ώστε να χωράει σε ένα ανδρικό παπούτσι μεγέθους 22... το δικό μου πόδι είναι μέγεθος 18. Δυστυχώς χρόνια αργότερα το casting καταστράφηκε ενώ μετακόμισε σε μια νέα κατοικία, αλλά έχω αυτή τη σύγκριση φωτογραφιών για να δείξω ότι Δεν προσποιήθηκα το κάστινγκ αφού ήμουν το άτομο με το μεγαλύτερο ανάστημα και μέγεθος ποδιού. Οι συγκρίσεις που έκανα με φωτογραφίες από έναν καθηγητή του Πανεπιστημίου του Αϊντάχο που κυνηγάει ο ίδιος τον Μεγαλοπόδαρο δείχνουν εντυπωσιακή ομοιότητα.

Θα πρέπει επίσης να σημειώσω κατά τη διάρκεια ολόκληρης της παραμονής στο κάμπινγκ, υπήρχαν σημάδια κάποιου είδους μεγαλύτερου ζώου που καταδίωκε την περιοχή, αλλά κανείς δεν ήταν σε θέση να επιβεβαιώσει τι ακριβώς.

Εύκολα μπόρεσα να παρακολουθήσω μια ραδιοφωνική συνέντευξη με μια εκπομπή με τίτλο "Second Sight", που είχε έναν καλεσμένο σταρ που ήταν διάσημος κυνηγός Bigfoot και μπορούσε να συγκεντρώσει σημειώσεις για το τι έπρεπε να αναζητήσω για να παρακολουθήσω πιθανώς ένα Sasquatch, το οποίο συνδυάστηκε με το Το τμήμα ειδήσεων που ανέφερα νωρίτερα σε αυτήν την καταχώριση, παρείχε πολύτιμες πληροφορίες. Λίγες εβδομάδες αργότερα, μπόρεσα να επικοινωνήσω με τον ίδιο καλεσμένο στην εκπομπή και μπόρεσα να μεταφέρω την ιστορία μου, δίνοντάς μου μια προσκεκλημένη εμφάνιση στη δική του εκπομπή με τίτλο "Monster Theatre".

5

Γίνοντας ο Άνθρωπος

13 ΑΥΓΟΥΣΤΟΥ 2011:

Ο παππούς μου με είχε ενημερώσει για ένα περιστατικό στη δουλειά του, το οποίο κέντρισε το ενδιαφέρον και μια μικρή έκπληξη οργής με τις συνθήκες που επικρατούσαν αυτή τη στιγμή. Ο παππούς μου, ο οποίος ήταν σχεδόν αδύνατος λόγω των θεραπειών για τον καρκίνο, και ο θείος μου πιθανότατα δέχθηκαν επίθεση από ένα πνεύμα. Το περιστατικό, όπως μου αναφέρθηκε, ήταν ότι ενώ καθόμουν στο κεντρικό γραφείο, ένα ράφι σκίστηκε από τον τοίχο και πετάχτηκε προς το μέρος τους. Με βάση την αναφορά, η επίθεση φαινόταν να στοχεύει στον θείο μου. γνωρίζοντας πώς θα μπορούσε εύκολα να κοροϊδέψει την ιδέα των πνευμάτων γενικά, νομίζοντας ότι κανείς δεν θα τον άκουγε, πρέπει να αναγνωρίσω την πιθανότητα να είχε την επίθεση. Αλλά, αυτό δεν δικαιολογούσε την επίθεση σε έναν άνθρωπο που πέθαινε!

Έκανα την έρευνα, με μοναδικό σκοπό να εξοργίσω τα πνεύματα στο κτίριο και να τους ενημερώσω ότι η επίθεση δεν θα γινόταν ανεκτή. Είχα ερευνήσει μεθόδους για να διώξω πιθανώς πνεύματα από την τοποθεσία και είχα απειλήσει να τα χρησιμοποιήσω αν συμβεί ξανά τέτοιο περιστατικό. Είτε λόγω του αναστήματος μου, είτε ότι ήξεραν ότι ήμουν σοβαρός, υπήρχε σχεδόν ανύπαρκτη δραστηριότητα.

Καθ' όλη τη διάρκεια της νύχτας ένιωθα σαν να με παρακολουθούσαν, αλλά δεν μπορούσα ποτέ να κάνω τους «παρατηρητές» να ξεγελαστούν και να αποκαλυφθούν. Καθώς η νύχτα περνούσε, μια νέα ιδέα ήρθε στο μυαλό που σκέφτηκα ότι θα μπορούσε ενδεχομένως να βοηθήσει να λάβουμε κάποιου είδους αντίδραση από τα πνεύματα που κατοικούν. Κι αν ήθελαν απλώς να μείνουν μόνοι;

Χρησιμοποιώντας έναν αισθητήρα κίνησης ως αντικείμενο ενεργοποίησης, πρόσφερα τους ακόλουθους όρους... όχι άλλες επιθέσεις, όχι άλλες επισκέψεις από εμένα. Θα μπορούσαν να μείνουν, κόλαση, αν ήθελαν να κάνουν φάρσες στα ζωντανά που ήταν μια χαρά, αλλά όχι άλλες επιθέσεις. Αν είχα κάνει άλλες εμφανίσεις, θα έπρεπε να τις εκλάβουν καθώς απλώς περνούσα, καθώς ο παππούς μου δούλευε ακόμα εκεί και οι επισκέψεις από την πλευρά μου ήταν πιθααανές.

Μέχρι την ημερομηνία 22 Αυγούστου 2017 δεν υπάρχουν περαιτέρω αναφορές για παραφυσική δραστηριότητα σε αυτήν την τοποθεσία έχουν φτάσει στα αρχεία μου. Αυτό καθιστά την τοποθεσία που πρέπει να χαρακτηριστεί ως μη στοιχειωμένη.

ΦΘΙΝΟΠΟΙΗΣΗ, 2011:
-λογοκριμένο- Ανακοίνωση

Ένα πρόγραμμα που θα δημιουργηθεί για τη δημιουργία της πρώτητητης ανθρώπινης αποικίας στον Άρη μέχρι το έτος 2035 και επικοινώνησε μαζί μου για να συμμετάσχω ενδεχομένως στην πρώτη εκτόξευση. Ενώ το πρόγραμμα είναι μια ενδιαφέρουσα προοπτική και θα μπορούσε να ανοίξει το δρόμο για ένα εντελώς νέο πρόσωπο της ανθρωπότητας, δύο προβλήματα αντιμετωπίζονται με την ιδέα να είμαι μέρος της κυκλοφορίας... 1. Είμαι πολύ ψηλός πέντε ίντσες και 2. Ήμουν νεότερος από τότε οι βασικοί παίκτες αυτής της εταιρείας νόμιζαν ότι ήμουν. Ωστόσο, η ευκαιρία να συμμετάσχω σε ένα ιστορικό γεγονός όπως ο αποικισμός ενός άλλου πλανήτη είναι πολύ καλή προσφορά για να χαθεί, γι' αυτό αποφάσισα τουλάχιστον να βάλω το όνομά μου στο καπέλο για να δω τι θα συμβεί. Ένα μέρος του εαυτού μου προσπαθούσε να μετριάσει διανοητικά το άγχος που έβαζα στον εαυτό μου συγκρίνοντας το όνομα της εταιρείας με το βιντεοπαιχνίδι DOOM, δηλώνοντας ότι μια εταιρεία με παρόμοιο όνομα ήταν μεταξύ των πρώτων αποστολών που ξεκίνησε μια κυριολεκτική εισβολή στην Κόλαση.

Η ειρωνεία πίσω από αυτή τη δήλωση...

31 ΟΚΤΩΒΡΙΟΥ 2011:

Είχα την ευκαιρία να πάω για πεζοπορία με έναν από τους θείους μου και τον παππού και τη γιαγιά μου μόλις πέρασαν το Sun Valley, ενώ πήγαιναν για κυνήγι. Οι μόνοι δύο λόγοι που μπήκα στον κόπο να πάω, αφού απλώς δεν ασχολούμαι με το παραδοσιακό κυνήγι, ήταν επειδή μου είπαν ότι εγκαταλελειμμένα φρεάτια ορυχείων ήταν στην περιοχή και μου αρέσει να παρακολουθώ την άγρια ζωή. Υψηλές ποσότητες χαλαζία υπήρχαν επίσης στην περιοχή, το οποίο είναι ένα ορυκτό που πιστεύεται ότι λειτουργεί σαν πηγή μπαταρίας για τα οινοπνευματώδη ποτά.

Μόλις συναντήσαμε τα εν λόγω φρεάτια του ορυχείου, νιώσαμε ότι κάποιος ήταν στο εσωτερικό και μας κοιτούσε ακριβώς πίσω και μερικές φωτογραφίες φάνηκε να ενισχύουν την ιδέα.

Πήρα σπίτι ένα μεγάλο κομμάτι χαλαζία, κατάφερα να αποθηκεύσω τις φωτογραφίες και να τις δείξω σε μερικά άτομα που είχαν πάει σε εκπομπές κυνηγιού φαντασμάτων... οι απόψεις τους υποδήλωναν ότι ένιωθαν ότι ήταν μια καλή σύλληψη.

Αλλά το μεγαλύτερο μάθημα που είχα σε αυτό; Μην πιέζετε τον εαυτό σας να ξεπεράσετε το σημείο της σωματικής εξάντλησης μόνο και μόνο για να ξεπεράσετε τον ξάδερφό σας... το σώμα σας θα σας κάνει να το μετανιώσετε.

4 ΔΕΚΕΜΒΡΙΟΥ 2011:

Ίσως η πιο αποκαρδιωτική στιγμή της ζωής μου στα πρώτα μου χρόνια στη δουλειά, η μέρα που έχασα το ένα μέλος της οικογένειας που ένιωσα πραγματικά την πιο υποστηρικτική από τις προσπάθειές μου. Θα πρέπει να είναι πλέον προφανές ότι ο παππούς μου ήταν περισσότερο μπαμπάς για μένα παρά ο ίδιος μου ο πατέρας, και επέκτεινε αυτή την ευγένεια στην αδερφή μου και στα ξαδέρφια μου από τη μητρική μου πλευρά. Επειδή όμως ήμουν ο μεγαλύτερος στο μάτσο, είχα την πιο στενή σχέση μαζί του. Ενώ όλοι είχαμε ζημιά την ημέρα που πέθανε, με χτύπησε περισσότερο. αν και η φαινομενικά έλλειψη συναισθημάτων μου προκάλεσε ανησυχία στην υπόλοιπη οικογένεια.

Ο παππούς μου ήταν ο τύπος που δεν ήθελε να γίνει μεγάλη φασαρία και η γιαγιά μου και εγώ ήμασταν οι μόνοι που το θυμόμασταν αυτό. Ενώ όλοι συνέχιζαν να τσακώνονται και να υποκινούνται για το πώς να χειρίζονται τις οικογενειακές υποθέσεις, εκείνη και εγώ ήμασταν που θέλαμε απλώς να ξεπεράσουμε τα πάντα και να προχωρήσουμε. Η ίδια μου η μητέρα προσπάθησε να με κάνει να ξεσπάσω σε κλάματα, φτάνοντας στο σημείο να έλεγα ότι δεν είμαι άνθρωπος, σε αρκετές περιπτώσεις που συνέχισε να δημιουργεί την επιθυμία να σπάσει ένα γυάλινο μπουκάλι και να μπλοκάρει τα θραύσματα βαθιά στον κρόταφο της. Δεν της εμπιστευόμουν ότι θα έδειχνε κανένα συναίσθημα γιατί θα στρεφόταν εναντίον μου ή θα χρησιμοποιούσε για να μιλήσει για μένα σαν να μην ήμουν τίποτα άλλο παρά ένας ανόητος πίθηκος όταν ήμουν στο δωμάτιο. Δεν την εμπιστεύομαι ακόμα στα 20 μου και η σχέση μας είχε βελτιωθεί.

Αλλά πίσω στον παππού μου, αν και μου λείπει ακόμα, πρέπει να θαυμάσω πόσο καιρό κατάφερε να αντέξει τον καρκίνο του παρόλο που εξαπλώνεται συνεχώς σε όλο του το σώμα. Για τη λειτουργία, η γιαγιά μου τον έβαλε να αποτεφρωθεί και η λάρνακα του τοποθετήθηκε σε ένα τραπέζι προβολής ανάμεσα σε δύο μεγάλες οθόνες (αυτή γίνεται σε ένα γραφείο τελετών) καθώς παίζεται ένα βίντεο που δείχνει μια σειρά από φωτογραφίες από τη ζωή του παππού μου. Βλέποντάς τον ως παιδί, σε παλιές φωτογραφίες των παππούδων μου μαζί, στις πιο πρόσφατες από εμένα και στα ξαδέρφια μου... όλα αυτά με έκαναν να αρχίσω να σκέφτομαι τον τύπο του ανθρώπου που ήθελα να είμαι σε αυτή τη ζωή.

Πάντα ήξερα ότι ήθελα να γίνω σαν τον παππού μου, αλλά μόλις μετά το θάνατό του άρχισα να συνενώνω τι πραγματικά σήμαινε όλο αυτό. Αυτές οι σκέψεις συνεχίστηκαν στο δείπνο εκείνο το βράδυ, καθώς περάσαμε τη νύχτα στο Τζάκποτ για να δειπνήσουμε σε ένα καζίνο στο οποίο δούλευε η γιαγιά μου, και πραγματικά αυτές οι σκέψεις εξακολουθούν να με απασχολούν σήμερα.

Κάτι που με οδηγεί σε αυτό το σημείο, θέλω να απευθύνω στους νεότερους αναγνώστες που το βλέπουν αυτό, ιδιαίτερα στους νεαρούς ενήλικες στο στάδιο της ζωής όπου πιστεύουν ότι δεν θα χρειαστούν τους γονείς τους όταν γίνουν 18 ετών.

Αν και ο παππούς μου δεν ήταν ο βιολογικός μου γονιός, ήταν περισσότερο γονική φιγούρα από τη μητέρα και τον πατέρα μου και καθώς είμαι τώρα 28 ετών τη στιγμή που γράφω αυτό το λήμμα, μπορώ να σας πω με πλήρη ειλικρίνεια ότι θα ήθελα να είχα ακόμα αυτός μαζί μου σήμερα για να τακτοποιήσουμε τη ζωή. Όταν ξέρω ότι είναι καιρός να ανέβω στον κόσμο, πώς να κάνω καλή εντύπωση, όλες τις τυπικές στιγμές πατέρα-γιου, πώς να είμαι καλός μπαμπάς όταν έρχονται τα δικά μου παιδιά, να ξέρω πότε γνώρισε τη γιαγιά μουήταν αυτός... Βρίσκομαι να του ζητάω αυτά τα πράγματα μόνο για να συναντήσω έναν απόηχο της φωνής του που εξακολουθεί να κατοικεί μέσα στο κεφάλι μου.

Σε ορισμένες περιπτώσεις, οι φωνές παρέχουν ενδείξεις, αλλά παρ' όλα αυτά εξακολουθώ να αντιμετωπίζω τη σιωπή και την ενόχληση του ότι πρέπει να συνδυάσω όλα αυτά μόνος μου. Διάολε, εύχομαι μερικές φορές να μην ήμουν τόσο βλάκας όταν προσπαθούσε να με μάθει για αυτοκίνητα. Αλλά περιττό να πω ότι εύχομαι να ήταν ακόμα εδώ γιατί έχω αποδεχτεί το γεγονός ότι υπάρχουν πολλά περισσότερα στον κόσμο που πρέπει να μάθω. Επομένως, αν μπορείτε, μην βιαστείτε να πετάξετε τους γονείς σας ή όποιον δραστηριοποιηθεί για να καλύψει σωστά αυτόν τον ρόλο στη ζωή σας.

ΤΕΛΟΣ ΔΕΚΕΜΒΡΙΟΥ 2011:

Τα συναισθήματά μου που μόλις έχασα τον παππού μου δοκιμάστηκαν καθώς έμαθα για κάποιον που σκέφτηκα ότι ένας φίλος μου χτύπησε μια νεαρή κυρία στην τάξη μας. Για να μην θυμάμαι, -λογοκριμένη- χτύπησε αυτή η νεαρή κοπέλα αφού τον φώναξε για τη συμπεριφορά του προς τις γυναίκες. Δεν με ενδιαφέρουν οι τζάκες που το κάνουν αυτό σε κορίτσια ανεξάρτητα από την κατάσταση. Προσπάθησα να τον αποφύγω, γνωρίζοντας ότι θα έκανα κάτι απρόσεκτο από θυμό, αλλά δεν μπορούσα να αποφύγω να αφήσω το πρόσωπό μου να αποκαλύψει τις πραγματικές μου προθέσεις. -λογοκριμένο- προσπάθησε να με αντιμετωπίσει, όπου τον άφησα να το έχει. Υποσχέθηκα μάλιστα να τον σκοτώσω αν προσπαθούσε να ξαναβάλει τα χέρια του σε άλλη κοπέλα. Το μήνυμά μου έφτασε σε αυτόν, καθώς σύντομα τον συνόδευσαν στο σχολείο καθηγητές και τελικά μετακόμισε στην Αριζόνα με συγγενείς. Ήτααan εκτός οπτικού πεδίου, μόνο αυτό με ένοιαζε.

Όσο για μένα, με έβαλαν σε αυτό που ονομαζόταν «PASS (Θετική εναλλακτική λύση στη σχολική αναστολή)» για τη μία τάξη -λογοκριμένη- και μοιράστηκα, μόνο και μόνο για να μειώσω τις εντάσεις. Αν και την επόμενη μέρα, όταν εμφανίστηκα στην καθορισμένη αίθουσα, ο κύριος δάσκαλος με ενημέρωσε ότι η ειδοποίηση δεν πέρασε ποτέ. Έμεινα μόνο για να αποφύγω περαιτέρω προβλήματα. -λογοκριμένη- με είδε καθώς έφευγα, κάτι που προφανώς την ώθησε να ρωτήσει για το τι συνέβη και την τελική μας έκρηξη που οδήγησε στη διάλυση της «ομάδας».

Δεν είναι ότι θα αντέξαμε πάντως.

Για να πω την αλήθεια, αυτό με οδήγησε μόνο να βουτήξω περαιτέρω στο υπερφυσικό ως ένας τρόπος να κρατήσω τον εαυτό μου υπό έλεγχο. Ένα από τα θέματα για τα οποία θα άρχιζα να ερευνώ περισσότερο είναι η δαιμονολογία, ακόμη και να εξετάσω πώς να καλέσω έναν δαίμονα αν καταλήξω ποτέ σε μια πραγματικά αρκετά απελπισμένη κατάσταση. Έψαξα τις παραδόσεις και βρήκα ένα που μου τράβηξε περισσότερο το μάτι, ένα ον που ονομαζόταααν Marchosias.

Κάποιοι λένε ότι ο Marchosias μπορεί να εμφανιστεί ως αρσενικό, άλλοι λένε θηλυκό, άλλοι που είδαν τη δαιμονική μορφή είδαν έναν λύκο με φτερά και ένα φίδι για ουρά. Αυτό που με τράβηξε περισσότερο σε αυτό το συγκεκριμένο ον ήταν ότι ο Marchosias, σύμφωνα με το "lore" δεν αγαπούσε απαραίτητα την ιδέα της πτώσης των αγγέλων, στην πραγματικότητα ελπίζοντας ότι οι διαφορές μπορούν να διορθωθούν και οι δύο πλευρές να επιστρέψουν στον Παράδεισο. Η επιλογή της να πέσει ήταν επειδή έπεσε και η οικογένεια.

Όταν διεξήγαγα το τελετουργικό, η κλήση ήταν λίγο πιο επιτυχημένη από ό,τι περίμενα... το ον που εμφανίστηκε... καλά, ας πούμε ότι η λύκος με ένα φίδι για ουρά δεν ήταν υπερβολή. Πέρα όμως από το αρχικό

7 ΙΑΝΟΥΑΡΙΟΥ 2012:

Οι φήμες για ένα πιθανό πνεύμα που στοιχειώνει τις αίθουσες ενός τοπικού δημοτικού σχολείου παρέμεναν καθώς η μητέρα μου κατείχε μια θέση στην παιδική χαρά για δουλειά. Αρχικά προσπάθησα να προγραμματίσω την έρευνα κοντά στο πότε η μητέρα μου άρχισε να εργάζεται για πρώτη φορά εκεί, αλλά τα νεύρα της για το να πλησιάσει πολύ γρήγορα το αφεντικό με οδήγησαν σε αναγκαστική συγκράτηση μέχρι αυτή την ημερομηνία. Η διευθύντρια ήταν οικογενειακή φίλη και έτυχε να παρευρεθεί στην κηδεία του παππού μου, οπότε βλέποντας ανθρώπους που θα εμπιστευόταν κάτω από αυτές τις συνθήκες βοήθησαν να ανοίξουν οι πόρτες. Το μόνο σημαντικό ζήτημα ήταν ότι έπρεπε να εμφανιστεί -λογοκριμένο- επειδή χρειαζόμουν τα κλειδιά της μητέρας μου και δεν είχα εφεδρική μπέιμπι σίτερ. Στην αρχή ήμουν αντίθετος με την ιδέα, αλλά σκέφτηκα ότι τουλάχιστον το να υπάρχει ένα παιδί τριγύρω μπορεί να προκαλέσει κάποια δραστηριότητα.

Το ίδιο το κτίριο γιόρταζε πρόσφατα τα 100 χρόνια του και ενημερώθηκα από τον διευθυντή ότι το ίδιο το εσωτερικό ανακαινίστηκε αρκετές φορές σε αυτό το χρονικό διάστημα. Η έρευνα, ωστόσο, αποδείχθηκε μάλλον ανιαρή καθώς όλοι οι ισχυρισμοί διαψεύστηκαν. Η κουβέντα στο υπόγειο ήταν το γρήγορο κλικ ενός θερμοσίφωνα που στρίβει από ένα μισοκουρασμένο μυαλό, οι τουαλέτες που ξεπλένουν μόνοι τους ήταν έλλειψη πίεσης νερού και οι αναφορές ότι άκουγαν παιδιά να παίζουν οφείλονταν σε κοντινές οικογένειες που έπαιρναν τα παιδιά τους για να παίξουν στο γήπεδο. τα μέσα της νύχτας. Υπήρχαν μέρη του σχολείου στα οποία δεν είχα πρόσβαση για να διαψεύσω τυχόν ισχυρισμούς, αλλά γενικά η τοποθεσία δεν ήταν στοοοιχειωμένη.

Οι μαθητές του σχολείου διέδωσαν γρήγορα φήμες, αλλά ελπίζουμε να παραμείνουν ακριβώς αυτό. Η έρευνα έχει δείξει ότι μπορεί να προκύψει κάτι εάν τα παιδιά πίστευαν στις φήμες, προκαλώντας μια εκδήλωση.

27 ΙΑΝΟΥΑΡΙΟΥ 2012:

Κατά τη διάρκεια της κηδείας του παππού μου μπόρεσα να προσγειώσω μια άλλη υπόθεση. Η πελάτισσα ήταν η καλύτερη φίλη της γιαγιάς μου από το γυμνάσιο, η οποία είχε αναφέρει ότι το σπίτι της ήταν μια πιθανή παραφυσική δραστηριότητα, αφού μου έφεραν τα δικά μου εγχειρήματας σε συνομιλία. Φαινόταν ότι η τοποθεσία μαστιζόταν από σκιώδεις ανθρώπους, φωνές μέσα στη νύχτα και φανταστικά συναισθήματα συγκίνησης. Έγινε επίσης υπόψη μου ότι αρκετοί βίαιοι θάνατοι συνδέθηκαν με αυτήν την τοποθεσία, συμπεριλαμβανομένης μιας αποκεφαλισμένης γυναίκας.

Τουλάχιστον τέσσερις βίαιοι θάνατοι σημειώθηκαν στις εγκαταστάσεις, η αποκεφαλισμένη γυναίκα βρέθηκε σε ένα χαντάκι ακριβώς έξω από το σπίτι. Το ενδιαφέρον μου για την τοποθεσία κορυφώθηκε τουλάχιστον.

Το ίδιο το σπίτι έμοιαζε με μια υπερμεγέθη καλύβα που θα μπορούσε εύκολα να ανατραπεί με μια αρκετά καλή ανεμοθύελλα, και ήταν περιτριγυρισμένο από πολλά χωράφια. Παλιά πηγάδια ήταν διάσπαρτα στις εγκαταστάσεις, μια μεγάλη τάφρο έτρεχε περίπου ένα τέταρτο του μιλίου από την κατοικία... ολόκληρο το μέρος έμοιαζε σαν το σκηνικό για μια παράσταση τρόμου να κατέβει. Γρήγορα αποδείχθηκε ότι ήταν μια από τις πιο τρομακτικές περιπτώσεις που αντιμετώπισα.

Το αυλάκι έξω, ακριβώς εκεί που βρέθηκε το πτώμα, άρχισε να λάμπει από μόνο του. Αυτό ήταν αρκετό για να τρομάξει τον δύσπιστο θείο μου που αποφάσισε να συμμετάσχει σε αυτή την υπόθεση. Φωνές συνέχισαν να προσπαθούν να μιλήσουν, αλλά μόλις και μετά βίας ακούγονταν για να ακουστούν με γυμνό αυτί, τα κρύα σημεία και οι φανταστικές αισθήσεις «αγγίγματος» ήταν μόνο η αρχή. Η ανασκόπηση αποδεικτικών στοιχείων ξεκαθάρισε ορισμένες από τις επικοινωνίες με την *άλλη πλευρά*, αλλά μια ηχογράφηση EVP σύντομα οδήγησε την υπόθεση σε νέα ύψη. καθώς ήταν μια γυναικεία φωνή που έλεγε ότι ήταν μέσα στο πηγάδι.

Στο ακίνητο, στο υπόγειο ακριβώς κάτω από όπου καταγράφηκε η ηχογράφηση, υπήρχε ένα σφραγισμένο πηγάδι. Είχε μια μεταλλική πλάκα με κάποιο σύμβολο του ήλιου πάνω της, μερικώς καλυμμένη με τσιμέντο.

Τι στο διάολο ήταν εκεί μέσα; Λίγη ιδέα έχω. Αλλά το πράγμα στέκεται πάνω από αυτό το πράγμα... απλά ένιωθα ότι κάτι κακό προσπαθούσε να σε παρασύρει.

Τα στοιχεία που συλλέχθηκαν από αυτήν την τοποθεσία είναι ίσως ένα από τα πιο περίεργα που έχουν γίνει μέχρι σήμερα. Σφαίρες που αντανακλώνται από μεταλλικές επιφάνειες, οι φωνές, τα περίεργα φώτα... τι διάολο συνέβαινε;

Περαιτέρω έρευνα ήταν προφανώς δικαιολογημένη... αν ο πελάτης μπορούσε απλώς να μείνει εκτός φυλακής.

Μια τελευταία ερώτηση παραμένει ακόμα για το... τι στο διάολο ήταν η γιαγιά μου για να προσελκύει τέτοιου είδους πράγματα;

ΜΑΪΟΣ 2012:
Ενημερώθηκα από μια κοινή φίλη ότι -λογοκριμένη- είχε εξαφανιστεί, προφανώς άφησε ένα σημείωμα για την Ημέρα της Μητέρας όλων των ημερών για να πει στη μητέρα της ότι είχε πάει να ζήσει με την «οικογένεια του δρόμου». Τελικά ο φοιτητής με πλησίασε, γνωρίζοντας ότι υπήρχε ένα σημείο μέχρι πρόσφατα που -λογοκριμένο- και φαινόταν μάλλον κοντά και, ενώ ήξερε ότι δεν είχα καμία σχέση με την εξαφάνισή της, με ρώτησε αν τυχαία

είχα ακούσει κάτι. . Προφανώς δεν το έκανα, αφού δεν μίλησα μαζί της μετά τη διάλυση της ομάδας. αλλά καθώς μιλούσαμε εκείνος και εγώ, παρατήρησα ότι μια άλλη φίλη της -λογοκριμένης- την παρακολουθούσε με προσοχή, ένα βλέμμα πανικού την κυρίευε. Ήξερα αμέσως ότι ήξερε κάτι και πιθανότατα θα ήταν ο μόνος σύνδεσμος για να λογοκριθεί για να καταλάβω πού πήγε.

Χρησιμοποίησα αυτήν τη σύνδεση για να τροφοδοτήσω σιγά-σιγά πληροφορίες σε -λογοκριμένες- για να την ξεγελάσω ώστε να νομίζει ότι έκλεινα στην τοποθεσία της, είτε για να την ξεγελάσω να επιστρέψει είτε να αποκαλύψει πού βρισκόταν. Όντας νέος στο υπερφυσικό, χρησιμοποίησα τις πρώιμες γνώσεις μου για τη διαδικασία αστυνομικής έρευνας για να σφίξω σιγά-σιγά τη θηλιά τις επόμενες δύο εβδομάδες. Συνδυάζοντας μεθόδους μαντείας που συνιστούσε η προγιαγιά μου, ανέφερε θεάσεις και απλή αφαίρεση κατάφερα να πάρω μια καλή ιδέα για το πού κατέληξε -λογοκριμένη-.

Είχε φύγει από την πολιτεία με κάποιον άντρα και κατευθύνθηκε νότια στη Γιούτα. Προσπάθησα να χρησιμοποιήσω ό,τι ήξερα για την απομακρυσμένη προβολή για να πάρω μια γενική ιδέα για το πού μπορεί να έμενε, την περιγραφή του κτιρίου και όλα αυτά. Όταν ένιωθα σίγουρη για τα ευρήματά μου, φρόντιζα ότι ο φίλος θα κρυφάκουγε ότι έκλεινα. Μετά από δύο εβδομάδες αναζήτησης, ήταν μέσα σε 24 ώρες από τη στιγμή που ανακοίνωσα ότι η πόλη -λογοκριμένη- βρισκόταν σε αυτό το -λογοκριμένο- τελικά φώναξε τη μητέρα της να έρθει να την πάρει.

Ένα μέρος του εαυτού μου ήθελε να δει αν θα μπορούσαμε να αναζωπυρώσουμε την παλιά φλόγα, αλλά βλέποντας πώς είχε ξεδιπλωθεί φαινόταν ότι είχε κάποια δικά της πράγματα να επεξεργαστεί πριν δεσμευτεί για οτιδήποτε μεγάλο. Μου έλειπε και η σκέψη της εξαφάνισής της με ανησύχησε πολύ. Ένιωσα περίεργα βλέποντας τη φωτογραφία της σε μια αφίσα που λείπει κρεμασμένη στον τοίχο ενός τοπικού πολυκαταστήματος. Αλλά, τουλάχιστον την έφεραν στο σπίτι ασφαλής.

23 ΙΟΥΝΙΟΥ 2012:

Βρήκα έναν ιστότοπο που φιλοξενεί δωρεάν εκπομπές ήχου και άρχισε να σκέφτομαι να ξεκινήσω τη δική μου ραδιοφωνική εκπομπή για να διατηρήσω τις εμφανίσεις μου και να ενισχύσω το κοινό μου. Για λίγο έτρεξα με τον τίτλο, «Journals of Supernatural Adventure», και η βασική προϋπόθεση ήταν ότι θα συζητούσα ιδέες και θεωρίες για διάφορα φαινόμενα. Η εκπομπή κατάφερε να παραμείνει στη ζωή και παλιές ηχογραφήσεις εξακολουθούν να επιπλέουν στις παλιές μου σελίδες στο Youtube σχεδόν όλων των επεισοδίων που ηχογράφησα.

6 ΙΟΥΛΙΟΥ 2012:

Προβάλλεται το πρώτο επεισόδιο του Journals of Supernatural Adventure. Προφανώς δεν άκουσαν πολλοί άνθρωποι, δεδομένης της νέας κατάστασης της εκπομπής και της έλλειψης κεφαλαίων για να πληρώσουν για το μάρκετινγκ.

ΦΘΙΝΟΠΟΙΗΣΗ, 2012:

Τα δύο πρώτα μου χρόνια του γυμνασίου πήγα στο school at -λογοκριμένο-. Ειλικρινά, μισούσα τον χρόνο μου εκεί και κατά τη διάρκεια των περιόδων εγγραφής στην τάξη σχεδόν όλα τα μαθήματα που θα επέλεγα αφαιρούνταν από το πρόγραμμα σπουδών. Ειλικρινά βαρέθηκα να συνέβαινε αυτό γιατί είχα μια πρόχειρη ιδέα για το τι ήθελα να καταφέρω στη ζωή και όσα λίγα είχαν να μου προσφέρουν από αυτές τις απόψεις συνέχιζε να τραβιέται, οπότε ήξερα αν θα είχα πραγματικά την ευκαιρία να κάνω αυτό Ήθελα να κάνω στη ζωή θα έπρεπε να φύγω. Ήταααν ίσως μια από τις καλύτερες αποφάσεις στη ζωή μου να ξεγελάσω τη μητέρα μου για να με υπογράψει -λογοκριμένη- για να τελειώσω το λύκειο. Αν δεν το είχα κάνει... πολλά από αυτά που ακολουθούν στις επόμενες συμμετοχές μάλλον δεν θα είχαν συγκεντρωθεί. Ναι, ήταν ένα διαδικτυακό σχολείο, αλλά τουλάχιστοτοτον θα έκανα μαθήματα σε θέματα που με ενδιέφεραν πραγματικά.

10 ΟΚΤΩΒΡΙΟΥ 2012:

Φάση 1 του Καταργημένου Ντοκιμαντέρ για το Υπερφυσικό. Δεδομένης της εκτενούς φύσης όσων έπρεπε να μάθω ακόμη, φαινόταν καλύτερο να βάλω αυτό το έργο στο ράφι μέχρι να διατεθούν περισσότεροι πόροι για αυτό.

27 ΟΚΤΩΒΡΙΟΥ 2012:

JSA Emergency Broadcast για -λογοκριμένη- υπόθεση. Προσευχή προστασίας ζήτησε από το κοινό για μια οικογένεια σε αναταραχή. Γρήγορα αποδείχθηκε ότι η πηγή της δραστηριότητας ήταν μια τσαντισμένη νεκρή πεθερά που δεν ήταν πολύ χαρούμενη με τον άπιστο και καταχρηστικό σύζυγο. -λογοκριμένη- σύντομα υπέβαλε αίτηση διαζυγίου αφού της είπα τι να ψάξει, βασίζοντας τις προειδοποιήσεις μου στις ενέργειες του ίδιου του πατέρα μου όταν αρχίσαμε να βλέπουμε τη θετή μου μητέρα ενώ ήμουν τεχνικά με τη μητέρα μου. Βασικά, προσπάθησε να ξεγράψει τη μητριά μου ως μπέιμπι σίτερ για μένα.

Παρόλα αυτά, όσο κι αν παραλίγο να ξεπεράσω τα επαγγελματικά όρια... αυτή η υπόθεση ήταν κερδισμένη.

ΚΑΛΟΚΑΙΡΙ 2013:

Νομίζω ότι κατά λάθος συνάντησα έναν skinwalker. Κάτι τεράστιο ήταν έξω, καταδίωκε την περιοχή. Υπέθεσα ότι μάλλον ήταν απλώς κογιότ που καταδίωκαν μερικές από τις αδέσποτες γάτες εκεί κοντά, καθώς μια που φαινόταν να ευνοούσε να έρθει από το σπίτι μου είχε εξαφανιστεί. Βγήκα έξω ένα βράδυ και είδα κάτι που θα με έπειθε για το αντίθετο. Το «κογιότ» έμοιαζε σαν να είχε ψώρα. Φαινόταν άρρωστο και με κοίταζε σαν να ήμουν το δείπνο του. Κοίταξα πιο κοντά και άρχισε να στέκεται στα πίσω του πόδια... φαινομενικά τραβώντας κάτι και πιέζοντάς το κοντά στο ρύγχος του... αυτό το πράγμα ήταν έτοιμο να επιτεθεί. Ευτυχώς, ο θόρυβος ενός μαχητικού αεροσκάφους που περνούσε από στρατιωτικούς ελιγμούς στον αέρα τράβηξε την προσοχή του και έφυγε. Αυτό ήταν πολύ περίεργο. Οι κυνόδοντες, συνήθως εάν το μπροστινό τους άκρο έχει υποστεί σοβαρή ζημιά, μπορούν να περπατήσουν στα πίσω πόδια τους, αλλά... αυτό φαινόταν πολύ ανθρώπινο.

23 ΣΕΠΤΕΜΒΡΙΟΥ 2013:
Έρευνα UFO Fireball

Η πράσινη σφαίρα φωτός που φαίνεται στον ουρανό, προκαλεί υλικές ζημιές σε σπίτια στην περιοχή όπου το «φως» εξαφανίστηκε. Καμία κάλυψη από τα μέσα ενημέρωσης, παρά τις αναφορές για έκρηξη και τις προαναφερθείσες υλικές ζημιές.

Γρήγορα αποκλείστηκε ως μετεωρίτης, πλούσιος σε σίδηρο που προκαλεί τις πράσινες φλόγες. Αν και πιθανότατα άσχετο, είδα προσωπικά πιθανούς Άντρες με τα Μαύρα μέσα στην ίδια εβδομάδα. Τρεις από αυτούς, καθισμένοι σε μαύρο SUV, ανέβηκαν σε έναν κοντινό δρόμο και απλώς με κοίταξαν επίμονα. Κανένα αίσθημα κινδύνου, περισσότερο ένα «ήθελες να μας δεις, τώρα τι;» είδος ατμόσφαιρας. Έψαχνα για υποτιθέμενες θεάσεις, από δική μου περιέργεια, αλλά δεν περίμενα να έχω μια πραγματική συνάντηση.

ΦΘΙΝΟΠΟΙΗΣΗ, 2014:

Τελευταίες πινελιές στο «The Ones Who Walk All Worlds», μια σειρά βιβλίων που βασίζεται χαλαρά στα παραφυσικά κατορθώματα και τις αντιλήψεις μου για το φαινόμενο εκείνη την εποχή. Το ίδιο το βιβλίο έχει υποστεί μερικές διαφορετικές επανακυκλοφορίες, με την τελευταία να είναι μια συλλογή όλων των βιβλίων που κυκλοφόρησαν κάτω από τη σειρά ως έναν τίτλο, "The Ones Who Walk All Worlds: Origins".

ΜΑΪΟΣ, 2014:

Τελείωσα το γυμνάσιο και μπήκα κατευθείαν στο εργατικό δυναμικό αντί να παρακολουθήσω την αποφοίτησή μου ή οποιαδήποτε ταξίδια στην τρίτη ηλικία. Απλώς ένιωθα περίεργο που δεν είδα σχεδόν ποτέ άλλα παιδιά που ήταν στην τάξη μου, εκτός από την περίπτωση που έπρεπε να πάμε σε μια αίθουσα συνεδριάσεων ενός τοπικού ξενοδοχείου για να κάνουμε τα SAT μας. Η μητέρα μου προσπάθησε να επικοινωνήσει με τον σύμβουλό μου με την υπόθεση ότι δεν ήθελα να κάνω λόγο του χαοτικού προγράμματος εργασίας της, αλλά ειλικρινά δεν μπορούσε να απέχει περισσότερο από την αλήθεια.

6

Επίσημα Ενήλικος

ΜΑΪΟΣ - ΑΥΓΟΥΣΤΟΣ, 2014:

Πρώτη δουλειά εκτός σχολείου σε τοπικό τηλεφωνικό κέντρο. Ήταν μια εταιρεία εξωτερικής ανάθεσης και λόγω των γνώσεών μου στους υπολογιστές, ανατέθηκα σε μια εταιρεία παροχής υπηρεσιών Διαδικτύου που δεν πρόσφερε καν υπηρεσίες στην περιοχή μου. Αυτό που ήταν ακόμη πιο μπερδεμένο ήταν ότι οποιοδήποτε κίνητρο για να ανέβω δυνητικά στην εταιρεία εξαντλήθηκε γρήγορα όταν αποκαλύφθηκε ότι η θέση που μου δόθηκε ήταν η υψηλότερη. Η μετάβαση σε επόπτη, ακόμη και στην ίδια «περιοχή» θα απαιτούσε μείωση μισθού.

Δεν είναι ότι ήθελα να ανέβω, αλλά με έκανε σοβαρά να αμφισβητήσω τα κίνητρα όσων προσπάθησαν. Ειδικά όταν ένας τύπος που ήταν στην προπονητική μου ομάδα άρχισε να κοιμάται με τον άμεσο προϊστάμενό μου. Ω, καλά, ούτως ή άλλως δεν είχε σημασία μακροπρόθεσμα. Ο κύριος λόγος που έκανα αίτηση για τη δουλειά ήταν επειδή ήξερα ότι θα αναγνώριζα μερικούς ανθρώπους που εργάζονταν ήδη εκεί. my θετή μητέρα και η πρώτη μου κοπέλα από το γυμνάσιο. Η μητριά μου φαινόταν σαν να προσπαθούσε να τακτοποιήσει τη ζωή της μετά από συναναστροφές με τον πατέρα μου. Όσο για τον πρώην μου... είχε περάσει αρκετός καιρός και ήμασταν και οι δύο ενήλικες πλέον. Ήξερα επίσης από τότε ότι είχε διαγνωστεί με διασπαστική διαταραχή ταυτότητας, ή πιο ευρέως γνωστή ως διαταραχή πολλαπλής προσωπικότητας.

Όταν μπήκα στη δουλειά, έτυχε να προσληφθούν ταυτόχρονα και πιο οικεία πρόσωπα, κάτι που με βοήθησε να χαλαρώσω λίγο τα νεύρα μου. Ωστόσο, μακροπρόθεσμα το άγχος μου με κυρίευσε και θα άρχιζα να κλείνω το τηλέφωνο από πελάτες, με αποτέλεσμα να απολυθώ.

ΟΚΤΩΒΡΙΟΣ, 2014:

Έπαθα ένα τροχαίο ατύχημα καθώς μετακόμισα στο νέο σπίτι. Η γιαγιά μου έτυχε να βρίσκεται κοντά στο σημείο και ήταν παρούσα καθώς οι ασθενοφόροι με βοήθησαν να βγω από το αυτοκίνητο. Κάτι έκανε το αυτοκίνητο, ένα Chrysler 300 του 2002 που με πούλησε η γιαγιά μου, να αρχίσει να «κουμπώνει» τυχαία ενώ επιτάχυνε, δίνοντας την εντύπωση ότι κάποιος χτυπούσε γρήγορα τα φρένα επαναλαμβανόμενα. Καθώς βοηθούσα να μεταφέρω μερικά μικροαντικείμενα της τελευταίας στιγμής από το παλιό "σπίτι" στο νέο, αυτό το "μπούκινγκ" ξεκίνησε ενώ προσπαθούσα να περάσω μια διασταύρωση που με οδήγησε στο να με χτυπήσει στην πλευρά του οδηγού ένα πικ-απ που έτρεχε 60 μίλια/ώρα. Λίγες στιγμές πριν την πρόσκρουση, η Ολίβια εκδηλώθηκε ουρλιάζοντας «Μπαμπά, πρόσεχε!»

Ήταν πολύ αργά. Αποφάσισα να πάω με τους παραϊατρικούς για να βεβαιωθώ ότι δεν υπήρχε μεγάλη ζημιά. Ένιωθα έξω από αυτό από το μέρος του πλαισίου του αυτοκινήτου να με χτυπούσε με δύναμη, αν ο άλλος οδηγός πήγαινε πιο γρήγορα, θα είχα σχεδόν χάσει το αριστερό μου πόδι για το πόσο πολύ είχε λυγίσει το φρεάτιο του τροχού. Ευτυχώς, σε αυτή την κατάσταση και πολύ γεμάτη αδρεναλίνη, δεν ένιωσα τίποτα και πήγα στο ασθενοφόρο. Κατά τη διάρκεια της διαδρομής προς το νοσοκομείο εξήγησα στους γιατρούς ότι ο λόγος για τον οποίο πήγα μαζί τους ήταν επειδή μετά την πρόσκρουση, μπούκαρα και άρχισα να βλέπω τον αποθανόντα παππού μου στο τέλος ενός τούνελ με μπλε φως. Οι αξονικές τομογραφίες στο νοσοκομείο διαπίστωσαν ότι δεν εντοπίστηκε ορατή εγκεφαλική βλάβη, παρόλο που είχα ζαλάδες για μερικούς μήνες μετά.

Λόγω των διασυνδέσεων της μητέρας μου με τις τοπικές αρχές επιβολής του νόμου, το δυστύχημα έπρεπε να αναληφθεί από μια συνοριακή δικαιοδοσία. Η μονάδα αποστολής στην οποία εργαζόταν η μητέρα μου εκείνη την εποχή διαχειριζόταν υπηρεσίες αστυνομίας, πυροσβεστικής και EMS σε τέσσερις κομητείες. η συντριβή έγινε ακριβώς στα σύνορα της δικαιοδοσίας της και μια άλλη (η ακριβής χαρτογράφηση του ποιες περιοχές ήταν και ποιες όχι συνδεδεμένες μαζί της μπορεί να είναι λίγο μπερδεμένη). Ωστόσο, λόγω του πόσο καιρό η μητέρα μου είχε εργαστεί στη δουλειά, γνώριζε ακόμα αρκετούς που εργάζονταν σε δικαιοδοσίες εκτός της δικής της.

Εξαιτίας αυτού έμαθα ότι ο αξιωματικός που πήρε την υπόθεσή μου έγραψε το πρόστιμο σε ένα εισιτήριο, αυτό δεν θα ήταν ένα γρήγορο εισιτήριο "διόρθωσης" όπως το αποκαλούσε, στο χαμηλότερο ποσό που θα μπορούσε να ξεφύγει. Τα εναπομείναντα εισιτήρια ήταν εύκολο να αφαιρεθούν από το αρχείο μου, καθώς ήταν τυπική έλλειψη άδειας και εγγραφής λόγω του ότι κανείς δεν μπορούσε να εντοπίσει πού προσγειώθηκε το πορτοφόλι μου στο αυτοκίνητο αφού έπεσε από το φαρδύ σορτς που φορούσα.

Είχα μαλώσει με τη μητέρα και τη γιαγιά μου για το γεγονός ότι είχα τις πληροφορίες μου για μένα, σπάνια έβγαινα από το σπίτι χωρίς αυτές. Το πώς θα έσπρωχναν το θέμα, τονίζοντας ότι το πώς οι άλλοι δεν μπορούσαν να βρουν το πορτοφόλι μου πρέπει κατά κάποιο τρόπο να σημαίνει ότι είχα παραισθήσεις έχοντας το δικό μου πορτοφόλι πάνω μου τη στιγμή της πρόσκρουσης. Δεν θα ήταν μέχρι που είχα την ευκαιρία να δω το αυτοκίνητο, μερικές μέρες αργότερα, στο ναυπηγείο, ώστε να μπορέσω να ανακτήσω οτιδήποτε μπορούσε να σωθεί σε αυτό. Ακόμα κι όταν άρχισα να ψάχνω, η μητέρα μου προσπάθησε να υπονοήσει ότι προσπαθούσα να κάνω μια μεγαλύτερη σκηνή από ό,τι ήμουν για να ξεφύγω από την υποχρέωση να πληρώσω εισιτήρια, μόνο που σώπασε όταν κράτησα το πορτοφόλι μου μπροστά της, καθώς ακόμη κι εγώ άρχισα να αμφιβάλλω για τον εαυτό μου.

Ευτυχώς ήρθε μια πληρωμή προμήθειας που είχα από την προηγούμενη δουλειά μου και με βοήθησε να εξοφλήσω το υπόλοιπο εισιτήριο. Μπόρεσα να ταξινομήσω αυτά που δεν είχαν άδεια ή ασφάλιση, καθώς ήταν τα προαναφερθέντα εισιτήρια «διόρθωσης».

14 ΝΟΕΜΒΡΙΟΥ 2014:

Η μητέρα μου με ρώτησε για ένα κορίτσι με το οποίο πήγα στο σχολείο, αφού επέστρεψε από τη δουλειά. Η δουλειά της ως -λογοκριμένη- ήταν αμέσως κακό σημάδι. Μια φίλη μου και η μητέρα της δολοφονήθηκαν από τον πατριό της. Χωρίς να δημοσιοποιηθεί στα μέσα ενημέρωσης, ο θετός μπαμπάς αργότερα έστειλε μήνυμα στη θεία του για να ομολογήσει τα εγκλήματά του προτού στρέψει το όπλο στον εαυτό του. Αυτές οι πληροφορίες και άλλες διέρρευσαν σε εμένα, δικαιολογώντας ότι μετά τη δημοσίευση ενός GoFundMe από την οικογένεια επέτρεψε περισσότερη ελευθερία να συζητήσει την υπόθεση. Και ειλικρινά, αυτό χτύπησε σκληρά, γνωρίζοντας τι ξέρω. Δεν είμαι ελεύθερος να συζητήσω τις πλήρεις λεπτομέρειες, αλλά πολλοί εμπλεκόμενοι μετανιώνουν που δεν έκαναν περισσότερα.

Ήμουν χωρίς δουλειά, δεν είχα χρήματα πάνω μου, αλλά είχα λίγους θαυμαστές χάρη στη φήμη μου ως «τοπικός έφηβος κυνηγός φαντασμάτων».

Καθώς έκανα ό,τι μπορούσα για να βοηθήσω να μαζέψω χρήματα, η φίλη μου με επισκέφτηκε μια θεαματική επίσκεψη μέσω του Dreamstate για να με ευχαριστήσει, αποκαλύπτοντας επίσης όλα όσα της συνέβησαν. Είχα ακούσει μέσα από τις πηγές μου τον λόγο τΟ πατριός έκανε αυτό που έκανε ήταν επειδή η μητέρα του φίλου μου ανακάλυψε ότι της είχε επιτεθεί σεξουαλικά και υπέβαλε αίτηση διαζυγίου για να απομακρύνει τα παιδιά από κοντά του. Παραδέχτηκε επίσης ότι με είχε ερωτευτεί στο σχολείο πριν εξαφανιστεί. Είτε αυτό ήταν απλώς ένα όνειρο είτε όχι, ο τρόπος με τον οποίο το μυαλό μου έκλεισε γνωρίζοντας ότι θα ήταν αδύνατο για μένα να είχα κάνει κάτι περισσότερο για να τη βοηθήσω... Ειλικρινά δεν μπορώ να πω.

Προσπάθησα για μια συνεδρία EVP στη συνέχεια, μόνο μία φορά για να δω αν μπορούσα να επιβεβαιώσω ότι το όραμά της που είδα ήταν απλώς ένα όνειρο. Ο ήχος ήταν αδύναμος και χρειαζόταν εκτεταμένη εργασία ανάρτησης για να εμφανιστεί η ηχογράφηση, αλλά φαινόταν ότι υπήρχε μια φωνή που επιβεβαίωνε τις υποψίες μου. Ακριβώς, ποιος ήταν όμως;

22 - 30 ΜΑΡΤΙΟΥ 2015:

Προς το τέλος του γυμνασίου μου προτάθηκαν να πάω ένα μεγάλο ταξίδι στην Κίνα. Θα ήταν για το έτος μετά την αποφοίτησή μου, αλλά αυτή ήταν μια ευκαιρία να εκπληρώσω ένα κομμάτι της λίστας. Το ταξίδι ήταν συνολικά εκπληκτικό, οι άνθρωποι ήταν φιλικοί, με αντιμετώπισαν σαν τον Γελαστό Βούδα. Είμαι αόριστα σίγουρος ότι είχα κάποιες επισκέψεις ενώ γινόταν αυτό, η πιο διαδεδομένη ήταν όταν η ομάδα μου υπέκυψε σε πιθανή τροφική δηλητηρίαση και κατέληξε να νοσηλευτεί στο Xi'An περίπου στα μισά του ταξιδιού. Το μόνο φαγητό και ποτό στα συστήματά μας ήταν το πρωινό από το ξενοδοχείο εκείνο το πρωί. Το γεγονός ότι μόλις πετάγαμε στο Xi'An όταν αρχίσαμε να αρρωσταίνουμε βίαια δεν βοήθησε καθόλου.

Οι συνθήκες στο νοσοκομείο ήταν φρικτές. υποστελεχωμένος και ακάθαρτος. Περπατώντας σε αυτό ένιωσα σαν να με οδηγούσαν σε ένα κρεοπωλείο. Ήμουν μέσα και έξω από τις αισθήσεις μου λόγω έλλειψης υγρών στο σύστημά μου, με φώναζαν στα Mandarin όταν έπεφτε η γραμμή IV. Φαινόταν σαν κάποιος στο κεφάλι μου να προσπαθούσε να μεταφράσει, αλλά αυτό θα μπορούσε να ήταν απλώς το στριμμένο κεφάλι μου. Θυμάμαι μια «μετατόπιση» στο διάστημα και απλώς «επιπλέω» μέσα από αυτό σε ένα φουτουριστικό θάλαμο πτήσης. Θυμάμαι έναν ψηλό ξανθό άντρα που στεκόταν δίπλα σε μια γυναίκα που χειριζόταν μια σειρά από ολογραφικά πάνελ. Υπήρχε μια σύντομη αναφορά της λέξης «τριάδα».

Ήμουν μέσα και έξω από τις αισθήσεις μου. Έγινε λήψη αίματος για να εξεταστεί για παρασιτική έκθεση, αλλά όλες οι δοκιμές που φέρεται να έγιναν ήταν ασαφείς. Ωστόσο, ένας άντρας βρέθηκε αντιμέτωπος γιατί μας κατέγραψε στην κάμερα. Τι κι αν συνέβη σε αυτό δεν ξέρω.

Η γιαγιά μου από τον πατέρα, η οποία είχε εμπειρίες απαγωγής με τον Γκρέι και υποτιθέμενα υβριδισμένα παιδιά και ισχυρίζεται ότι μπορεί να δει «αγγέλους», αναφέρθηκε στο γεγονός ότι αυτό το περιστατικό είναι επίθεση από την κινεζική μαφία (όπως το διατύπωσε η ίδια). Θυμάμαι σύντομα οράματα για αυτό που έμοιαζε με το κατάστρωμα ενός διαστημόπλοιου αλλά όχι πολλά άλλα από αυτό.

ΑΝΟΙΞΗ 2014 - ΧΕΙΜΩΝΑΣ 2015:

Πραγματικά με πονάει που δυσκολεύτηκα τόσο πολύ να τεκμηριώσω σωστά αυτό το χρονικό πλαίσιο... όσο άλλαξε την οπτική μου για τη ζωή. Καθώς το γράφω αυτό, για να αναγνωρίσω επιτέλους την αλήθεια, συνειδητοποίησα με τη βοήθεια του θεραπευτή μου ότι η δική μου αντίληψη για το χρονοδιάγραμμα άλλαξε από το τραύμα. Οι εφιάλτες που μόλις συγκεντρώθηκαν σε αυτό που ήδη πάλεψα να καταστείλω, μακάρι να μπορούσα να είχα κάνει περισσότερα για εκείνη.

Λίγο πριν φύγω για την Κίνα, συμμετείχα σε έναν ανώνυμο πίνακα μηνυμάτων που προοριζόταν για ομάδες υποστήριξης PTSD. Από εκεί, γνώρισα μια γυναίκα, μου είχε στείλει αρχικά μήνυμα ρωτώντας για κάτι που δημοσίευσα... θέλοντας να μάθω περισσότερα για τα συναισθήματα που εξέφρασα... θέλοντας να φτιάξω τον κόσμο. Όσο περνούσε ο καιρός ήμασταν κοντά και ξεκινήσαμε επίσημα να βγαίνουμε. Το κύριο ζήτημα ήταν η απόσταση μεταξύ της χώρας και ότι κυριολεκτικά είχε ανακαλύψει ότι ήταν έγκυος. Η απόσταση δεν ήταν πολύ μεγάλο πρόβλημα για μένα, το ταξίδι στην Κίνα μου έφερε το πρόβλημα του ταξιδιού και ήμουν πρόθυμος να ψάξω να βρω οποιαδήποτε δικαιολογία για να βγω ξανά στο δρόμο. Η εγκυμοσύνη θα έπρεπε να ήταν μια κόκκινη σημαία, δεν υπήρχε περίπτωση να ήμουν έτοιμη να γίνω πατριός... και θα ήταν προφανές ότι θα έμπαινα σε μια μάλλον περίπλοκη κατάσταση.

Λίγους μήνες μετά τη σχέση, αποφάσισε να πάρει μια πτήση σε όλη τη χώρα για να έρθει να με δει. Ήμουν απολύτως εκστατικός που την είδα προσωπικά αλλά δεν το είπα σε πολλούς ανθρώπους λόγω των... αποσκευών. Ήθελε να το κρατήσω μυστικό καθώς προσπαθούσε να ξεφύγει από τον βίαιο πρώην της για να προστατέψει το μωρό της. Προς μεγάλη μας έκπληξη, το μωρό φαινόταν μάλλον ενθουσιασμένο που με γνώρισε καθώς θα φαινόταν πιο δραστήριο όταν μιλούσαμε η μητέρα της και εγώ.

Κατά τη διάρκεια της επίσκεψής της, έκανα κάτι λίγο ακραίο για να της δείξω ότι ήμουν σοβαρά εκεί για εκείνη. Μετά από όλα όσα μοιράστηκε μαζί μου, είναι κατανοητό πώς θα ανυσηχούσε να προσπαθήσει να τακτοποιηθεί με έναν άντρα. Ο πρώην της έκανε ένα νούμερο μαζί της, και εκείνη διέπραττε τις πιο γενναίες πράξεις που έχω δει οποιονδήποτε στη θέση της να κάνει... να τρέχει σαν διάολος από το καταχρηστικό τσίμπημα μιας πρώην για να σώσει το παιδί της.

Δεν συμβαίνει αρκετά.

πρότεινα. Ούτε δαχτυλίδι, ούτε λουλούδια, ούτε φανταχτερό κοστούμι ή δείπνο... μόνο το μυαλό μου να συνδυάσω μια υπόσχεση που ήλπιζα ότι θα ήταν αρκετή για να την πείσω. Της ζήτησα να με παντρευτεί μόνο με τα λόγια που μπορούσα να μαζέψω αυτή τη στιγμή και μου είπε ναι. Πραγματικά ένιωσα ενθουσιασμένος,φιλώντας τη για πρώτη φορά καθώς την κρατούσα στον αέρα. Με έσφιγγε πιο σφιχτά από ποτέ καθ' όλη τη διάρκεια της παραμονής της. Ήμασταν αποφασισμένοι να γίνουμε κάτι περισσότερο; Ίσως, αν της έπαιρνε τη ζωή ο πρώην της. Καταλαβαίνω ότι τσακώθηκε, αλλά δεν ήταν αρκετό. Αυτή και το μωρό πέθαναν. Ο πρώην πυροβολήθηκε αργότερα από την αστυνομία, πιθανότατα έξω από το μυαλό του.

Το επερχόμενο ταξίδι στο Παρίσι έπρεπε να είναι και για τους δυο μας.

26 ΜΑΡΤΙΟΥ - 2 ΑΠΡΙΛΙΟΥ 2016:

Σε ένα ταξίδι στο Παρίσι και τη Ρώμη, συνέβησαν μερικά ενδιαφέροντα περιστατικά. Θυμάμαι λάμψεις που βρίσκομαι σε ένα διαστημόπλοιο, αλλά συνέβη κάτι εντελώς άλλο που είναι αξιοσημείωτο. Λοιπόν... δύο πράγματα συνέβησαν που έκαναν τον Πάρη απολαυστικό, αλλά ένας κύριος δεν φιλιέται και δεν το λέει. Απλώς ήταν ωραίο να συνδεθώ με κάποιον μετά την απώλεια του αρραβωνιαστικού μου, ακόμα κι αν μπορεί να είχαν εμπλακεί μικρές ποσότητες αλκοόλ από το δείπνο που είχαμε μαζί. Υποθέτω ότι θα έπρεπε να θεωρήσω τον εαυτό μου τυχερό που φαινόταν ακόμα τόσο ελκυστική όσο θυμόμουν από το προηγούμενο βράδυ.

Μερικές νύχτες στο Παρίσι, δεν είχα εντυπωσιαστεί από την περιοχή και συνειδητοποίησα γιατί το "Σύνδρομο του Παρισιού" είναι κάτι. Η ομάδα μου έπεισε τον ξεναγό μας να μας αφήσει σε μια κρουαζιέρα με ποταμόπλοιο που θα μας πήγαινε στον Πύργο του Άιφελ. Η νύχτα ήταν κάπως ψυχρή και κατά τη διάρκεια της κρουαζιέρας είχε αρχίσει να βρέχει, έτσι οι περισσότεροι είχαν πιαστεί στο κάτω κατάστρωμα του σκάφους, αφήνοντας το πάνω μέρος για μένα. Καθώς πλησιάζαμε στον πύργο του Άιφελ, ένιωσα ένα χτύπημα στον ώμο μου σαν να στεκόμουν εμπόδιο στη φωτογραφία κάποιου. Πήγα στην άκρη, ρίχνοντας γρήγορα μια ματιά στον ώμο μου για να ζητήσω συγγνώμη και έπρεπε να ρίξω μια δεύτερη ματιά βλέποντας ένα γνώριμο πρόσωπο. Ο πεθαμένος παππούς μου, στέκεται δίπλα στην κόρη μου Ολίβια. Μπορείτε να φανταστείτε την έκπληξή μου ότι είχαν περάσει μόλις τρεις μήνες από τότε που πέθανε. Έμοιαζε με τον νεότερο εαυτό του που έχω δει σε παλιές φωτογραφίες, αλλά υπήρχαν και διαφορές που έμοιαζαν παράταιρες. Αυτό σημαίνει ότι υπήρχαν χαρακτηριστικά που φαίνονταν κάπως υπερβολικά για παραμορφώσεις σε μια παλιά αναλογική φωτογραφία... Αλλά το μεγαλύτερο ερώτημα ήταν... τι στο καλό έκανε με την κόρη μου;

Προφανώς, τα εκατομμύρια ερωτήσεις που περνούσαν στο μυαλό μου δεν ήταν αρκετά για να αφαιρέσουν την απόλαυση να τις βλέπω. Τους ρώτησα τι έκαναν εκεί, στον οποίο ο παππούς μου απάντησε ότι βρισκόμουν στο δρόμο προς εκεί που έπρεπε να είμαι και ότι δεν χρειαζόταν πλέον την καθοδήγησή τους. Μπορεί να εμφανιστούν από καιρό σε καιρό μόνο για να κάνουν check-in, κάτι που έκαναν και οι δύο, αλλά ήρθε η ώρα να αναλάβω τα βασίλεια της ζωής μου. Ο παππούς μου μουρμούρισε κάτι λίγο πριν φύγει.

Είπε ότι ήταν περήφανος για μένα.

Όταν ήμουν στη Ρώμη, είχα πολύ περισσότερο ενθουσιασμό μέσα μου. Η αρχαία ιστορία, η θέα, το φαγητό... ήταν μια πολύ πιο διασκεδαστική εμπειρία συνολικά. Επέλεξα μια προαιρετική εκδήλωση "Δείπνο με τενόρους" και δεν απογοήτευσα. Η πρώτη μου φορά που έπινα πραγματικά αλκοόλ, σκέφτηκα ότι αν υπήρχε μια καλή στιγμή για να ικανοποιήσω τις περιέργειές μου, θα ήταν όταν ήμουν σε διακοπές και δεν θα οδηγούσα οποιαδήποτε στιγμή.

Ενώ στο δείπνο το άφησα να γλιστρήσει σε μερικούς από τους άλλους που πήγαν μαζί μου, τραγουδούσα λίγο και μπορούσα να παίξω λίγο πιάνο με το αυτί. Στο άκουσμα αυτό, και στο άκουσμα ότι οι ερμηνευτές μπορεί να προσκαλούν κόσμο στη σκηνή, υπήρξε μια μεγάλη ώθηση για να προσπαθήσω να με σηκώσω να τραγουδήσω μαζί. Τελικά, αφού βγήκε μια τούρτα γενεθλίων για έναν καλεσμένο σε ένα άλλο τραπέζι και η σαμπάνια απελευθέρωσε τον εσωτερικό μου τραγουδιστή της όπερας... Με κάλεσαν στη σκηνή για να βοηθήσω στο κλείσιμο της παράστασης.

Ακόμη και το ταξίδι στην Πόλη του Βατικανού ήταν γεμάτο με αυτή την ενέργεια. Αν οι τοίχοι μπορούσαν να μιλήσουν... θα ήταν εκπληκτικό να ακούσουμε τι θα είχαν να πουν αυτοί οι τοίχοι. Πολλές διαμάχες περιβάλλουν το Βατικανό, ειδικά στους κύκλους της συνωμοσίας και του αποκρυφισμού. Σχεδόν όμως ένιωθα σαν κάπου... υπήρχε κάτι δεμένο με μένα να μένει στον αιθέρα.

Αλλά.. τι;

ΙΟΥΝΙΟΣ 2016:

Είχα μια κρίση πανικού με τα νέα που είχα λάβει. Η γυναίκα με την οποία είχα ένα one night stand στο Παρίσι με επικοινώνησε μέσω της ιστοσελίδας μου. Είχε παρατηρήσει ότι το σώμα της έμοιαζε στραβά και έκανε ένα τεστ εγκυμοσύνης που έλεγε ότι ήταν θετική. Υπερβολικά ανήσυχη για την αντίδρασή μου, με επικοινώνησε θέλοντας να προγραμματίσει μια βιντεοκλήση για να μιλήσουμε για πράγματα ένας προς έναν, καθώς είχε νιώσει με τον τρόπο ζωής της ότι δεν είχε πάρα πολλούς ανθρώπους στη γωνιά της που θα ήταν υποστηρικτικοί.

Δίσταζα να πω ακόμη και σε κανέναν, υποψιαζόμενος ήδη τις φιδίσιες επιστροφές για το "μη χρήση προστασίας", "απλώς σε εξαπατά" κλπ... κλπ...

Αυτό που με τράβηξε σε αυτήν ήταν το γεγονός ότι και οι δύο προσπαθούσαμε να είμαστε επιχειρηματικοί τύποι. Και παρά το τι κάνουν οι επιρροές στα social media, αυτός ο τρόπος ζωής είναι μοναχικός. Δεν είναι πολλοί οι άνθρωποι που θέλουν να συναναστραφούν μαζί σας, ειδικά αν αρχίσετε να κερδίζετε έλξη. Είναι σκληρή δουλειά, διανοητική εξάντληση και οι παρατηρήσεις ενός ανίδεου κοινού μπορούν να ωθήσουν κάποιον στην άκρη, αν δεν αναπτυχθεί ένα διανοητικό σθένος.

Κανείς δεν θέλει να παραδεχτεί πόσοι άνθρωποι που ακολουθούν αυτόν τον δρόμο προσπαθούν να αυτοκτονήσουν.

Ήθελα να περιμένω τον ΜορΤα γεγονότα που πρέπει να αναφέρω πριν πω οτιδήποτε στην οικογένειά μου, αλλά αυτό ήταν πολύ μεγάλο! Ήταν αυτό; Η κόρη που έψαχνα ήταν το υποπροϊόν κάποιου εξωτικού έρωτα; Πώς θα υποστήριζα αυτήν και το παιδί; Θα έπρεπε κάποιος από εμάς να μετακομίσει χώρες; Μέρος του εαυτού μου εύχεται να σιωπήσω, αλλά έπρεπε να το βγάλω από το σύστημά μου γιατί απλά δεν μπορούσα να συγκεντρωθώ.

Πέρασαν μερικές μέρες και -λογοκριμένα- με επικοινώνησαν ξανά με ενημερώσεις από τον γιατρό... ήταν ψευδώς θετικό. Είχε την εμφάνιση καρκίνου των ωοθηκών που πυροδότησε το ψευδώς θετικό στο τεστ εγκυμοσύνης. Ευτυχώς οι επιλογές της ήταν ανοιχτές για θεραπεία και κατάφερε να το νικήσει, συναντώντας κάποιον νέο στην πορεία.

13 ΜΑΡΤΙΟΥ - 14 ΜΑΡΤΙΟΥ 2017:

Οι προετοιμασίες της τελευταίας στιγμής για το εγχείρημα της Ταϊλάνδης ξεκίνησαν με ελαφρές παρεμβολές λόγω της παραβίασης της χρεωστικής μου κάρτας από κάποιους τζάκας στη Φλόριντα που τη χρησιμοποιούσαν για να εξοφλήσουν τα δικαστικά πρόστιμα. Πραγματική ειρωνεία... Έλαβα τα email ότι η κάρτα μου είχε απορριφθεί και έκανα όπως έπρεπε για να σταματήσω την περαιτέρω χρήση. Τρεις προσπάθειες έγιναν στο 13ο και μια τέταρτη προσπάθεια στο 14ο. Μόνο μία χρέωση αντικατοπτρίστηκε στον λογαριασμό μου. Επειδή το αντίγραφο του τραπεζικού μου λογαριασμού αντικατόπτριζε μια δικαστική υπηρεσία πληρωμών στη Φλόριντα, μπόρεσα να βρω γρήγορα ορισμένα στοιχεία επικοινωνίας για την εταιρεία, ελπίζοντας ότι θα βοηθήσουν στην προώθηση των πραγμάτων. Έκανα επίσης ένα σημείωμα με την τράπεζά μου για να τους ενημερώσω ότι η περαιτέρω επικοινωνία μπορεί να είναι δύσκολη, καθώς δεν θα βρίσκομαι στη χώρα και ο έλεγχος των μηνυμάτων ηλεκτρονικού ταχυδρομείου μου μπορεί να είναι ένα ζήτημα εν αναμονή των σημάτων wifi του ξενοδοχείου μας.

16 ΜΑΡΤΙΟΥ 2017:
Ο -λογοκριμένος- ήταν καλεσμένος σε -λογοκριμένο- πάρτι γενεθλίων στις 11 και η μητέρα μου αναφέρει επιτέλους τι είχε να πει -λογοκριμένο- για όσα είχαν γίνει κατά τη διάρκεια του freeze out που είχα βάλει στην πατρική μου οικογένεια. Αναφέρει ότι το άσθμα της πυροδοτείται κάθε φορά που έρχεται σε επαφή με τη μητέρα της, τη μητριά μου, λόγω των φαρμάκων. Αυτό θα είναι το εισιτήριό μου για να φέρω επιτέλους την τιμωρία. Θα χρειαστεί να δοκιμάσω τα αδέρφια μου για επαφή... Έχω ανοίξει αντίγραφα ασφαλείας των επικοινωνιών για να αποκαταστήσω

την αποστολή μου, καθώς έχω προκαλέσει αρκετή σύγχυση για να κρύψω τις αληθινές μου προθέσεις. Αν αυτό είναι επιτυχές, μπορεί να χάσω την οικογένειά μου, αλλά θα είναι για το καλύτερο. Δεν μπορώ να συνεχίσω να κάνω αυτόν τον χορό.

-λογοκριμένο- είχε έρθει για άλλη μια φορά να προσπαθήσει να υποκινήσει καβγά, και όλα αυτά γιατί εγώ ήμουν αυτός που συνέλαβε τον αδελφό του. Αυτό πιθανότατα τον απαγόρευσε από το κατάστημα. Ειδοποίησα τη διοίκηση να τον παρακολουθεί. Το αν επιλέγουν να ακούσουν ή όχι είναι η βλακεία τους. Δεν ανησυχώ πραγματικά για αυτόν, γιατί η περιπέτειά μου στην Ταϊλάνδη είναι πάντα τόσο κοντά!

18-20 ΜΑΡΤΙΟΥ 2017:

Επιτέλους το ταξίδι στην Ταϊλάνδη είναι ανάμεσά μου. Είχα μια μακρά μέρα ταξιδιού μπροστά, από να φύγω νωρίς από την πόλη για να αποφύγω την κίνηση και μια πιθανή κλήση από οποιαδήποτε δουλειά μου μέχρι τις πτήσεις και τις μεγάλες διακοπές. Αυτό το ταξίδι θα με ταξιδέψει στο Σαν Φρανσίσκο και το Χονγκ Κονγκ πριν φτάσω τελικά στην Μπανγκόκ. Δεδομένου ότι η ομάδα μας ήταν εξαπλωμένη σε ολόκληρη την πολιτεία του Αϊντάχο, όλοι είχαμε διαφορετικές τοποθεσίες συναντήσεων. Ήμασταν χωρισμένοι σε δύο ομάδες, η μία που μαζεύτηκε στο Spokane η άλλη ήταν για να συναντηθούμε στο Boise. Ήμουν στην ομάδα Boise. Συνολικά ήμασταν 24 συνολικά.

Είχα χρησιμοποιήσει τους πόρους μου για να πάρω τουλάχιστον μια ιδέα για το ποιον έπρεπε να ψάξω ενώ μαζευόμασταν όλοι για την τελική μας συνάντηση στο Σαν Φρανσίσκο. Ήξερα μόνο 4 άτομα από τις προηγούμενες περιοδείες μου, κάτι που κάνει μια εύκολη διαδρομή, αλλά συνήθως για κάποιον στη θέση μου θα ήθελα να έχω μια ιδέα για το με ποιον θα είμαι για αυτές τις εκδρομές. Χρησιμοποιώντας τις διευθύνσεις ηλεκτρονικού ταχυδρομείου που επισυνάπτονται στα μηνύματα του αρχηγού της ομάδας μας, μπόρεσα να εντοπίσω μόνο ένα πρόσωπο, -λογοκριμένο-. Μόλις έφτασαν επιτέλους όλοι στο αεροδρόμιο Boise, όπως έπρεπε, μπόρεσα να αρχίσω να διαβάζω όλους.

Η δυναμική της ομάδας φαίνεται να είναι καλή. Αρκετά από τα παιδιά δεν ταξίδεψαν μόνα τους, αν το έκαναν δεν χρειάζοντααν πολύ χρόνο για να βρουν κάποιον να δεθούν μαζί του. Είναι ένα καλό μέτρο. Μέχρι στιγμής έχω εντοπίσει μόνο 4 πιθανά προβληματικά παιδιά σε περίπτωση που συμβεί κάποιο περιστατικό. όλα αυτά φαίνεται να υποφέρουν από ψυχικές επιπλοκές που προκαλούν ακόμη και άγχος στους γονείς τους. Κάποιος δείχνει νευρικότητα όταν βρίσκεται σε μια τοποθεσία για πολύ καιρό και παραπονιέται για άτομα που τον φωτογραφίζουν χωρίς συγκατάθεση (κάτι που είναι μόνο εκνευριστικό αφού τέτοιες συναυλίες απαιτούν και τα δύο), και οι άλλοι απλώς δείχνουν πιθανά σημάδια αυτισμού. Προσπαθώ να μην κρίνω, και η δημιουργία προφίλ είναι απλώς μια συνήθεια που δεν σβήνει ποτέ όταν έχετε περπατήσει σε μια παρόμοια διαδρομή με τη δική μου.

Κατά την άφιξη στο Σαν Φρανσίσκο εντοπίσαμε τον αρχηγό της ομάδας μας, ο οποίος προσπάθησε να μας συναντήσει σε ένα σημείο συνάντησης. Όσοι ήταν μαζί του στην ομάδα Spokane περίμεναν ήδη στην επόμενη πύλη μας. Είχαμε καταφέρει να φτάσουμε ως εδώ χωρίς επεισόδια, εκτός από μια νεαρή κυρία, -λογοκριμένη-, που παρεξηγούσε έναν τυχαίο άγνωστο για αρχηγό της ομάδας μας από πίσω και προχώρησε κρυφά πίσω του. Θα διαβεβαιώσω ότι ο άντρας είχε μια εντυπωσιακή ομοιότητα, αλλά η προσέγγισή της στο θέμα έτσι θα μπορούσε εύκολα να υποκινήσει μια εχθρική κατάσταση. Με απειλές οΓια πιθανές επιθέσεις του ISIS και τη μεθοδολογία που δείχνει σε οποιονδήποτε με προβλήματα εξουσίας είναι πιθανό να «στρατολογηθεί», πρέπει να παραμένω σε εγρήγορση.

Μόλις τακτοποιήθηκαν όλοι, παίξαμε παιχνίδια με κάρτες και φορτίσαμε τα ηλεκτρονικά μας για να περάσει η ώρα. Από το Σαν Φρανσίσκο στο Χονγκ Κονγκ ήταν μια πτήση πάνω από 12 ώρες (μαζί με την 6ωρη αναμονή) και οι δύο ήμουν στριμωγμένος και μετά βίας μπορούσα να κοιμηθώ. Κατάφερα να πάρω περίπου 2, ίσως και 3, ώρες μέσα, καθώς και μερικούς 10λεπτους υπνάκους ενδιάμεσα. Από το Χονγκ Κονγκ μέχρι την Μπανγκόκ ήταν πιο εύκολο να το διαχειριστείς καθώς ήταν μόνο περίπου 3 ώρες.

Στην Μπανγκόκ διασταυρώσαμε με μια ομάδα από το Νιου Τζέρσεϊ που, πιστεύω, ήταν στην πραγματικότητα στο δρόμο της επιστροφής στο σπίτι μετά από μια ακόμη διαμονή. Η ομάδα μου με έδρα το Αϊντάχο φαινόταν να έχει τοποθετηθεί όλα στον ίδιο όροφο, οπότε σε περίπτωση περιστατικού μπορώ να προσεγγίσω τους περισσότερους εγκαίρως. Όλοι τους δεν φαίνεται να διαθέτουν πολλές δεξιότητες αυτοάμυνας, κάποιοι το κάνουν μόνο όταν προκαλούνται. Ίσως χρειαστεί να τα χρησιμοποιήσω.

Μόλις τακτοποιηθήκαμε στο δωμάτιο του ξενοδοχείου μας, έπρεπε να συναντηθούμε για να επισκεφτούμε μια κοντινή εμπορική περιοχή για να πάρουμε φαγητό, καθώς τα γεύματα δεν καλύπτονταν για την πρώτη μας νύχτα στην πόλη. Δυστυχώς για μένα, είχα ξεπεράσει το ξυπνητήρι μου. Προς άμυνά μου, δεν κατάφερα να κοιμηθώ σχεδόν καθόλου καθ' οδόν εδώ και το δεύτερο που έκανα ένα ντους και μπόρεσα να χαλαρώσω, η στέρηση ύπνου μου κυριάρχησε.

Δυστυχώς για μένα, ένιωσα πολύ άνετα σε σημείο που οι εφιάλτες μου άρχισαν να σηκώνουν το άσχημο κεφάλι τους. Αυτή τη φορά ήταν ένα αεροπορικό δυστύχημα πίσω σε αμερικανικό έδαφος και συνεχίστηκε με το θέμα του να μην είσαι αρκετά γρήγορος για να σώσεις έναν αθώο. Ξύπνησα καθώς τα σώματα έκαιγαν.

21 ΜΑΡΤΙΟΥ 2017:

Φαίνεται ότι ένα μέλος της ταξιδιωτικής μου ομάδας έχει ήδη αρρωστήσει. Ένα από τα κορίτσια φαινόταν να έχει προσβληθεί από ένα στέλεχος του ιού της γρίπης πριν φτάσει εδώ και αποφάσισε να κάνει την κίνησή του χθες το βράδυ ενώ επισκέφτηκαν το εμπορικό κέντρο. Την αφήσαμε να ξεκουραστεί στο ξενοδοχείο και η κατάστασή της φαίνεται να βελτιώνεται, αλλά όπως ήταν αναμενόμενο είναι νευρική με τις πιο εξωτικές επιλογές φαγητού μας. Ακούγοντας μόνο ότι κάποιος έχει υποκύψει σε ασθένεια, αν και έγινε προφανές ότι ο τρόπος μόλυνσης ήταν διαφορετικός, τα νεύρα μου έχουν επίσης εκτονωθεί.

Όπως και να έχει, δεν μπορώ να το αφήσω να χαλάσει ένα καλό ταξίδι. Νωρίτερα σήμερα επισκεφθήκαμε τόσο το Μεγάλο Παλάτι όσο και το Σμαραγδένιο Ναό του Βούδα. Το τοπίο της περιοχής κόβει την ανάσα, αν και ο καιρός που το συνοδεύει έχει καταφέρει να πυροδοτήσει περιοχές του δέρματός μου. Βλέποντας τον Ναό θύμιζε την επίσκεψή μου στην Καπέλα Σιξτίνα πέρυσι. καθώς υπήρχαν πολλοί φρουροί για να επιβάλουν τους κανόνες του No Photography/Video, No Shoes Inside και Being Quiet. Οι 2 πρώτοι κανόνες που ανέφερα εφαρμόστηκαν εύκολα, όπως έδειξαν δύο άτομα που οι φρουροί έκαναν να διαγράψουν τις φωτογραφίες που τράβηξαν στο εσωτερικό. Η ησυχία, ήταν επιεικής.

Μετά τις επισκέψεις στον Άγιο Τόπο, περπατήσαμε σε μια υπηρεσία ταξί και απολαύσαμε μια βόλτα στον ποταμό Chao Phraya. Πολλοί κάτοικοι της περιοχής έχουν σπίτια κατά μήκος της όχθης του ποταμού και η θέα των αρχιτεκτονικών χώρων έδωσε πραγματικά στο μέρος μια ιστορική αίσθηση. Επιπλέον, το να ταΐσεις μερικά γατόψαρα στο ίδιο το ποτάμι ήταν μια ενδιαφέρουσα εμπειρία. Μετά τη βόλτα με το πλοίο, φάγαμε μεσημεριανό σε έναν κοντινό μπουφέ, πριν επιστρέψουμε στο ξενοδοχείο για μερικές ώρες.

-λογοκριμένο- κορίτσι που ένιωθε άρρωστο τελικά εμφανίστηκε πριν από το δείπνο μας με «κλασικούς ταϊλανδικούς χορούς». Ήταν καλό να τη βλέπεις να σηκώνεται και να κινείται, αλλά όπως αναφέρθηκε προηγουμένως δεν ήταν έτοιμη να δοκιμάσει κάτι πραγματικά εξωτικό. Είχε κυρίως νερό και μερικά κομμάτια καρπούζι. Οι συζητήσεις μεταξύ της ομάδας δείχνουν ότι μπορεί να προσπάθησε να φάει πάρα πολύ κάποια στιγμή, επιδεινώνοντας την κατάστασή της. Υποθέτω ότι μερικές φορές πρέπει να μάθουμε με τον δύσκολο τρόπο.

Φαίνεται ότι κάποιος άλλος έχει βρεθεί άρρωστος, πιθανότατα λόγω μη εξοικείωσης με τις συνθήκες της περιοχής. Αυτή, τα αδέρφια της και η (ίσως) μητέρα τους αποχώρησαν από το δείπνο, φαινομενικά λόγω ναυτίας. Αν και... δεν φαινόταν να έχει πολύ πρόβλημα με τις πτήσεις μας στην περιοχή, καθώς ήταν αρκετά ταραγμένες... Πρέπει να σημειωθεί ότι το δεύτερο παιδί που υπέκυψε σε ασθένεια είναι ένα από τα «προβλήματα» που ανέφερα προηγουμένως.

22 ΜΑΡΤΙΟΥ 2017:

Μια άλλη επίσκεψη στο ναό έγινε σήμερα καθώς η ομάδα μου απολάμβανε μια ωραία διαδρομή με το λεωφορείο προς το Μεγάλο Καλοκαιρινό Παλάτι. Η σκιά από τους πολλούς κήπους μας βοήθησε να κρατήσουμε δροσερούς για την πλειοψηφία, καθώς ελέγξαμε την αρχιτεκτονική εμπνευσμένη από κινέζικα στυλ. Στη συνέχεια σταματήσαμε για λίγο για ψώνια πριν πάμε μια βόλτα με το τραμ σε μια ιστορική περιοχή... ειλικρινά, μετά βίας καταλαβαίνω τον ξεναγό μας και ήταν δύσκολο να ακουστεί λόγω του θορύβου. Το τοπίο συνέχισε να εντυπωσιάζει και ένας πωλητής βόλτας με ελέφαντα ήταν επίσης κοντά.

Μετά, είχαμε ένα μεσημεριανό γεύμα σε μπουφέ και βόλτα με βάρκα κατά την επιστροφή μας στην Μπανγκόκ και στο ξενοδοχείο μας. Έχω πραγματικά εντυπωσιαστεί με την τοπική κουζίνα, απολαμβάνοντας την πολύ περισσότερο από όσο περίμενα χάρη στις προειδοποιήσεις της Monkey Ball Soup. Μέχρι στιγμής δεν έχει υπάρξει ακόμη ένα περιστατικό παρόμοιο με το Xi'an, το οποίο ελπίζω ότι θα παραμείνει για το υπόλοιπο του ταξιδιού.

23 ΜΑΡΤΙΟΥ 2017:

Χθες το βράδυ ήταν η ημιτελευταία μας νύχτα στην Μπανγκόκ. θα έχουμε οάλλη νύχτα την τελευταία μας μέρα. Αλλά σήμερα, πήραμε το λεωφορείο μας από την Μπανγκόκ στο Kanchanaburi. Στο δρόμο, σταματήσαμε στο μουσείο του

Σιδηροδρόμου του Θανάτου, στην Πλωτή Αγορά και μια σύντομη επίσκεψη σε μια Φυτεία Καρύδων.

Η φυτεία καρύδας ήταν μια αρκετά ενδιαφέρουσα εμπειρία, καθώς όχι μόνο συγκομίζει τοπική βλάστηση αλλά φιλοξενεί αρκετά δροσερά ζώα. Σύμφωνα με τον διευθυντή της περιοδείας μας -λογοκριμένα- μερικά από τα ζώα χρησιμεύουν ως σημαντική βοήθεια στη φυτεία αλλά έχουν πολύ καλή μεταχείριση. Υπήρχαν σκίουροι, μαχητικά ψάρια, μερικά γατόψαρα, χέλια, γίβωνες και ένας μεγάλος πύθωνας (που έμοιαζε σαν να είχε μόλις ένα καλό γεύμα). Η τουριστική εταιρεία που διοργάνωσε αυτό το ταξίδι προσπαθεί να παρακολουθεί τα τοπικά αξιοθέατα για να βεβαιωθεί ότι όλα θα είναι ασφαλή για τους ταξιδιώτες τους και ότι οι εταιρείες λειτουργούν όπως θα έπρεπε, οπότε δεν υπήρχε κίνδυνος. Ήμουν επίσης σε θέση να πάρω μερικά αναμνηστικά εδώ.

Η Αγορά ήταν μια ενδιαφέρουσα εμπειρία. Πήγαμε εκεί σε μια βόλτα 20 λεπτών κιλών, η οποία μας πήγε στην πίσω αυλή πολλών κατοίκων. Σταματήσαμε στην ίδια την αγορά, η οποία είχε πολλά δροσερά αναμνηστικά αλλά τίποτα που να μου τράβηξε το ενδιαφέρον.-λογοκριμένο- συνέστησε να δοκιμάσουμε ένα κολλώδες ρύζι μάνγκο που πουλήθηκε εκεί, και προσπαθώντας να γίνω λίγο πιο τολμηρός σε αυτό το ταξίδι είχα μερικά. Καθώς όμως προσπαθούσαμε να το πάρουμε, μια ηλικιωμένη γυναίκα μου έστησε ενέδρα κάνοντας ένα μασάζ χρησιμοποιώντας το Tiger Balm. Το μασάζ ήταν χάλια και το πολύ ευγενικό ταξιδιωτικό μου πρόσωπο με έκανε να αγοράσω τέσσερα από τα ανόητα πράγματα. τα οποία θα πρέπει να πετάξω γιατί δεν θα μπορώ να τα πάρω στο αεροπλάνο. Δεν θα είναι σπατάλη χρημάτων, καθώς η συναλλαγματική ισοτιμία εδώ είναι εκπληκτική που προέρχεται από δολάρια ΗΠΑ. 1 Μπατ Ταϊλάνδης είναι περίπου 3 σεντς σε δολάρια ΗΠΑ.

Στη συνέχεια, το μουσείο των Σιδηροδρόμων του Θανάτου φιλοξενούσε πληροφορίες από πληροφορίες για το ιαπωνικό στρατόπεδο αιχμαλώτων του 2ου Παγκοσμίου Πολέμου. Οι τοποθεσίες που απεικονίζονταν ήταν πραγματικά απογοητευτικές, για τους κανονικούς. Αρχίστε να αναρωτιέστε αν τα φρικτά πράγματα που συνέβησαν θα επαναληφθούν.

-λογοκριμένη- έμεινε κοντά μου στο μεγαλύτερο μέρος αυτού του ταξιδιού, λέγοντας συχνά ότι «αναζητά ασφάλεια σε ψηλούς ανθρώπους».

Το ξενοδοχείο που μας συνέδεσε η εταιρεία στο Kanchanaburi είναι απολύτως εκπληκτικό. Είναι ένα θέρετρο που βρίσκεται ακριβώς στην όχθη του ποταμού και δεν απέχει πολύ από τον αμφιλεγόμενο Ναό της Τίγρης. Ο οδηγός μας είπε ότι το ίδιο το θέρετρο μεταφράστηκε σε "Sweet Honey Bee". Ειλικρινά δεν θα με πείραζε να μείνω εδώ για λίγο, υπάρχουν πολλά να κάνουμε. δύο πισίνες, ένα γήπεδο τοξοβολίας, ένα γήπεδο paintball & bb gun, ενοικιάσεις ποδηλάτων και ATV, ένα πάρκο με ελάφια, ένα ωραίο υπαίθριο εστιατόριο και πολλά τοπία για να απολαύσετε ενώ κάνετε πεζοπορία. Η άγρια ζωή εδώ και οι φανταστικές διακοσμήσεις δημιουργούν ωραίες πινελιές. Διάολε, ο Spider-man έκανε παρέα δίπλα στο εστιατόριο.

24 ΜΑΡΤΙΟΥ 2017:

Μια υπέροχη μέρα σε εξωτερικούς χώρους, με κολύμπι στο ποτάμι, βόλτα με τρένο και πεζοπορία στο Hellfire Pass. Δεν σχεδιάστηκε να είναι απαραίτητα μια πολύ εκπαιδευτική μέρα, αλλά περισσότερο μια διασκεδαστική μέρα στους τροπικούς για τα παιδιά. Θα πρέπει να ομολογήσω ότι το ποτάμι ήταν λίγο τρομακτικό καθώς κάποιος που βυθίζεται καλύτερα από ό,τι κολυμπά. αλλά, είμαι περήφανος για τον εαυτό μου που το κάνω. Το σκάφος μας ανέβασε στο ποτάμι, πέρασε από έναν μικρό καταρράκτη και μας άφησε σε ένα ήρεμο σημείο. Ήμασταν όλοι υποχρεωμένοι από το νόμο να φοράμε ένα σωσίβιο (παραδόξως είχαν ένα που μου ταίριαζε) επειδή το ρεύμα είχε τη φήμη ότι παίρνει τουρίστες κάτω από μερικά από τα σκάφη και δεν τα καταφέρνουν. Ο παράγοντας κινδύνου, κατά κάποιο τρόπο με ελκύει. Ο κίνδυνος από μόνος του δεν προέκυψε παρά μόνο όταν προσπάθησα να επιστρέψω στο σκάφος καθώς το ρεύμα χειροτέρευε ΚΑΙ προσπαθούσε να μου σκίσει το σορτς! Βγάλαμε μια από τις ομαδικές μας φωτογραφίες στον αναφερόμενο καταρράκτη.

Το επόμενο στοιχείο στη λίστα ήταν μια βόλτα με το Death Railway, ένα σύστημα τρένων που κατασκευάστηκε από Ιάπωνες αιχμαλώτους. Ήταν μια πολύ ενδιαφέρουσα βόλτα μέσα από κάποιο από το ορεινό σύστημα της Ταϊλάνδης. Μια τεράστια πληθώρα από τροπικές ζούγκλες, πιθήκους και άλλα εξωτικά ζώα που δύσκολα μπόρεσα να φωτογραφίσω. Λοιπόν, οι ελέφαντες έρχονται αρκετά σύντομα.

Το Hellfire Pass ήταν μια ενδιαφέρουσα πεζοπορία. Περιείχε μερικά απομεινάρια των αρχικών γραμμών από το Death Railway. Τα μνημεία των Βρετανών και Αυστραλών αιχμαλώτων ήταν κατά μήκος της διαδρομής. Μια νέα οθόνη κατασκευαζόταν πραγματικά στο κάτω μέρος του μονοπατιού, αλλά φαινόταν ότι θα περνούσαν μερικούς μήνες πριν ολοκληρωθεί.

25 ΜΑΡΤΙΟΥ 2017:

Σήμερα ήταν μια μέρα μεταφοράς καθώς οδηγήσαμε περαιτέρω στην εξοχή της Ταϊλάνδης. Η διαδρομή με το λεωφορείο ήταν μεγάλη και άβολη λόγω ενός τραυματισμού στην ουρά που υπέστη στο τελευταίο ξενοδοχείο. Το να συμβαδίζω με μερικά από αυτά τα παιδιά με τραυματίζει κυριολεκτικά. Η πρώτη μας στάση ήταν σε έναν άλλο ναό, ο οποίος ήταν γνωστός για τις περιουσιακές του δραστηριότητες και τις δραστηριότητες «make-a-wish». Φυσικά, δοκίμασα τις δυνάμεις μου και στα δύο. Η μάντιδα είχε ρυθμιστεί ώστε να λειτουργεί ως εξής: τοποθετήστε ένα νόμισμα σε μια υποδοχή που αντιστοιχεί στην ημέρα της εβδομάδας που γεννήθηκε, περιμένετε να σταματήσει το περιστρεφόμενο φως της ρουλέτας σε έναν αριθμό και, στη συνέχεια, πάρτε ένα κομμάτι χαρτί που αντιστοιχεί σε αυτόν. αριθμός. Το δικό μου έφτασε στο νούμερο 1 (φυσικά) και, σύμφωνα με τη μετάφραση από τον σκηνοθέτη της περιοδείας μας, η περιουσία μου περιελάμβανε «τα όνειρα να γίνονται πραγματικότητα, να είσαι πάντα καλά στην υγεία σου, τυχερός στην αγάπη αλλά όχι στον τζόγο».

Το «make-a-wish» έμοιαζε λίγο περισσότερο με τελετουργικό προσευχής. Κάποιος έπρεπε να πληρώσει 20 μπατ για ένα κουδούνι στο οποίο μπορούσε να γράψει το όνομά του, να χτυπήσει το κουδούνι και μετά να κάνει την ευχή απέναντι σε ένα γιγάντιο άγαλμα του Βούδα. Η επιθυμία μου ήταν απλά όλοι στην οικογένειά μου να βρουν τις απαντήσεις που έψαχναν και για ένα ειρηνικό τέλος για αυτό που θα ακολουθήσει. Ξέρω ότι πιθανώς ακυρώνει ολόκληρο τον σκοπό της ευχής, αφού την σημειώσαμε σε αυτές τις σελίδες, αλλά αξίζει να το αναφέρουμε.

Μετά το ναό, οδηγήσαμε για άλλες 2 ώρες μέχρι να φτάσουμε στην κράτηση για μεσημεριανό γεύμα σε ένα ωραίο μικρό θέρετρο. Η διάταξη αυτού του θερέτρου θύμιζε πολύ περισσότερο το ποτάμι στο σπίτι, αλλά δεν ήταν η τελευταία στάση. Υπήρχε μια φυτεία πιπεριάς κοντά στο θέρετρο, η οποία οδήγησε στον διευθυντή μας που πρότεινε να δοκιμάσουμε το τηγανητό κοτόπουλο. Όπως πολλά από την ταϊλανδέζικη κουζίνα που είχα την ευκαιρία να δοκιμάσω ενώ βρίσκομαι εδώ, πραγματικά το απόλαυσα.

Από το μεσημεριανό γεύμα, πήγαμε κατευθείαν στο ξενοδοχείο μας, το οποίο μας οδήγησε να βουτήξουμε κατευθείαν για την πισίνα όταν τακτοποιηθήκαμε. Σίγουρα θα μου λείψουν αυτά τα παιδιά και θα πρέπει να προσπαθήσω να κρατήσω επαφή με όλα αυτά όταν τελειώσει όλο αυτό. Γίνεται ήδη λόγος για συνάντηση ξανά στο επόμενο ταξίδι του παλιού μου δασκάλου, τη Σκωτία και την Ιρλανδία.

26 ΜΑΡΤΙΟΥ 2017:

Η κατάθλιψη στο τέλος του ταξιδιού έχει αρχίσει. Όλοι έχουν τη νοοτροπία «ενθουσιασμένοι να πάω σπίτι, αλλά λυπημένοι που φεύγω από εδώ». Προσπαθώ να τους υπενθυμίζω συνέχεια ότι τα καλύτερα πράγματα που πρέπει να κάνετε είναι να σχεδιάσετε το επόμενο ταξίδι και να διατηρήσετε επαφή ο ένας με τον άλλον.

Τέλος πάντων, επισκεφθήκαμε σήμερα ένα εργοστάσιο ομπρελών. Έφτιαξαν τις παλιές ψάθινες ομπρέλες του σχολείου που συνήθως δεν φαίνονται έξω από τις παραστάσεις στη σύγχρονη εποχή. Αρκετοί ζωγράφοι ήταν εκεί που προσφέρθηκαν να σχεδιάσουν οτιδήποτε τους δόθηκε, θα μπορούσατε να τους βάλετε να ζωγραφίσουν το πρόσωπό σας αν το θέλατε. Μετά από μια περιήγηση και μια στάση στην αγορά, μερικά από τα παιδιά προσπάθησαν να με πείσουν να ζωγραφιστώ στο κεφάλι μου, αφού είδαν μια φωτογραφία ενός μεγαλύτερου κυρίου (με παρόμοια γραμμή μαλλιών με τη δική μου) να κάνει το ίδιο. Τους επεσήμανα ότι η ζέστη και η υγρασία μπορεί να χαλάσουν την εμφάνιση και ότι ο διευθυντής της περιοδείας μας ανέφερε πού μας άρεσε να χτυπάμε την πισίνα κάθε ευκαιρία που είχαμε να είχε το ίδιο αποτέλεσμα, οπότε αποφασίσαμε να φτιάξουμε τη θήκη της φωτογραφικής μου μηχανής. Ήτααν μόνο 100 μπατ, που είναι λίγο λιγότερο από 3 USD.

Μετά το εργοστάσιο της ομπρέλας, κάναμε μια σύντομη στάση σε ένα εργοστάσιο ασημιού που μας έδειξε ένα σύντομο μάθημα για το πώς να εντοπίσουμε το πραγματικό ασήμι προτού μπορέσουμε να κάνουμε κάποια ψώνια. Περπάτησα λίγο, ελέγχοντας μερικά από τα σχέδια που ήταν διαθέσιμα, αλλά δεν αγόρασα τίποτα επειδή τα περισσότερα από τα άτομα για τα οποία θα αγόραζα πιθανότατα θα τα κατέστρεφαν.

Μετά το δείπνο, ο ξεναγός μας μας συνέδεσε με μια βόλτα με το Took Took. Ήμασταν στο Τσιάνγκ Μάι εκείνη την εποχή και οι οδηγοί μας άρχισαν να προκαλούν ο ένας τον άλλον. Είχαμε 3 στάσεις, δύο στις αγορές και στην πρεσβεία των ΗΠΑ, και η τελευταία μας στάση ήταν φυσικά το ξενοδοχείο μας. Ο φίλος μου -λογοκριμένος- κι εγώ οδηγούσαμε μαζί όλη την ώρα και ο οδηγός μας έτυχε να είναι αυτός που έσπρωξε τους άλλους στον αγώνα για να μας δείξει ότι περνάμε καλά. αν και ένας από τους οδηγούς έτυχε να περάσει από πίσω ένα αυτοκίνητο στο δρόμο.

27 ΜΑΡΤΙΟΥ 2017:

Καθώς έχω κουραστεί με τις κουρασμένες μέρες που φαινόταν σαν μια κακή προσπάθεια επέκτασης του ταξιδιού μας, ξέχασα να ενημερώνω αυτό το ημερολόγιο καθώς προχωρούσα. Μέσα από τις φωτογραφίες που τράβηξα μπορώ να σημειώνω το υπόλοιπο ταξίδι μου, οπότε οι ακριβείς ημέρες μπορεί να είναι ελαφρώς εκτός.

Αυτή ήταν η μέρα που περιμέναμε όλοι, η μέρα που πήραμε να παίξουμε με τους ελέφαντες! Νωρίς το πρωί, απογειωθήκαμε για ένα καταφύγιο ελεφάντων, καθώς ο διευθυντής της περιοδείας μας μπόρεσε να κάνει την ομάδα μας να μείνει μερικές ώρες περισσότερο από ό,τι είχε αρχικά προγραμματιστεί, κάτι που έκανε όλους στην ομάδα πολύ ενθουσιασμένοι. Μας δόθηκε εντολή να φέρουμε τα μαγιό μας και να αλλάξουμε ρούχα, καθώς οι δραστηριότητές μας θα περιλάμβαναν μπάνιο με τους ελέφαντες. Εκτός από το τάισμα και το να βρίσκομαι μόνο στην παρουσία αυτών των πανέμορφων ζώων, ήταν μια απολύτως εκπληκτική εμπειρία. Οι ίδιοι οι ελέφαντες ήταν προφανώς αρκετά άτακτοοοι, ειδικά ο 18 μηνών Tum-Took. Υπήρχε μια προειδοποίηση για το να πλησιάσει πολύ το μωρό, καθώς του άρεσε να σφίγγει τους ανθρώπους από πίσω, συνήθως γύρω από το λαιμό. -λογοκριμένο- προώθησε αυτήν την προειδοποίηση δείχνοντάς μας μια φωτογραφία του σε αυτήν ακριβώς την κατάσταση. Ο Tum-Took δεν προσπαθούσε να βλάψει κανέναν, απλώς ήθελε να παίξει.

Μετά τον χρόνο μας με τους ελέφαντες, ήρθε η ώρα να πάμε για μεσημεριανό γεύμα σε ένα αγρόκτημα πεταλούδων και ορχιδεών. Όλα τα γεύματά μας ήταν σε μπουφέ, και όπως ανέφερα προηγουμένως, το φαγητό ήταν εκπληκτικά νόστιμο.

28 ΜΑΡΤΙΟΥ 2017:

Τελευταία μέρα στο Τσιάνγκ Μάι, οι μπλουζ μετά το ταξίδι σίγουρα εγκαθίστανται ανάμεσα στην ομάδα. Είχαμε μερικές ακόμη δραστηριότητες να ελέγξουμε μόνο για να ξεφύγουμε από το τέλος των μονοπατιών. -λογοκριμένα- το νιώθουμε πολύ βαρύ, αλλά κάνουμε ό,τι μπορούμε για να αγκαλιάσουμε τις τελευταίες στιγμές και να διατηρήσουμε επαφή όταν αναγκαστήκαμε να βαδίσουμε χωριστά. Νομίζω ότι ίσως χρειαστεί να κάνω μια αφιέρωση βιβλίου προς τιμήν τους. -λογοκριμένη- πράξη μου έδωσε συνήθως το email του, ώστε να μπορώ να του στείλω ένα δωρεάν ψηφιακό αντίγραφό του για να το αποδείξω.

Τέλος πάντων, η πρώτη μας στάση ήταν η φυλή με τον μακρύ λαιμό της Kayaw Karen. -λογοκριμένα- μας μοίρασαν μπισκότα για να τα δώσουμε στα παιδιά της φυλής. Πρέπει να δέχτηκαν πολλούς τουρίστες επειδή είχαν πολλά καταστήματα με παρατσούκλια και μερικές άλλες δραστηριότητες. Είχαν ακόμη και την επιλογή να δοκιμάσουν να πυροβολήσουν μια βαλλίστρα. Τα τουριστικά μας λεωφορεία δεν μπόρεσαν να φτάσουν στο σημείο που βρισκόταν η φυλή, έτσι έπρεπε να κάνουμε μια βόλτα με ταξί της Ταϊλάνδης, τα οποία ήταν παρόμοια με τις εξέδρες μεταφοράς για τα στρατεύματα.

Στη συνέχεια επισκεφτήκαμε έναν ακόμη ναό, το Μεγάλο Παλάτι. Οι μοναχοί παρείχαν μαντεία, αγιασμό και το μοναστήρι είχε υπέροχη θέα στο Τσιάνγκ Μάι (αν δεν υπήρχε η ομίχλη). Ήταν πολύ ενδιαφέρον να δούμε τα πολλά αγάλματα και η ιστορία ήταν πάντα μια ενδιαφέρουσα ανάγνωση. Ποτέ δεν κατάλαβα γιατί, αλλά πολιτισμοί με ιστορία πολλών χιλιάδων ετών έλκονταν πάντα στα ενδιαφέροντά μου. Οι Ρωμαίοι, οι περισσότεροι ασιατικοί πολιτισμοί, πράγματα αυτής της φύσης.

Ολοκληρώσαμε τη μέρα με μια εκδρομή στο κοντινό εμπορικό κέντρο. Παρατήρησα ότι οι προειδοποιήσεις για σεξουαλική διακίνηση αναρτήθηκαν παντού, έτσι όσοι γνώριζαν τις σχέσεις μου κατάλαβαν γιατί έκανα αυτό που έκανα. Είχα υποψίες ότι τα κορίτσια παρακολουθούνταν, οπότε έκανα ό,τι μπορούσα για να κάνω διακριτικά τα άτομα που παρακολουθούσαν να απομακρυνθούν.

Εκείνο το βράδυ δεν επιστρέψαμε στο ξενοδοχείο μας για πολύ, καθώς ήταν προγραμματισμένο να πετάξουμε από το Τσιάνγκ Μάι, πίσω στην Μπανγκόκ. Επειδή ήταν πτήση εσωτερικού, έπρεπε όλοι να ελέγξουμε τις αποσκευές μας. Μόλις πήγαμε στην Μπανγκόκ, επρόκειτο να έχουμε ένα σύντομο δείπνο στο πρώτο ξενοδοχείο στο οποίο μείναμε και να κατευθυνθούμε κατευθείαν για ύπνο. Πριν προλάβω να κοιμηθώ, το δικό μου post travel blues με χτύπησε δυνατά. Άρχισα να κλαίω που έφευγα από την ομάδα... Θα μου έλειπαν όλοι, εντάξει;!

-λογοκριμένο- έφερε αντίγραφα της πρώτης ομαδικής φωτογραφίας, πυροδοτώντας ακόμη περισσότερο το post travel blues. Βρέθηκα να λέω την ίδια τη φωτογραφία για να νιώσω άδεια γιατί ήταν η μέρα -λογοκριμένη- έπρεπε να μείνει στο ξενοδοχείο μιας και ήταν άρρωστη, ειρωνικά ήταν και ο λόγος που ένιωσα ότι έπρεπε να την προσέχω.

29-31 ΜΑΡΤΙΟΥ 2017:

Αναχωρήσαμε από το ξενοδοχείο μας πολύ νωρίς, ώστε να έχουμε μερικές ώρες για να χαλαρώσουμε και να βρούμε το δρόμο μας γύρω από το αεροδρόμιο. -λογοκριμένο- δεν μπόρεσε να έρθει μαζί μας, αλλά φρόντισε να βγάλω φωτογραφίες με όλους μας καθώς κάναμε check in. Φρόντισα να πάρω μια, σε περίπτωση που δεν μπορούσα να τον βρω, ώστε να μπορέσουμε να κρατήσουμε σε επαφή.-λογοκριμένο- και ο παλιός μου δάσκαλος είπε ότι θα προσπαθήσουν να βρουν ο ένας τον άλλον στο Διαδίκτυο και μπορώ να χρησιμοποιήσω αυτή τη σύνδεση για να βρω το -λογοκριμένο-

Οι πτήσεις ήταν φυσικά άβολες. Ακολουθήσαμε λίγο πολύ τον ίδιο δρόμο που πήραμε στη χώρα, φεύγοντας. Από την Μπανγκόκ, κάναμε παρέα για λίγες ώρες στο Χονγκ Κονγκ. Εκεί -λογοκριμένο- περιπλανήθηκε στο αεροδρόμιο για να βρει ένα καλό μαγαζί για να πάρει κάτι να φάει. -λογοκριμένο- συνέστησε ένα πιάτο τηγανητής γαρίδας στο άρωμα που τακτοποιήσαμε. Δεν το καταλάβαμε, λιγοστέψαμε στην ώρα μας και έπρεπε να σβήσουμε τα γεύματά μας. Φοβούμενοι ότι ο χρόνος μας ήταν ακόμη πιο σύντομος, καταλήξαμε να κάνουμε σπριντ στο αεροδρόμιο. Φυσικά βιάσαμε να καθίσουμε μόνο για μια πτήση σχεδόν 13 ωρών στο Σαν Φρανσίσκο.

Το Σαν Φρανσίσκο ήταν το σημείο που επρόκειτο να χωριστούν οι ομάδες Spokane και Boise, αλλά επειδή είχαμε τουλάχιστον 7 ώρες πριν πετάξουμε έξω, αφιερώσαμε λίγο χρόνο για να κάνουμε παρέα πριν ξεκινήσουμε χωριστούς δρόμους.

Εφόσον η ομάδα του Spokane επρόκειτο να φύγει, όσοι από εμάς στην ομάδα Boise αποφασίσαμε να κατευθυνθούμε επίσης προς την πύλη μας. Το εκμυστηρεύτηκα -λογοκριμένο-, μόνο και μόνο για να βγάλω τα συναισθήματα από το στήθος μου, καθώς περιμέναμε στην πύλη. Ένιωθα το ταξίδι να ξεφεύγει από πάνω μου, οπότε φυσικά στράφηκα σε κάποιο comfort food για να χαλαρώσω το στομάχι μου.

Όταν μπήκαμε στο αεροπλάνο για το σπίτι, ήμουν κολλημένος σε ένα κάθισμα στο παράθυρο. Είχαν περάσει μόνο μερικές ώρες ακόμα μέχρι να επιστρέψω στο Boise και θα έπρεπε να αποχαιρετήσω όλους τους άλλους. Φτάσαμε λίγο πριν τις 10:30 το βράδυ, και στην έξοδο με συνάντησαν η μητέρα και η γιαγιά μου. Πριν φύγουμε από το αεροδρόμιο, κρυφά για να παραλάβω τις αποσκευές για να δώσω μερικές ακόμα τελευταίες αγκαλιές σε όλους. Μετά το αυτοκίνητο στο σπίτι, δεν έφτασα λίγο μετά τη 1:00 π.μ. στις 31.

Θα πρέπει να σημειώσω μια από τη μητέρα στο ταξίδι, την οποία εξομολογήθηκα ότι η κατάθλιψή μου μετά το ταξίδι εγκαταστάθηκε σε σύγκριση με την κατάστασή μου με στρατιώτες που επέστρεφαν στο σπίτι αφού πλησίασαν άλλους στη μονάδα τους. Πρέπει λοιπόν να σηκωθούν τα κλισέ «τοίχοι γύρω από την καρδιά μου» και πρέπει να διατηρήσω μια συγκεκριμένη στάση, να προστατεύσω τον εαυτό μου, ώστε να συνεχίσω και να προσεγγίσω περισσότερους ανθρώπους.

Όταν άρχισα να ταξιδεύω, συνέβη ένα ενδιαφέρον φαινόμενο... οι τοίχοι έπεσαν. Τα προστατευτικά ένστικτα που μου έδωσε η ζωή μου, και η εκπαίδευσή μου, μένουν εκεί, αλλά οι τοίχοι βρίσκουν ανοίγματα μέσα τους και επιτρέπουν στους άλλους να μπουν.

12 ΑΠΡΙΛΙΟΥ 2017:

Δεν έχουν γίνει πολλά από τότε που επέστρεψα στην πραγματικότητα. Ένας δραπέτης που προκάλεσε καταδίωξη συνελήφθη, δεν υπάρχουν ενημερώσεις για τα φυλετικά περιστατικά που αναφέρθηκαν στην τελευταία ανάρτηση, ούτε πολλά να αναφέρουμε. Ένας από τους φίλους μου από τη δουλειά μου φεύγει, αλλά τίποτα πολύ συγκεκριμένοal. Αυτή είναι περισσότερο μια αντανακλαστική ανάρτηση...

Διαλογίστηκα εικόνες από την Ταϊλάνδη, καθώς μερικές από τις αυτόματες συνεδρίες γραφής μου έδειξαν ότι είδα αυτό το εγχείρημα να έρχεται και μπορεί κατά κάποιο τρόπο να συνδέεται με την Olivia. Ορκίστηκα ότι έχω δει όνειρα που μου έδειχναν σε καταπράσινες τροπικές περιοχές πανομοιότυπες με περιοχές που επισκέφτηκα στην Ταϊλάνδη. Κάτι με παρακολουθούσε, κάποιος πολύ παρόμοιος στην εμφάνιση με ένα από τα κορίτσια της ταξιδιωτικής μου ομάδας. Τουλάχιστον εν παρόδω...

23 ΑΠΡΙΛΙΟΥ 2017:

Έχει περάσει σχεδόν ένας μήνας από την επιστροφή μου από την Ταϊλάνδη και υπήρξαν κάποιες αξιοσημείωτες εξελίξεις. Στους κοινωνικούς μου κύκλους, η -λογοκριμένη- φαίνεται επίσης να έχει σταματήσει την επικοινωνία αφού έμαθε για την εγγραφή μου σε μάθημα ιδιωτικής έρευνας. Παρά το γεγονός ότι είναι φίλος, μερικές φορές δείχνει φθόνο καθώς προοδεύω στη ζωή. Αναγνωρίζει τη στρατηγική μου προσέγγιση, αλλά οι ενέργειές του υποδηλώνουν κάποια υποβόσκουσα δυσαρέσκεια, προσωπικές συζητήσεις για το τι συνέβαινε στη ζωή του, ωστόσο... δείχνουν ότι ήμουν τυφλός σε αυτό που πέρασε.

Προχωρώντας, σκοπεύω να απευθυνθώ στο -λογοκριμένο- αυτή την εβδομάδα για να αποκτήσω το -λογοκριμένο-. Έδειξαν ενδιαφέρον για το ταξίδι στη Σκωτία και την Ιρλανδία, ιδιαίτερα -λογοκριμένα-, που έδειχναν γοητευμένοι από τις ιστορίες των καλικάτζαρων και των νεράιδων. Η εμπειρία μου στην έρευνα παραφυσικών μπορεί να της κεντρίσει το ενδιαφέρον.

Σε οικογενειακά ζητήματα, ξέσπασε μια διαφωνία μεταξύ της μητέρας μου και εμένα όταν μοιράστηκα την ειλικρινή μου άποψη για τη συνοδεία -λογοκριμένη- στη σχολική της παράσταση, την οποία βρήκα αθώα. -λογοκριμένη- δεν της επέτρεψαν να εμφανιστεί κατά τη διάρκεια του σχολείου λόγω ξαφνικής πτώσης στους βαθμούς της και πίστευα ότι έπρεπε να είχε αποκλειστεί εντελώς. Περαιτέρω συζήτηση αποκάλυψε την επιθετική συμπεριφορά της προς άλλους μαθητές, την οποία η μητέρα μου απορρίπτει, πιθανότατα επειδή υποστηρίζει τη φαινομενική «εχθρότητα» μου.

Στην επιδίωξή μου για την καταπολέμηση του εγκλήματος, έχω κάνει αίτηση στους -λογοκριμένους- για να επικυρώσω περαιτέρω τις ερευνητικές μου ικανότητες και να προωθήσω την επιχείρησή μου. Η αίτησή μου εκκρεμεί και μόλις γίνει αποδεκτή, το πρόγραμμα θα χρειαστεί 3 έως 6 μήνες για να ολοκληρωθεί. Σκοπεύω να χρηματοδοτήσω τις σπουδές μου ανεξάρτητα, επιθυμώντας να ασχοληθώ με υλικό που θα είναι πρακτικής χρήσης.

Όσον αφορά τις τέχνες, σκέφτομαι μια στρατηγική για να αυξήσω τις πωλήσεις μουσικής. Ο διανομέας μου εισήγαγε πρόσφατα μια λειτουργία αδειοδότησης, η οποία επιτρέπει τη νόμιμη διανομή διασκευών τραγουδιών. Το σχέδιό μου είναι να πλέξω άσχετα τραγούδια σε μια αφήγηση, ξεκινώντας με το "Desperado" των Eagles, το "Hurt" των Nine Inch Nails και το "I Don't Want To Miss A Thing" του Aerosmith, δημιουργώντας μια ιστορία ενός παράνομου που πιάστηκε σε έναν αδυσώπητο κύκλο αγάπης και απώλειας.

Το επερχόμενο βιβλίο μου, «The Ones Who Walk All Worlds: Lover's Cry Part 2», παίρνει σάρκα και οστά αφού ξεπέρασα μια σοβαρή περίπτωση αποκλεισμού του συγγραφέα. Αυτήν τη στιγμή επικεντρώνεται στην προοπτική του ερωτικού ενδιαφέροντος από το "A Giant's Curse" και είμαι περίεργος να δω πώς θα εξελιχθεί η ιστορία.

3 ΜΑΪΟΥ 2017:
Έγινα δεκτός σε ένα πρόγραμμα που πρόκειται να ενισχύσει την επιχείρησή μου και ενδεχομένως να διαμορφώσει την καριέρα μου. Είναι ενδιαφέρον ότι οι δραστηριότητες επιβολής του νόμου μου συγκεντρώνουν λιγότερο σκεπτικισμό του κοινού, ίσως λόγω της παρουσίας μου. Το πρόγραμμα έχει ήδη αποδειχθεί ευεργετικό, προσφέροντας πόρους για νέο εξοπλισμό και τεχνικές έρευνας. Είμαι σίγουρος για την επιλογή μου. Μου επιτρέπει να αυτοχρηματοδοτώ την εκπαίδευσή μου, να μαθαίνω θέματα που με συναρπάζουν εκτός του τυπικού προγράμματος σπουδών και να αξιοποιώ τις έμφυτες δεξιότητές μου. Με την αύξηση της απιστίας, των εγκλημάτων ναρκωτικών και της γενικής ανοησίας, θα μπορούσα κάλλιστα να ιδρύσω την επιχείρησή μου τοπικά.

Αυτό το μονοπάτι, ωστόσο, παρουσιάζει τις δικές του προκλήσεις, αλλά πιστεύω ότι έχω κάποιες λύσεις. Όπως όλες οι προσπάθειές μου, πρέπει να προσεγγίσω κάθε βήμα ως στρατηγικό κίνδυνο, σχεδιάζοντας όσο το δυνατόν περισσότερα απρόοπτα.

Η προτεραιότητα στη συντήρηση του αυτοκινήτου είναι το κλειδί για μένα αυτή τη στιγμή για να παρατείνω τη διάρκεια ζωής του. Φαίνεται ότι το αυτοκίνητο χρειάζεται μικρές επιδιορθώσεις, όπως μια ευθυγράμμιση και μια αντικατάσταση ρουλεμάν πλήμνης, οι οποίες είναι διαχειρίσιμες για ένα άτομο με γνώσεις αυτοκινήτου, σε αντίθεση με εμένα. Από τη θετική πλευρά, ένας σημαντικός μισθός από την καθημερινή μου εργασία, συμπεριλαμβανομένων των υπερωριών, είναι καθ' οδόν για να καλύψει αυτά τα έξοδα. Έχω επίσης διακόψει τις αυτόματες πληρωμές για το ταξίδι μου στη Σκωτία και την Ιρλανδία για να ελευθερώσω κάποια χρήματα.

Σε μια άλλη σημείωση, ο έρανος για τα μπλουζάκια μου για τα χρήματα των σπόρων δεν ήταν επιτυχής, οπότε το σκέφτομαι τώρα αποκλειστικά για φιλανθρωπικό σκοπό. Ωστόσο, ανακάλυψα τη χρηματιστηριακή χρηματοδότηση ως πιθανή πηγή χρηματοδότησης. Εξερευνώ μια πλατφόρμα που επιτρέπει την επένδυση σε μετοχές με οποιοδήποτε προϋπολογισμό. Σκοπεύω να διατηρήσω την καθημερινή μου εργασία για οικονομική ασφάλεια ενώ πλοηγούμαι σε αυτό το νέο εγχείρημα. Έχω ήδη επενδύσει σε ένα κινηματογραφικό στούντιο που ονομάζεται -λογοκριμένο- του οποίου η πρόσφατη ταινία λογοκρίθηκε- έτυχε καλής αποδοχής. Αν και δεν εμφανίζεται στο Αϊντάχο, περιμένω την κυκλοφορία του σε DVD και σκέφτομαι να αυξήσω την επένδυσή μου καθώς το στούντιο κερδίζει μεγαλύτερη αναγνώριση.

Σε κάθε περίπτωση, τα πράγματα πρόκειται να γίνουν ενδιαφέροντα.

Ως έχει, θα πρέπει να προσαρμόσω ανάλογα τα διάφορα έργα μου:

IN Music - Προς το παρόν κρατάω τα σχέδια των διασκευών. Θα μπορούσα να σκεφτώ να κάνω ένα μόνο τραγούδι που θα συνοδεύει μελλοντικές κυκλοφορίες βιβλίων ως θεματικό στοιχείο, αλλά αυτό απαιτεί περαιτέρω εξερεύνηση.

ΕΠΊΣΗΜΑ ΕΝΉΛΙΚΟΣ – | 103 |

IN Books - στοχεύω να καθιερώσω ένανέα καθημερινή ρουτίνα που περιλαμβάνει τουλάχιστον 30 λεπτά έως μία ώρα γραφής για να καλύψει τις αυξανόμενες απαιτήσεις. Σκοπεύω να σταματήσω τη δουλειά στο "The Ones Who Walk All Worlds" μετά την κυκλοφορία του "Lover's Cry Part 2", για να εξερευνήσω άλλα είδη. Αν και άρχισα να σχεδιάζω έναν τίτλο για αυτό το περιοδικό χθες το βράδυ, φαίνεται ότι αυτή η εργασία θα πρέπει να αναβληθεί.

IN Movies/Television - Αποφάσισα να παραμείνω εκτός κάμερας προς το παρόν. Ψάχνω να εμβαθύνω σε έναν ερευνητικό ρόλο, ο οποίος πιστεύω ότι θα δώσει άφθονο φρέσκο υλικό για τη συγγραφή σεναρίου. Είμαι ανοιχτός στο να κάνω κάποιες εμφανίσεις αν παρουσιαστούν ευκαιρίες, αλλά προς το παρόν, θα συνεχίσω με τη συνήθη προσέγγισή μου.

IN Gaming - Προσπάθησα να ανοίξω ένα κανάλι παιχνιδιών στο YouTube, αλλά αποφάσισα να εγκαταλείψω αυτήν την προσπάθεια και να συνεχίσω να παίζω αποκλειστικά ως ανακούφιση από το άγχος. Το να κρατάω τα αγαπημένα μου από την παιδική μου ηλικία θα σας βοηθήσει να διατηρήσω ένα καθαρό μυαλό.

IN Travel - Δεν υπάρχουν προγραμματισμένες αλλαγές εδώ, εκτός εάν προκύψει μεγάλη σύγκρουση. Οι εμπειρίες είναι πολύ εμπλουτιστικές για να τα παρατήσω και η ταξιδιωτική εταιρεία που χρησιμοποιώ προσφέρει συνεχώς συναρπαστικές περιπέτειες. Το επερχόμενο ταξίδι στη Σκωτία και την Ιρλανδία θα είναι πιθανότατα το τελευταίο μου με την ομάδα του γυμνασίου. Η τουριστική εταιρεία προσφέρει διάφορα προγράμματα προσαρμοσμένα σε διαφορετικές ηλικιακές ομάδες και μετά το επόμενο ευρωπαϊκό ταξίδι μου, σκέφτομαι να συμμετάσχω στην περιοδεία "College Break", σχεδιασμένη για παιδιά 18-28 ετών. Ενώ μου αρέσει να συντροφεύομαι με το νεότερο πλήθος, είναι καιρός να ταξιδέψω με συνομηλίκους πιο κοντά στην ηλικία μου.

Μάιος – Ιούνιος 2017

Με καταδιώκουν στη δουλειά, τα λάστιχα έχουν κοπεί δύο φορές. Και όλα αυτά επειδή είπα σε έναν άντρα που πίστευα ότι ήταν φίλος και ένα μωρό στο οποίο ήταν έγκυος η αρραβωνιαστικιά του δεν ήταν το παιδί του. Δεν χρειάστηκε πολύ για να καταλάβω ότι εμπλέκεται, ο γαμημένος ηλίθιος χρειάζεται να χτυπήσει το κεφάλι του για το πόσο ανόητο συμπεριφέρεται, αλλά δεν σκέφτεται ακριβώς με το κεφάλι στους ώμους του.

12 ΜΑΪΟΥ 2017:

Ένας βωμολόχος που παρακολουθούσα τους τελευταίους μήνες διέπραξε βανδαλισμό σήμερα και εγώ ήμουν ο στόχος. Καθώς δούλευα στην καθημερινή μου δουλειά, έλαβα ένα τηλεφώνημα από τη μητέρα μου που έλεγε ότι ΟΛΑ τα ελαστικά μου είχαν σκάσει και έπρεπε να βγω έξω αμέσως. Μπόρεσα να δω καθαρά τις πληγές εισόδου σε όλα τα ελαστικά, αλλά ένα άλλο πράγμα τράβηξε την προσοχή μου. ένα γνώριμο πρόσωπο με παρακολουθούσε από ένα φορτηγό. Ο φίλος του υπόπτου, ένας παλιός μου φίλος από το Γυμνάσιο, οδηγεί ένα παλαιότερο μοντέλο κόκκινο φορτηγό με μια μεγάλη αμερικανική σημαία να προεξέχει από το κρεβάτι του... ο ύποπτος με παρακολουθούσε από ένα όχημα με την ίδια περιγραφή. Θα ταλαιπωρήσω το διευθυντικό προσωπικό στην καθημερινή μου δουλειά μέχρι να με αφήσουν να δω τις κασέτες, για να μπορέσω να επιβεβαιώσω τις υποψίες μου. Η γυναίκα πιθανότατα πιστεύει ότι θα τα βγάλει πέρα αφού πρόκειται να δηλώσει ένοχη τη Δευτέρα.

Ιησού, ο φίλος μου είναι αξιολύπητος βλάκας που θέλει να μείνει με αυτήν την γκόμενα.

Κίνητρα για τις ενέργειες που πιθανόν να προκύπτουν από το ότι έπεσα στη φίλη μου σχετικά με υποτιθέμενες ειδήσεις εγκυμοσύνης. Η φίλη μου έχει παραδεχτεί ότι έχει απατήσει σε πολλές περιπτώσεις, αγόρασε ναρκωτικά από έναν άλλο ύποπτο που παρακολουθούσα και την έπιασα να εισβάλλει στο φορτηγό του φίλου μου την τελευταία φορά που ήταν μαζί. Πρέπει να σημειωθεί ότι ο φίλος μου είναι επίσης αυτοκτονικός, και την τελευταία φορά που αυτοί οι δύο το έσπασαν, σκοτείνιασε πολύ. Αλλά υπό το φως των πρόσφατων γεγονότων, τον έχω ταξινομήσει ως «Στάδιο 2- SI», SI που σημαίνει «ηλίθιος ηλίθιος».

Οι ξένοι δεν αντιλαμβάνονται καθόλου ότι έχω την τάση να βάζω τους στόχους μου για να επιτεθώ, προκειμένου να έχω αρκετούς μάρτυρες για να απορρίψουν οποιαδήποτε εικασία αθωότητας, και για άλλη μια φορά το σύστημα λειτούργησε. Απλώς πρέπει να συνδέσω τα στοιχεία μαζί.

17 ΜΑΪΟΥ 2017:

Την Ημέρα της Μητέρας, τα ελαστικά μου κόπηκαν ξανά, προωθώντας τελικά την έρευνα, καθώς ήταν εύκολο να διαπιστωθεί ότι επρόκειτο για στοχευμένη επίθεση. Μπόρεσα να εντοπίσω τουλάχιστον 3 πιθανούς υπόπτους να καταδιώκουν την περιοχή καθώς έφευγα από τη δουλειά μου και έδωσα τις πληροφορίες στον αστυνομικό που ανέλαβε την υπόθεση.

Κατάφερα επίσης να αποκαλύψω ότι το τμήμα ελαστικών που δούλευε στο αυτοκίνητό μου είχε μερικά άλλα παρόμοια περιστατικά που έλαβαν χώρα τις τελευταίες δύο εβδομάδες. Καθώς μιλούσα με τον αξιωματικό χθες, το ανέφερα για να δω αν γνώριζε τα εν λόγω περιστατικά, αλλά δεν προέκυψε κανένα. Εάν το περιστατικό μου συνδέεται όντως, ίσως χρειαστεί να το προσεγγίσω από μια νέα οπτική γωνία.

Στο σπίτι η αδερφή μου -λογοκριμένη- επέστρεψε σπίτι με μια ενδιαφέρουσα πρόσκληση από το σχολείο της. Ένας από τους δασκάλους της οργανώνει ένα ταξίδι καλοκαιρινών διακοπών για το 2019. περνώντας από το Παρίσι, τη Νίκαια, τη Φλωρεντία, την Πίζα και τη Ρώμη. Το ταξίδι οργανώνεται μέσω της εταιρείας από τα τελευταία μου ταξίδια, οπότε ξέρω ήδη ότι θα ήταν σε καλά χέρια. Η μητέρα μου έχει μια προϋπόθεση ότι θα χρειαζόταν έναν συνοδό μαζί της για να την παρακολουθεί. Όπως ήταν φυσικό, -λογοκριμένη- έγειρε στο να με βάλει μαζί της. Είναι στην ηλικία που δεν θέλει κανέναν συγγενή μαζί της, αλλά το να έχει μαζί της τον αδερφό της που είναι στην περιοχή και λιγότερο πιθανό να την πιέζει όλη την ώρα και να την αφήνει να διασκεδάσει είναι εύκολα η πιο ανεκτή επιλογή. Υπάρχει μια συνάντηση την επόμενη Τετάρτη που μπορεί να προσπαθήσω να την κρύψω κι εγώ για να μπορέσει να δράσεισυνήθως παίρνει τις πληροφορίες από κάποιον που τουλάχιστοτοτον (προσποιείται ότι) δίνει προσοχή.

Η μητέρα μου προσπάθησε να της απαγορεύσει να πάει, αλλά ένα μέρος του εαυτού μου αναρωτιόταν αν το να πάω σε ένα από αυτά τα εξωτικά ταξίδια θα έκανε καλό στην αδερφή μου για να τα καταφέρει. Την πήρα ενάντια στις επιθυμίες της μητέρας μου, με μόνη προϋπόθεση να κρατά μακριά από μπελάδες. Ένα περιστατικό και έγινε για.

Μια διδακτική στιγμή; Ίσως, αν η αδερφή μου δεν είχε πιαστεί ξανά να εκμεταλλεύεται τον εαυτό της στα αγόρια της τάξης της. Μάλλον λειτούργησε για το καλύτερο... καθώς έμαθα ότι η κυρία HR στη δουλειά μου πηγαίνει σε αυτό το ταξίδι κάθε χρόνο.

18 ΜΑΪΟΥ 2017:

Η διοίκηση τελικά μου αποκάλυψε φωτογραφίες παρακολούθησης, απαθανατίζοντας τον άνθρωπο που μου έκοψε τα λάστιχα. Μπορούσα απλώς να ξεχωρίσω τον ένοχο: έναν άνδρα από τις αρχές έως τα 40 του με βλέμμα skater/συμμορίας, αρκετά ανόητος για να ψωνίσει αμέσως μετά την πρώτη του παράβαση. Αυτό αλλάζει κάπως τη στρατηγική της υπόθεσης, αλλά η άμεση ενέργειά μου ήταν να ζητήσω συγγνώμη από τον φίλο μου για την αρχική μου αντίδραση, αν και όχι για τα λόγια μου. Είναι ενδιαφέρον ότι ο ύποπτος εμφανίστηκε ξανά σήμερα, παρέχοντας την ευκαιρία να αποκαλύψει την ταυτότητά του, και ο φίλος μου ήταν προφανές στο γεγονός ότι τον παρακολούθησα να κάνει σήμα στον ύποπτο να φύγει.

Η υπόθεση ξετυλίγεται.

21 ΜΑΪΟΥ 2017:

Το άτομο που με έχει βάλει στο στόχαστρο δεν έχει κάνει ακόμη άλλη εμφάνιση, που είναι ίσως το μόνο έξυπνο πράγμα που έχει κάνει. Θα συνεχίσω να περιμένω την ευκαιρία να βγάλω μια φωτογραφία του, με άλλα επίμαχα θέματα. Όμως, θα πρέπει να γίνει μια ενδιαφέρουσα σημείωση σε περίπτωση που μετατραπεί σε κάτι. Ένας άνδρας γύρω στα 20 του μεταφέρθηκε με ασθενοφόρο στο νοσοκομείο για μια σειρά από τραύματα από μαχαίρι, δεν αναφέρθηκαν πολλά άλλα. Θα μπορούσε να είναι άσχετο, αλλά θα μπορούσε να σημαίνει ότι έγινε αντιπαράθεση μεταξύ της ομάδας των υπόπτων. Αυτός που ξεκίνησε αυτή την αλυσίδα γεγονότων δεν εμφανίστηκε στη δουλειά σήμερα, όταν χθες φαινόταν μια χαρά. Θα πρέπει να συνεχίσω να παρακολουθώ την κατάσταση.

Ανεξάρτητα από το πώς θα εξελιχθεί, πρέπει να συνεχίσω.

24 ΜΑΪΟΥ 2017:

Έκανα κάποια επιτήρηση στην καθημερινή μου δουλειά για να ελπίζω να εντοπίσω τον ύποπτο που μου έκοψε τα λάστιχα, αλλά δεν μπόρεσε να τον εντοπίσει. Φαίνεται ότι ο «φίλος» μου διέδωσε την είδηση ότι έψαχνα για ένα όπλο και ότι ο ύποπτος πιάστηκε στην κάμερα. Αυτό μόνο του τα δείχνει όλα ακόμα περισσότερο. Το διευθυντικό προσωπικό έδειξε τη φωτογραφία στον θείο μου, ωστόσο, και πρέπει να σημειωθεί ότι η εξαπάτηση είναι στον αέρα. Φαίνεται ότι ο «φίλος» μου είπε ψέματα για την ταυτότητα του υπόπτου. Δεν μπορώ να πω με βεβαιότητα ακόμα, αλλά είναι μια ενδιαφέρουσα εξέλιξη.

Όσον αφορά το όπλο, κοιτάζω ένα πιστόλι ΕΑΑ Witness 9mm ως πλευρικό όπλο. Βρήκα ένα σε καλή τιμή και θα μιλήσω με έναν παλιό φίλο σε ένα τοπικό ενεχυροδανειστήριο για να δω αν μπορούν να βοηθήσουν με τις ρυθμίσεις. Οι άνθρωποι θα πρέπει πραγματικά να σταματήσουν να υποτιμούν πόσο μακριά θα φτάσω για να σταθώ στη θέση μου ή οι άνθρωποι που θα με σταματήσουν μόνο για να βεβαιωθούν ότι χρησιμοποιώ τα σωστά εργαλεία για να ολοκληρώσω τη δουλειά.

Αν πρόκειται να κάνεις κάτι, μπορεί να είσαι έξυπνος γι' αυτό.

25 ΜΑΪΟΥ 2017:

Πρόσφατα άρπαξα ένα αντίγραφο του "LOGAN" μετά την κυκλοφορία του στο σπίτι. Ως λάτρης της κινηματογραφικής βιομηχανίας, αναγνωρίζω την εξαιρετική παραγωγή του, ωστόσο προκαλεί μοναδικές σκέψεις μέσα μου, ειδικά μετά το περιστατικό με τα ελαστικά.

Συνεχίζοντας αυτό το μονοπάτι, αισθάνομαι υποχρεωμένος να ενσαρκώσω τον Wolverine – όχι μόνο τον μοναχικό που έχει πληγεί από τη μάχη, αλλά το τρομερό όπλο. Είμαι ήδη το άτομο που νοιάζεται βαθιά, ίσως πάρα πολύ. Τώρα είναι θέμα όλων ή τίποτα. Χρειάζεται να εμβαθύνω στη μάθηση — να κατέχω πυροβόλα όπλα, λεπίδες, αυτοάμυνα, πολεμικές τέχνες και προηγμένα όπλα. Πρέπει να γίνω πιο δυνατός, πιο γρήγορος, πιο σοφός. Πρέπει να αντιμετωπίσω τους εσωτερικούς μου δαίμονες και να προετοιμαστώ για μάχη. Το Wolverine είναι μέρος της ταυτότητάς μου, ενσωματωμένο στην επωνυμία μου, αλλά στοχεύω να εξελιχθώ σε μια άνευ προηγουμένου δύναμη. Πρέπει να απορροφήσω τη σοφία από τους μεγαλύτερους.

31 ΟΚΤΩΒΡΙΟΥ 2017:

Οι φήμες για μια σατανική λατρεία στην περιοχή που συμμετείχε σε θυσίες ζώων άρχισαν να επανέρχονται στην επιφάνεια, πιθανώς λόγω του γεγονότος ότι είναι Απόκριες. Πιστεύω ότι υπάρχει κάτι στις φήμες, αλλά όσον αφορά την εύρεση ενός απτού νήματος για να αντιμετωπίσουμε την απειλή, αυτό έχει αποδειχθεί δύσκολο.

11 ΝΟΕΜΒΡΙΟΥ 2017:

Επικοινώνησα με έναν παλιό φίλο, ο οποίος με παρακάλεσε να συμμετάσχω σε ένα κυνήγι από τότε που τον γνώρισα πριν από περίπου 5 χρόνια για να συζητήσω τις λεπτομέρειες της έρευνας για το ταξίδι στο χρόνο για να δω αν θα μπορούσε να αποδείξει άλλες ιδέες για να βελτιώσει καλύτερα τις ήδη μικρές πιθανότητες να κάνει πραγματικά ένα τέτοιο κόλπο. Δεν παρείχε πολλά στοιχεία για αυτό το θέμα, αλλά ανέφερε μια άλλη κατάσταση με την οποία αντιμετώπιζε ότι θα μπορούσα να παράσχω βοήθεια. Πίστευε ότι τον καταδίωκε μια οντότητα γνωστή ως «Hat Man». Μαρτυρίες αυτοπτών μαρτύρων, συμπεριλαμβανομένης και της δικής μου, τον περιγράφουν ως ένα άτομο σκιά που φαίνεται να φοράει καμπαρντίνα και καπέλο που μοιάζει με Fedora. Άλλα περιλαμβάνουν λεπτομέρειες από λαμπερά κόκκινα μάτια, ένα κοστούμι, έναν χαρτοφύλακα, ακόμη και ένα μπαστούνι.

Πολλοί άνθρωποι πιστεύουν ότι ο «Άνθρωπος με καπέλο», είναι ένας φέρνοντας ατυχία... ότι του αρέσει να προκαλεί χάος. Η αλήθεια είναι ότι απλά μπορεί να αισθανθεί πότε κάποιος βρίσκεται κάτω από έντονο συναισθηματικό στρες, και likes να ταράξει λίγο τα πράγματα. Έχω λόγους να πιστεύω ότι ο «Hat Man», ήταν κάποτε άνθρωπος, αλλά ήταν πολύ μαλάκας. Ήμουν μαζί του τα πρώτα μου χρόνια, ακριβώς την εποχή που αντιμετώπιζα τις πράξεις του πατέρα μου. Μέσω αυτής της συνάντησης μπόρεσα να καταλάβω πώς να τον ξεφορτωθώ, κάτι που του διαβίβασα τις συμβουλές. Απλώς πες στον τύπο να τσαντιστεί.

Οι ακριβείς λεπτομέρειες είναι πολύ πιο δύσκολες, αλλά είναι η βασική ιδέα. Ο «Hat Man», είναι ένας υπερφυσικός νταής, οπότε το να του πεις να ξεκολλήσει είναι μέρος αυτού, αλλά υπάρχουν ολόκληρες διαδικασίες για την πλήρη εξάλειψη υπερφυσικών απειλών όπως αυτή. Μπορεί να συμπεριλάβω κάτι σαν μια «παραφυσική εγκυκλοπαίδεια» στην «Πρωτοβουλία Αρχείων Φράντσεν» όταν τελικά καταφέρω να τη γράψω (ίσως ένα είδος επιτομής, μάλλον...)

7

Να γίνεις ο ειδικός του παράξενου

24 ΝΟΕΜΒΡΙΟΥ 2017:

Υπολείμματα -λογοκριμένα- που βρέθηκαν πριν από 3 εβδομάδες Ταυτοποιημένα, η διαρροή δεν έχει δημοσιοποιηθεί -λογοκριθεί-. Αποδεικνύεται ότι ανήκει σε μια υπόθεση αγνοουμένων 2 ετών από μια κοντινή κομητεία. Γυναίκα, στις αρχές της δεκαετίας του '20, μπορεί να υπάρχουν διαθέσιμα χρήματα ανταμοιβής, μπορεί να χρειαστεί να βοηθήσω να το ψάξω κάτω από τις περιστάσεις.

25 ΝΟΕΜΒΡΙΟΥ 2017:

Επίσημα για τη διερεύνηση των -λογοκριμένων- εντοπισμένων βασικών λεπτομερειών για τα γεγονότα που οδήγησαν στον θάνατό της, πρώτη προτεραιότητα είναι να βρεθεί η υπόλοιπη.

Δεν μπορώ να διώξω την ιδέα του -λογοκριμένου- από το μυαλό μου, οπότε παίρνω επίσημα την υπόθεση. Έκανα ένα μικρό ιστορικό για το θύμα και μπόρεσα να βρω ένα χρονοδιάγραμμα των γεγονότων που οδήγησαν στην αρχική έρευνα. Φαίνεται ότι δύο ύποπτοι βρίσκονται ήδη στη σειρά. Ο ένας ήταν ένας πρώην φίλος που απέκτησε το μωρό της κυρίας που δεν έζησε πριν από ένα μήνα και ο άλλος ήταν ένας νέος αρραβωνιαστικός που σήμερα εκτίει ποινή για κατηγορίες ναρκωτικών και διαφυγή της αστυνομίας.

Σύμφωνα με δημοσιεύματα, προηγήθηκε καβγάς μεταξύ των δύο κυρίων επειδή ο πρώην προσπάθησε να την πείσει να μην μετακομίσει με νέο αρραβωνιαστικό. Περαιτέρω έρευνα που έχει ήδη γίνει αποκάλυψε ότι τα ρούχα του θύματος βρέθηκαν σε ένα σημείο σε -λογοκριμένα- Έχω μερικές ιδέες, αλλά τίποτα δεν μπορεί να αποδειχθεί χωρίς-λογοκρισία-

26 ΝΟΕΜΒΡΙΟΥ 2017:

Είχα μια πιθανή επικοινωνία με το θύμα μέσω ονειρικής όρασης, μοιάζει με το πνεύμα που προσπαθεί να έρθει σε επαφή από τότε που βρέθηκαν τα λείψανα, ο τύπος που τη σκότωσε ήδη στη φυλακή, πρέπει να βρει -λογοκριθεί-

28 ΝΟΕΜΒΡΙΟΥ 2017:

Κραυγάζω για λογοκρισία - μόλις και μετά βίας εμφανίζω τίποτα. Νιώθω ολοένα και πιο άσχημη αίσθηση ότι αυτό είναι κάτι περισσότερο από ένα ερωτικό τρίγωνο που έγινε μοιραίο.

2 ΔΕΚΕΜΒΡΙΟΥ 2017:

Υπήρξαν πυροβολισμοί λίγες στιγμές πριν μπω στο πάρκινγκ στο χώρο εργασίας μου. Η πολιτειακή αστυνομία είχε στήσει μια αποτυχία ναρκωτικών που είχε πάει στραβά, ελπίζοντας να προσθέσει περισσότερο φορτίο επειδή ο χώρος εργασίας μου ήταν απέναντι από ένα από τα τοπικά λύκεια. Ένας ύποπτος προσπάθησε να τρέξει στο κατάστημα για να κρυφτεί από την αστυνομία, χωρίς να συνειδητοποιήσει ότι το κατάστημα είχε αρχίσει να κλειδώνει τις πόρτες του τα μεσάνυχτα ως απάντηση στην κλοπή. Και οι δύο ύποπτοοοι συνελήφθησαν, ένας πυροβολήθηκε και τραυματίστηκε από την αστυνομία.

23 Δεκεμβρίου 2017:
Η θεία μου μοιράστηκε μια ηχογράφηση φωνής από μια ψυχική συνεδρία όπου ισχυρίστηκε ότι άκουγε τη φωνή του παππού μου. Ενδιαφερόμενος, διεξήγαγα τη δική μου ηχητική συνεδρία και έλαβα ένα μήνυμα που με προέτρεπε να σταματήσω να ενοχλώ τη θεία μου, θυμίζοντας τρομερά τη φωνή του αείμνηστου παππού μου.

Επιπλέον, εμφανίστηκε μια άλλη φωνή, που ισχυριζόταν ότι ήταν αυτή ενός κοριτσιού που είχε χαθεί, του οποίου το κρανίο ανακαλύφθηκε πρόσφατα. Εξέφρασε την επίγνωση της αναζήτησής μου για αυτήν και έδειξε ότι προσπαθούσε να με οδηγήσει.

27 Δεκεμβρίου 2017:
Αίτημα Hitman
Μια γυναίκα με την οποία μιλούσα σε έναν ιστότοπο γνωριμιών ανέφερε ότι ζούσε με κακοποιούς γονείς και ρωτούσε αν θα σκότωνα τους γονείς της για χάρη της. Προφανώς έκοψα τους δεσμούς μου τότε και εκεί. Ό,τι κι αν συνέβη μαζί της, ειλικρινά δεν έχω ιδέα... μάλλον για το καλύτερο που μένει έτσι. Σοβαρά, πόσο μπερδεμένος πρέπει να είσαι για να προσπαθήσεις να βάλεις κάποιον τυχαίο στο διαδίκτυο για να δολοφονήσει την

οικογένειά σου. Συζήτησα την κατάσταση με έναν από τους αστυνομικούς μου και μου είπαν ότι θα το εξετάσουν.

24 Ιανουαρίου 2018
Πειραματισμός αγγέλου σιγίλ.

Χρησιμοποιώντας σιγίλλια από το βιβλίο "Angelic Sigils, Keys & Calls by Benn Woodcroft" και παίρνοντας σχεδιαστικά στοιχεία από σιγίλλια επικοινωνίας από το The Keys of Solomon, σχεδίασα ένα σιγίλλιο προστασίας που ονόμασα "The Walls of Eden". Η δύναμη αυτού του πράγματος δεν θα φαινόταν πλήρως παρά χρόνια αργότερα.

19-28 Μαρτίου 2018
Γη → Σκωτία και Ιρλανδία Ταξίδι, Nessie και Crowley

Το τελευταίο μου ταξίδι με την ταξιδιωτική μου ομάδα ήταν μια περιοδεία στην Ιρλανδία και τη Σκωτία. Το αρχικό μου σχέδιο ήταν να μην πάω, ωστόσο γρήγορα άλλαξα γνώμη όταν έμαθα ότι η τελευταία στάση του ταξιδιού ήταν στο Loch Ness, μια τοποθεσία που πάντα ήθελα να επισκεφτώ με την ελπίδα να δω τη Nessie. Μέρος της προσοχής μου απομακρύνθηκε λόγω του ότι βρισκόμουν στη μέση ενός χωρισμού εκείνη την εποχή, αλλά συνολικά το ταξίδι ήταν εκπληκτικό.

Πριν από τη μέρα που βγήκαμε στο Λοχ Νες, επισκεφτήκαμε σημεία στην Ιρλανδία και τη Σκωτία, θυμάμαι σύντομες εικόνες που είδαν σκάφη στον ουρανό. Θα ήθελα επίσηςαπολαύστε απόψεις του τοπίου σαν να ήμουν στα προαναφερθέντα πλοία. Ένα τέτοιο παράδειγμα με πήραν πάνω από τα νερά του Λοχ Νες μέρες πριν η ομάδα μας κάνει το επίσημο ταξίδι και μου έδειξαν τις υψηλές συγκεντρώσεις χαλαζία στην περιοχή.

Όταν φτάσαμε στο Λοχ, τα μάτια μου δεν άφησαν ποτέ το νερό. Και προς έκπληξή μου ένα μεγάλο υδρόβιο έσπασε την επιφάνεια καθώς προσπαθούσε να αποφύγει ένα μαύρο ταχύπλοο. Έκανα ό,τι μπορούσα για να τραβήξω φωτογραφίες, με μόνο δύο να δείχνουν το μεγάλο αντικείμενο στο νερό αλλά τίποτα που να καθορίζει με σαφήνεια τι ήταν.

Ανέφεραν την όρασή μου στο Μητρώο του Λοχ Νες όταν επιστρέψαμε στο ξενοδοχείο και η ιστορία άρχισε να γίνεται λίγο viral καθώς ήμουν στο αεροπλάνο για το σπίτι. Έμαθα επίσης ότι μπορεί να είχα υπερφυσική βοήθεια από την προγιαγιά μου που πέρασε από τα βαθιά γεράματα περίπου μια ώρα πριν την άφιξή μου στο Λοχ Νες.

Οι ακόλουθες σελίδες θα εμφανίσουν κοντινές πιθανές φωτογραφίες της "Nessie". Ήταν ό,τι καλύτερο μπορούσα να πάρω υπό τις περιστάσεις, αλλά ανεξάρτητα από τον υπερφυσικό βοηθό ή το να μην πάρω κάτι με την πρώτη προσπάθεια, όταν οι άλλοι μπορούν να περάσουν δεκαετίες χωρίς τίποτα να δείξουν γι' αυτό, είναι εντυπωσιακό. Η δοκιμασία κατάφερε να τραβήξει την προσοχή των παραγωγών για ένα αφιερωμένο στο National Geographic με τίτλο «Drain the Oceans».

Ενώ ετοιμαζόμασταν να φύγουμε από το Λοχ Νες, είδαμε τη θέα του σπιτιού του Άλιστερ Κρόουλι, όπου ορκίστηκα ότι μπορούσα να δω μια φιγούρα με μανδύα να μας παρακολουθεί. Ελλείψει καλύτερης λέξης, η φιγούρα έμοιαζε με μανδύα μέλους του ΚΚΚ. Αν αυτό ήταν ο κύριος Κρόουλι... Θα με ενδιέφερε περισσότερο να το εξερευνήσω χωρίς παιδιά να κρέμονται γύρω μου.

Νοέμβριος - Δεκέμβριος 2018

Αφού ένα κανάλι στο YouTube που ονομάζεται -λογοκριμένο- (ένα που αφορά την οικογένεια της αγνοούμενης γυναίκας) αφηγείται μερικά περιστατικά που με αφορούν, ένας κύριος με επικοινώνησε με τον οποίο πίστευε ότι μπορεί να τον κυριεύει ένα μεγάλο ον που μοιάζει με δαιμόνιο σκυλί. τον έβαλε να συνάψει συμβόλαιο αίματος ενώ βρισκόταν σε ονειρική κατάσταση.

Αυτό που μου τράβηξε το ενδιαφέρον ήταν ο ισχυρισμός ότι όταν ξύπνησε από το όνειρο, ο πελάτης ισχυρίστηκε ότι το χέρι του είχε σκιστεί εντελώς σαν να έσπασε ένα παράθυρο. Ακόμη πιο ανησυχητικός ήταν ο ισχυρισμός ότι τα ζώα συμπεριφέρονταν παράξενα, σαν να τα τρόμαξε ένας κορυφαίος θηρευτής.

Οι ωθήσεις στο έντερο μου είπαν να πάρω αυτή την υπόθεση, κάτι ήταν γνήσιο. Περαιτέρω εξελίξεις προσδιόρισαν το ον ως Βαπούλα. Όλες οι μέθοδοι για να προσπαθήσουμε να αντιμετωπίσουμε την κατάσταση από απόσταση δεν λειτουργούσαν, αυτό το περιστατικό θα χρειαζόταν προσωπική συνεδρία. Πολύ γρήγορα κλιμακώθηκε σε βίαιο εξορκισμό που παραλίγο να γίνει αυθόρμητη καύση, το δέρμα του άνδρα άρχισε να βγάζει φουσκάλες σαν να ήταν εκτεθειμένο σε υπερβολική ζέστη. Τελικά το ον έσπασε τη σύνδεση, ξεφεύγοντας από το δωμάτιο ως σκοτεινή μάζα προτού ολοκληρωθούν οι κατάλληλες συνδέσεις. Προς το παρόν, το παιδί ήταν ασφαλές. Μέχρι σήμερα δεν είμαι σίγουρος τι παρέσυρε αυτό το πράγμα στο παιδί. Δεν υπήρχαν ενδείξεις χρήσης ναρκωτικών, κατάχρησης, αλκοόλ, τίποτα τέτοιο. Κυρίως αυτό ήταν ένα παιδί που είχε στρες για τις εξετάσεις στο κολέγιο.

Περίπου δύο εβδομάδες αργότερα, σε μια ονειρική κατάσταση, μου παρουσιάστηκε ένα όραμα να περπατάω σε κάτι που έμοιαζε με ένα εγκαταλελειμμένο στρατόπεδο εγκλεισμού με πολλά χρόνια υπερανάπτυξης. Καθώς περνούσα μέσα από αυτό, μπορούσα να ακούσω ένα ραδιόφωνο να παίζει κάτι σαν μουσική της δεκαετίας του '40. Βρήκα ένα δωμάτιο με το ραδιόφωνο στο πάτωμα και μπήκα μέσα. Αμέσως στάσιμος έσπασε τη μουσική και το αναγνώρισα ως κάτι που έκανε επαφή. Προς το πίσω μέρος του κεφαλιού μου ένιωσα μια άλλη μετάδοση που προσπαθούσε να διαπεράσει, προειδοποιώντας με ότι αυτό ήταν μια παγίδα. Όποιος ερχόταν από το ραδιόφωνο δεν φαινόταν να καταγράφει την προειδοποίηση καθώς συνέχιζε να προσπαθεί να με κοροϊδέψει. Απαίτησα το ον να ταυτιστεί ξανά, φέρνοντας το κλισέ «στο όνομα του Χριστού», γραμμή και αυτό το εξόργισε περισσότερο.

Το ον πετάχτηκε από το ραδιόφωνο, τυλίγοντας τα χέρια του γύρω από το λαιμό μου, γρυλίζοντας με σιγανή και τραχιά φωνή, «Είναι σκύλα Βαπούλα!» Το επόμενο πράγμα που ήξερα ότι είχα καρφωθεί στον τοίχο της κρεβατοκάμαράς μου από το λαιμό μου από μια μεγάλη μάζα σκιάς, και έσφιγγε πιο δυνατά. Αυτό δεν ήταν πια όνειρο...

Έπιασα το χέρι αυτού του πράγματος, προσπαθώντας να αφήσω τον εαυτό μου μερικές ακόμα ανάσες αέρα. Το «δέρμα» του έμοιαζε με δέρμα ψαρωμένου ζώου. Κατάφερα να μουρμουρίσω τα λόγια: «Μάικλ... βοήθεια... τώρα!» Μπορούσα να δω το πρόσωπο αυτού του πράγματος να κοιτάζει το ταβάνι με φόβο. Το επόμενο πράγμα που ήξερα ότι έβγαινε φως από τα μάτια και το στόμα μου, η Βαλπούλα μόλις έβγαλε αυτό το τεράστιο τσιρίγμα, παρόμοιο με ένα κοπάδι γουρουνιών που σφάζονται αμέσως. Έχασα γρήγορα τις αισθήσεις μου.

Το επόμενο πρωί ξύπνησα στο πάτωμα και πήγα να βγω έξω για να σκουπίσω τα σκουπίδια. Η γειτόνισσα μου με πλησίασε ρωτώντας τι στο καλό συνέβαινε γιατί κάτι στο σπίτι μου τρόμαζε τα σκυλιά της, ανέφερε μάλιστα ότι είδε το φως και άκουσε τις κραυγές ενός ζώου που σφαγιάζεται. Γνώριζε επίσης τις υπερφυσικές μου προσπάθειες, αστειευόμενος συχνά ότι έπρεπε να οδηγώ ένα Chevy του '67. Τότε παρατήρησα ότι ο λαιμός μου είχε ακόμα κόκκινα σημάδια που ανήκουν στο χέρι κάποιου, ή μάλλον κάτι, πολύ μεγαλύτερο από το μ.τον εαυτό σου. Στη θέα των σημαδιών, η γειτόνισσα μου κόντεψε να βγουν τα μάτια της από το κρανίο της. Απλώς το άφησα στο, "Καλύτερα να μην το ξέρεις. Ελπίζω για αυτό που ήταν, έγινε" και ασχολήθηκα με την επιχείρησή μου.

Τις επόμενες εβδομάδες η κουβέντα ήταν ήσυχη στα υπερφυσικά μήκη κύματος, πιθανώς να υπολογίσω ότι χρειαζόμουν χρόνο για να επεξεργαστώ αυτό που είχε συμβεί. Ώσπου να περάσει κάποιος, μια αντρική φωνή μου είπε ότι γρήγορα διαδόθηκε ότι τραυμάτισα βαριά τη Βαπούλα και υπήρχε ένας νέος φόβος για εμένα. Άγγελοι, τακτικά πνεύματα... ήξεραν τι ήμουν και μερικές φορές αντιμετώπιζαν φόβους καθώς η ιστορία εξαπλώθηκε. Προφανώς η «άλλη πλευρά» είναι γεμάτη κουτσομπολιά. Αν και φοβήθηκαν, ήξεραν ότι μπορούσα να με εμπιστευτώ. Όσο για κάθε «δαιμόνιο», θα φοβόντουσαν να πλησιάσουν.

Τι στο διάολο είμαι;

Δεκέμβριος 2019

Το Hunt for Infinite Earths ήταν σε εξέλιξη. Μια πειραματική διαδικασία για τη χρήση απλών μεθόδων κυνηγιού φαντασμάτων, λίγη μαγεία και έξυπνο σχεδιασμό για να έρθετε σε επαφή με όντα από άλλους κόσμους... πιθανώς ακόμη και «εναλλακτικές Γη». Ήξερα ότι δεν θα ήταν φρόνιμο να αφήσω απλώς μια ανοιχτή πρόσκληση, που απλώς προκαλεί υπερβολικό ρίσκο και η κατάσταση στην Κίνα ήδη σπέρνει αρκετή ατυχία για πιο σκοτεινά όντα να περιφέρονται πιο ελεύθερα. Περιμένω ότι αυτό μόνο θα κλιμακωθεί.

Όσον αφορά το πείραμα, μετά από προσεκτική έρευνα, διάλεξα τρεις δυνητικά βιώσιμους στόχους στους οποίους θα επικεντρωθώ. Ο καθορισμός της πρόθεσης σε αυτά τα άτομα θα βοηθούσε στην αποφυγή παρεμβολών. Ένα μέρος μου ένιωσε την ανάγκη να πάρει μια εξωτερική βοήθεια για να πάρει την απαραίτητη δύναμη για να φτάσει στον κόσμο. Ένα άμεσο ένστικτο ήταν να ερευνήσει τις παραδόσεις γύρω από τους αγγέλους, να καταλήξει στον Αρχάγγελο Μέτατρον για τις γνώσεις του για τα εγκόσμια γεγονότα. Φαίνεται ότι ο άγγελος με ένα «αληθινό πρόσωπο» στο μέγεθος της Γης θα είχε επίσης θέες σε εναλλακτικές διαστάσεις. Θα μάθαινα αργότερα ότι το Metatron μπορεί στην πραγματικότητα να είναι ένα είδος φυσικής συχνότητας σε ευθυγράμμιση με την Πηγή... μια απευθείας γραμμή προς όλες τις άλλες συχνότητες.

Όσο για τους στόχους μου, χρειαζόμουν αυτούς που είχαν κάποιο είδος επίσκεψης ή αλληλεπίδρασης με ΑΥΤΗ τη Γη... και είναι μια προηγουμένως τεκμηριωμένη περίπτωση. Διαφορετικά αυξάνει τις πιθανότητες διείσδυσης. Για αυτό το πείραμα διάλεξα τρία άτομα που θα ταίριαζαν υπέροχα, αν ήταν στην πραγματικότητα αληθινά.

Vrillon - Ένας ET που ισχυρίζεται ότι είναι συνδεδεμένος με τη Γαλαξιακή Διοίκηση του Ashtar που κατέλαβε κινούμενα σχέδια το πρωί του Σαββάτου το 1977 στο Ηνωμένο Βασίλειο. Έγινε μάρτυρας εκατοντάδων

Val Thor - Ένας Αφροδίτης που πέρασε πέντε χρόνια ζώντας στο Πεντάγωνο, πλήρωμα πέντε ατόμων, συμπεριλαμβανομένης της συζύγου Τζίλιαν

John -λογοκριμένος- - Ένας πιθανός χαρακτήρας κόμικ ζωντανεύει, οι συγγραφείς βασίζονται σε χαρακτήρες σε πραγματικά απόκρυφες πρακτικές και ορκίζονται μέχρι σήμερα ότι τον έχουν δει με σάρκα και οστά

Κάθε άτομο ερευνήθηκε προσεκτικά και επιλέχτηκε με βάση το γεγονός ότι οι ατομικές του υποθέσεις είχαν πολλούς αυτόπτες μάρτυρες, ακόμη και κάποια φυσικά στοιχεία αλληλεπίδρασης στον κόσμο μας. Αυτό το μέτρο από μόνο του μίλησε για αυξημένες πιθανότητες αλληλεπίδρασης. Χρησιμοποιώντας το Metatron ως υπερδιάστατο δορυφορικό πιάτο, αυτό θεωρητικά θα επέτρεπε ισχυρότερη και πιο σταθερή επικοινωνία. Ποιους άλλους κανόνες έπρεπε να λάβω υπόψη μου; Δύσκολο να το πω, όχι επειδή υπάρχει ένα μεγάλο εγχειρίδιο για αυτά τα πράγματα.

Αλλά εδώ είναι τα αντίστοιχα τα αποτελέσματα:

Αν με άκουγε ο Vrillon, άφησέ με να πάω στον τηλεφωνητή... να το πω έτσι. Έμαθα χρόνια αργότερα ότι η Γαλαξιακή Διοίκηση του Ashtar δεν αλληλεπιδρά με πολίτες, επομένως είναι πολύ πιθανό ότι καμία αλληλεπίδραση δεν έγινε επειδή ήμουν κάποιο τυχαίο άτομο.

Όταν επικοινωνήσαμε με τον Val Thor, οι επικοινωνίες φάνηκαν λίγο πιο ενεργές. Μερικές ηχητικές κασέτες διαγράφηκαν και ένα μικρό σφαιρικό σκάφος εμφανίστηκε ενώ επισκεπτόμουν το τοπικό αιολικό πάρκο με την οικογένειά μου, μερικές μετά από ηχητικές συνεδρίες που έγιναν μετά την ανακάλυψη των κατεστραμμένων αρχείων έδειξαν εχθρική ανταλλαγή, αλλά τα πράγματα διευθετήθηκαν γρήγορα

Το πιο περίεργο από όλα. Αχνές ηχητικές συνεδρίες, φωνές που ταιριάζουν με την περιγραφή του χαρακτήρα, αλλά μια μόνο ηχογράφηση που έμεινε μέσα από μια ανώμαλη πηγή στατικού άφησε ένα μήνυμα που έλεγε ξεκάθαρα σαν μέρα "Αν μπορείς να με ακούσεις, -λογοκριμένο- σε θέλει"

Προς μεγάλη μου έκπληξη, η -λογοκριμένη- ήταν η πιο επιτυχημένη επαφή και έχει εμφανιστεί σε μερικές άλλες περιπτώσεις, όταν μια υπόθεση στράφηκε νότια, προσφέροντας τις δεξιότητές του. Πλησίασα μερικούς από τους συγγραφείς που εμπλέκονται με τις πρωτότυπες ιστορίες και με συμβούλεψαν να προσέχω, καθώς ο -λογοκριμένος- δεν είναι άνθρωπος της εμπιστοσύνης και θα με ξεγελάσει τη στιγμή που θα τον ωφελήσει.

Μάρτιος - Απρίλιος 2020
Γη - Ηνωμένες Πολιτείες - Αϊντάχο → Βόρεια Καρολίνα

Καθώς άρχισαν να εφαρμόζονται τα lockdown για τον COVID στην πατρίδα μου, μου ζητήθηκε να εμφανιστώ σε μια παράσταση Paranormal Parody με τίτλο Conspiracy Cases. Ήταν κάτι λίγο διαφορετικό από τις συνηθισμένες μου κλήσεις, οπότε προχώρησα και έκανα την οδήγηση. Ήταν μόνο δύο ώρες μακριά και μου έδωσε την ευκαιρία να έχω ένα Σαββατοκύριακο μακριά. Τα γυρίσματα ήταν μόνο λίγες ώρες σε ένα παλιό καταφύγιο βομβών στο Boise και τις μέρες που είχα άδεια, δεν ήταν καλύτερη στιγμή για να το κάνω.

Επιπλέον, αυτό μου έδωσε την ευκαιρία να επισκεφτώ έναν τοπικό ζωολογικό κήπο, και πήγαινε πίσω στο Old Idaho State Pitentiary για να ξαναεπισκεφτώ όπου έμαθα ότι υπήρχε ζωή μετά τον θάνατο. Επειδή ήμουν μόνος μου το Σαββατοκύριακο, ήθελα μια ευκαιρία να πάω να επισκεφτώ κάποια μέρη στο Boise που συνήθως δεν είχα την ευκαιρία όταν ήμουν με την οικογένειά μου και οι γυναίκες ήθελαν απλώς να πάνε για ψώνια. Δεν με πειράζει ένα ταξίδι για ψώνια, αλλά υπάρχουν τόσα πολλά να κάνω!

Ενώ θεωρήθηκα «ουσιώδης εργαζόμενος» και μπορούσα να συνεχίσω να εργάζομαι στην πανδημία, αποφάσισα να αρχίσω να κάνω ντοκιμαντέρ από το σπίτι για να βελτιώσω τις δεξιότητές μου και ίσως να δοκιμάσω κάτι νέο. Το ότι είχα προσωπικό ενδιαφέρον από προηγούμενες συναντήσεις μου ήρθε στο προσκήνιο του μυαλού μου ως αιχμή στις αναφορές για την εμφάνισή του. Φιγούρες ότι ο κόσμος θα τρελαινόταν και θα εμφανιζόταν για να τα παρακολουθήσει όλα να εκτυλίσσονται.

Κατά τη διάρκεια της έρευνάς μου, μια ανάρτηση στο Reddit έκανε τις συγκρίσεις μεταξύ του -λογοκριμένου- με ένα ον από τη μυθολογία του Brenton γνωστό ως Ankou, το οποίο είναι ουσιαστικά ένας τύπος Grim Reaper. Όταν κατέβηκα αυτή την τρύπα του κουνελιού, μια από τις ιστορίες προέλευσης για τους Ankou ήταν ότι το ον δεν ήταν άλλο από τον πρωτότοκο γιο του Αδάμ και της Εύας. Κάιν, από τον Κάιν και τον Άβελ. Όταν το διάβασα αυτό, θα μπορούσα να ορκιστώ ότι άκουσα ένα μανιακό γέλιο.

Σχεδόν σαν κάτι βγαλμένο από ταινία, ήρθε ένα τηλεφώνημα σε μια «hotline» που είχα δημιουργήσει για λίγο ακριβώς καθώς επέστρεφα σπίτι περίπου στις 3 το πρωί. Ένας πατέρας από τη Βόρεια Καρολίνα τηλεφωνούσε μανιωδώς σε ομάδες με βάση τα παραφυσικά και εξορκιστές που αναζητούσαν βοήθεια σχετικά με ένα ον που εστίαζε την προσοχή του στον 3χρονο τότε γιο του άνδρα. Το δεύτερο που άκουσα στον τηλεφωνητή που είχε μείνει ότι εμπλέκεται ένα παιδί, κάλεσα αμέσως πίσω τον πατέρα.

Μια σχεδόν τετράωρη συνομιλία που περιγράφει λεπτομερώς σχεδόν όλα τα κλισέ (μυρωδιές, γρατσουνιές, φωνές, σκιές, ένα «νεκρό» δωμάτιο όπου η ζωή φαινόταν να εξαντλείται από όποιον έμπαινε. Το παλιό αγόρι είπε, "Άσε κάτω το γαμημένο τηλέφωνο αλλιώς θα σε σκοτώσω σκύλα."

Περιττό να πω ότι ήμουν απόλυτα πεπεισμένος ότι αυτό ήταν μια νόμιμη κλήση. Πήρα περισσότερες πληροφορίες από τον πατέρα. Διευκρίνισε ότι αυτό το ον προφανώς υπήρχε εδώ και λίγο καιρό, από τότε που ο πατέρας ήταν στην εφηβεία του και πρόσφερε μια θέση ως «στρατηγός κάποιου στρατού». Επειδή υπήρχε μια προφανής προσπάθεια εκ μέρους του όντος να δημιουργηθεί κάποιο είδος σχέσης, ρώτησα τον πατέρα αν είπε ποτέ το όνομά του.

Ο πατέρας, μη γνώστης των βιβλικών ονομάτων, δεν καταλάβαινε τη σημασία του ονόματος, αλλά το ήξερα καλά.

Το ον αυτοπροσδιορίστηκε ως Κάιν.

Φυσικά, το να τριγυρνάει ο πρώτος δολοφόνος στον κόσμο θα ήταν ανησυχητικό για οποιονδήποτε. Ηρέμησα τον πατέρα και του έστειλα λεπτομερείς οδηγίες να διακόψει τους δεσμούς με τον Κάιν καθώς τελείωνε την κίνηση. Μέχρι στιγμής, δεν έχουν αναφερθεί άλλα περιστατικά και η οικογένεια βρίσκεται σε ένα νέο σπίτι εδώ στο Αϊντάχο.

Μέσα στην ίδια εβδομάδα αυτής της αποκάλυψης, ένας επισκέπτης εμφανίστηκε στην κρεβατοκάμαρά μου ακριβώς καθώς επέστρεφα σπίτι από τη δουλειά. Η ώρα ήταν λίγο μετά τις 3 π.μ., ήμουν σχεδόν χτυπημένος και πήγαινα κατευθείαν για ύπνο. Καθώς μπήκα στην κρεβατοκάμαρά μου, είδα μια γυναίκα να βγαίνει από αυτό που έμοιαζε με μια πύλη που κλείνει. Απλώς το να αισθανθώ την ενέργεια που έβγαινε από μέσα της ήταν συντριπτική.

Δεν ήταν ότι ήταν κάτι αρνητικό, το αντίθετο μάλιστα, ήταν πολύ μητρική... η συχνότητά της έδειχνε ότι ήταν αρχαία. Αναγνώρισε τον εαυτό της ως Εύα, όπως στην Εύα από τον Κήπο της Εδέμ. Ένιωθε την ανάγκη να μου δείξει κάτι σε σχέση με τον Κάιν, κάτι που ένιωθε ότι θα με βοηθούσε να καταλάβω ποιον και τι αντιμετώπιζα.

Η Εύα έβαλε το χέρι της στον κρόταφο μου, δείχνοντάς μου αμέσως τον Κήπο της Εδέμ μέσα από τα μάτια της... Ο Κάιν δεν ήταν ο βιολογικός γιος του Αδάμ... Ο Αδάμ το ήξερε και ήταν ο πρώτος υβριστής πατριός... Ο Κάιν χειραγωγήθηκε για να σκοτώσει τον αδελφό του, συμπαρατάσσοντας με πιο σκοτεινές δυνάμεις... με ποιον ήταν εκείνος που συμπαρατάχθηκε;

Μου φαινόταν οικείος, σχεδόν πανομοιότυπος με τον «άνθρωπο δράκο» που είδα την ημέρα που με μαχαίρωσε η θετή μητέρα μου... ήταν τόσο καιρό πριν. Η Εύα φαινόταν να με ήξερε, να ξέρει για μένα, να ξέρει ότι ήμουν κάποιος που πιθανότατα θα μπορούσε να βοηθήσει να αλλάξει η παλίρροια... γιατί;

Γιατί, σύμφωνα με την ίδια, έμοιαζα πολύ με τον γιο της αλλά έγινα κάτι καλύτερο όπως ήλπιζε.

Νοέμβριος - Δεκέμβριος 2020

Κοντά στα Χριστούγεννα, η γιαγιά και η μητέρα μου προσπαθούσαν να σκεφτούν κάποιο σχέδιο για να απομακρύνουν τη μικρότερη ξαδέρφη μου, -λογοκριμένη- από τη μητέρα της. Υπήρξαν ανησυχητικές ενδείξεις για κάποια άσχημη κακοποίηση στο χέρι του τελευταίου αγοριού της θείας μου και φερόμενου πατέρα των δύο μικρότερων παιδιών της. Έμεναν σε -λογοκριμένα- τότε, περίπου τρεις ώρες με το αυτοκίνητο από την τοποθεσία μου. Οι επισκέψεις ήταν σπάνιες. Το μόνο που ήξερα με βεβαιότητα ήταν ότι τα παιδιά της θείας μου δεν έκαναν απόπειρες για τη ζωή τους πριν μπει ο «πατριός». Λοιπόν, μέσα σε 24 ώρες, -λογοκριμένος- πήρε τηλέφωνο τη γιαγιά μου και ζήτησε να έρθει να μείνει μαζί της γιατί την πέταξε η μητέρα της. σε ένα τρελοκομείο επειδή είπε ότι ο «πατριός» της την κακοποίησε και το είπε -λογοκριμένα-δεν μπορούσε να γυρίσει σπίτι.

Αυτό έγινε αφού -λογοκριμένο- είχε απευθυνθεί ΔΥΟ ΦΟΡΕΣ για να ζητήσει βοήθεια, επειδή η μητέρα της άφηνε αυτό το σκατά να την πληγώσει.

Μας λογοκρίνουν, ανακαλύπτουμε πόσα έχουν γίνει. -λογοκριμένη- επικοινώνησε δύο φορές πριν για να προσπαθήσει να μας πει για την κακοποίηση που την ώθησε στο σημείο που σκεφτόταν να αυτοκτονήσει, όλα τα μηνύματα προωθήθηκαν αμέσως στις αρχές. Βολικά με «απαγορεύτηκαν» από τη θεία μου λίγο μετά. Αλλά η έκταση όσων -λογοκριμένα- είχε αποκαλύψει ειλικρινά το έκανε, οπότε μάλλον ήταν για το καλύτερο που δεν ξαναείδα τη θεία μου.

-λογοκριμένη- αποφυλακίστηκε από το κέντρο ψυχικής υγείας για ένα διάλειμμα δύο εβδομάδων, το οποίο πέρασε στο σπίτι μου. Προφανώς προοριζόταν να είναι λίγο διακοπές για μακροχρόνια ασθενείς, ώστε να μπορούν να περνούν χρόνο με την οικογένεια και να μαζεύουν τα πράγματά τους. Η θεία μου δεν άφησε ούτε τον ξάδερφό μου να έχει τόσα πολλά. Όλο αυτό το χάος ήταν αποκαρδιωτικό να το βλέπεις.

Όταν έφυγε -λογοκριμένος-, ειλικρινά λυπήθηκα. Ήταν μια από τις ξαδέρφες μου με την οποία ήμουν πιο κοντά, και γνωρίζοντας ότι κάποιος άφησε σκόπιμα αυτό να συμβεί, θα είχε δημιουργηθεί αμφισβήτηση για οποιαδήποτε «εγκλήματα πάθους» για την άμυνα, αν έκανα κάτι. Χρειαζόμουν μια απόσπαση της προσοχής, κάτι για να ξεφύγω από το πόσο -λογοκριμένη- χρειαζόταν βοήθεια, αλλά δεν μπορούσα να κάνω τίποτα. Πήρα μια ειδοποίηση στο Twitter για μια διεθνή παραφυσική ομάδα, -λογοκριμένη- που αναζητούσε μέλη και κατάλαβα τι διάολο. Εγγράφτηκα, ανέβηκα γρήγορα στις βαθμίδες, μετά... καλά... Έγινα μάρτυρας μιας μάχης μεταξύ του κυριολεκτικού Παραδείσου και της Κόλασης.

8

Αυτό ήταν πόλεμος

Ιανουάριος 2021

Η προσπάθειά μου για ένα ντοκιμαντέρ, "Το κυνήγι της Ολίβια", συλλέχθηκε από μια νέα υπηρεσία ροής βασισμένη σε παραφυσικά, με πρόσθετο υλικό έρευνας. Η προσοχή μου στράφηκε σε αυτήν την πλατφόρμα ροής από έναν από τους πρώην επικεφαλής της "The Company" που με έβαλε να τον βοηθήσω να επεξεργαστώ μερικά ερευνητικά κλιπ για εκείνον. Η συνεργασία με αυτόν τον άνθρωπο οδήγησε σε κάποιες συγκρούσεις, και μη γνωρίζοντας ποιον να εμπιστευτώ πραγματικά σε αυτά τα θέματα, αποχώρησα και επιδίωξα τα δικά μου συμφέροντα. Ήταν μια έξυπνη κίνηση; Μάλλον όχι, δεν έχουν γίνει πολλά από αυτό, αλλά είναι ακόμα καλό να βγεις έξω και να πειραματιστείς.

14-15 Φεβρουαρίου 2021

Επισκεπτόμουν έναν φίλο στο Coeur d'Alene για το Σαββατοκύριακο του Αγίου Βαλεντίνου. Για -λογοκριμένο- κατάφερα να αποκτήσω πρόσβαση σε αξιοπρεπές wifi, ώστε να μπορώ να παρακολουθώ ζωντανές ροές που κάναμε για να προωθήσουμε την εταιρεία. Θα μιλούσαμε για ενημερώσεις εταιρειών, περιπτώσεις έρευνας, διάφορες μορφές φαινομένων κ.λπ...

Συνέχιζα την έρευνά μου για το -λογοκριμένο- ντοκιμαντέρ. -λογοκριθεί- είχε διεθνή βάση και συγκέντρωσε αναφορές από όλο τον κόσμο. Προφανώς είχε προκύψει μια -λογοκριμένη- υπόθεση που ώθησε μια εταιρεία να διαθέσει πόρους σε ευρεία κλίμακα για να αποκαλύψει την αλήθεια. Κατά τη διάρκεια της ζωντανής ροής, φαινόταν ότι κάποιος δεν ήταν ευχαριστημένος.

Σκιές να τρέχουν γύρω από τους ανθρώπους, μυστηριώδεις φωνές, γρυλίσματα, όλα άρχισαν να τρομάζουν το κοινό, αλλά δεν ήταν το χειρότερο. Γνωρίζοντας ότι είχα εμπειρία ενάντια σε αυτό το πράγμα, ο Διευθύνων Σύμβουλος μου ζήτησε να μιλήσω για την επικρατούσα θεωρία μου επί του θέματος. Όταν είπα ότι ο -λογοκριμένος- ήταν ο Κάιν, η μάχη είχε αρχίσει.

Στο Ηνωμένο Βασίλειο, ένα από τα μέλη μας μου έστειλε μήνυμα για ένα αίσθημα καύσου γύρω από το λαιμό του και έβγαζε αίμα.

Ένα άλλο μέλος ισχυρίστηκε ότι μια τεράστια ριπή ανέμου ξέσπασε από την μπροστινή του πόρτα, ακολουθούμενη από σκιές και μια αίσθηση βαθύ κρύου τρόμου.

Το Τέξας, μια γυναίκα ισχυρίστηκε ότι είδε τρία όντα να την αυξάνουν. Το δέρμα γύρω από το λαιμό της φαινόταν να συμπιέζεται σαν να την έπνιγε ένα αόρατο χέρι.

Στη Δυτική Βιρτζίνια, μια άλλη γυναίκα είχε κοκκινίλες και δύσπνοια γύρω από το λαιμό της.

Αϊντάχο, άρχισα να νιώθω ένα μυρμήγκιασμα πάνω-κάτω στη σπονδυλική μου στήλη, το σύστημά μου να υπερφορτώνεται. Ειλικρινά ένιωσα σαν να είχα μια κρίση.

Έπρεπε να αποσυνδεθώ για να βαθμονομήσω ξανά τον εαυτό μου. Στην άλλη οθόνη που είχα επάνω, έβλεπα να πέφτουν περισσότεροι άνθρωποι, αφήνοντας τους τρεις συγκλονισμένους. Καθώς ένα από τα παιδιά, -λογοκριμένο- που παρέμεινε άρχισε να προτείνει να τελειώσει το stream, να ανακεφαλαιώσει τα γεγονότα, ένας άλλος κύριος, -λογοκριμένος- άρχισε να κάνει περίεργα. -λογοκριμένος- έγειρε προς την κάμερα του, σαν να προσπαθούσε να κοιτάξει επίμονα «μέσα από την οθόνη», βάζοντας αμέσως τον φόβο σε -λογοκριμένο-. Αν έπρεπέ να περιγράψει κανείς την ατμόσφαιρα που προέρχεται από -λογοκριμένη- θα περιγραφόταν καλύτερα ως "Κέρδισα, τι θα κάνεις τώρα;"

Για μια σύντομη στιγμή παρατήρησα κάτι. Καθώς ο -λογοκριμένος- πήγε να αναφέρει το όνομά μου, -λογοκριμένος- θα τρεμούλιαζε σαν η ίδια η αναφορά μου να πυροδότησε μια απάντηση που μοιάζει με PTSD. -λογοκριμένο- είπε ξανά το όνομά μου και συνέβη το ίδιο. Μπορεί να είχα έναν τρόπο να το τελειώσω. Το πρόβλημά μου ήταν ότι -το λογοκριμένο- είχε πολλά μικρά παιδιά στο σπίτι, και έκανα και έκλεινε τη χημειοθεραπεία, αυτό θα μπορούσε να είχε πάει νότια πολύ γρήγορα. Αλλά η αδράνεια ήταν το μόνο πράγμα που εξασφάλιζε χειρότερο αποτέλεσμα.

Άφησα ένα μήνυμα στο «Αφήστε με να μπω, μπορώ να το τελειώσω», στη ζωντανή συνομιλία καθώς μόνο δύο παρέμειναν στην οθόνη. -λογοκριμένος- είχε φύγει, φεύγοντας -λογοκριμένος- με τους -λογοκριμένους- μας τότε. -λογοκριμένος- προσπαθούσε να -λσγοκριθεί- να μιλήσει αλλά τα λόγια του έπεσαν στο κενό. Η σύνδεσή μου στο web κράτησε και ήμουν abna μπει μέσα.

-λογοκριμένος- έδειξε γρήγορα φόβο αλλά προσπάθησε να τον κρύψει.

«Ξέρω ποιος είσαι. Ξέρω τι θέλεις. Αφήνω. Αυτόν. Πάω."

-λογοκριμένο- κούνησε αργά το κεφάλι του όχι.

«Τώρα», αντήχησε η φωνή μου.

Το ον που πήρε την επιρροή του -λογοκρίθηκε- διέλυσε τη σύνδεση, αλλά όχι ηθελημένα. Χρειάστηκαν λίγα λεπτά για να συγκεντρωθεί ο -λογοκριμένος- και το live συνεχίστηκε.

Πριν ξεκινήσει η ώρα του παιχνιδιού, ρώτησα -λογοκριμένα- τι είδε ενώ ήταν κάτω, στο οποίο το μόνο που είπε ήταν «Ξέρεις ήδη».

Τέλη Φεβρουαρίου 2021

Καθώς σημειωνόταν πρόοδος στη θεραπεία όσων επλήγησαν χειρότερα από την επίθεση του Κάιν σε -λογοκριμένη-, υπήρξε μια επίσκεψη από ένα μάλλον ασυνήθιστο πάρτι. Δυνητικά ο ίδιος ο Εωσφόρος. Ο Lucifer φαινόταν να ανησυχεί για ένα από τα μέλη που επλήγησαν περισσότερο από την επίθεση, καθώς και για την απουσία της συνοδευτικής οντότητας που ήταν συνδεδεμένη με αυτό το άτομο, το οποίο αυτοπροσδιορίστηκε ως Λίλιθ. Ο Εωσφόρος παρακαλούσε για μια χάρη, απευθυνόμενος στην πλευρά μου που είχε αρχίσει να πιάνει ρομαντικά συναισθήματα για -λογοκριμένο- για να δικαιολογήσει τη συμμετοχή μου σε κάτι που θα ισοδυναμούσε με μια αποστολή διάσωσης. Η Λίλιθ είχε εξαφανιστεί. -λογοκριμένη- δεν μπόρεσε καν να την αντιληφθεί. Υπήρχε μια σκόπιμη αποκοπή... Ο Λούσιφερ είχε μια πρόχειρη ιδέα για το πού είχε πάει, αλλά κάτι τον εμπόδιζε να πλησιάσει τη Λίλιθ. Εκεί χρειαζόταν τη βοήθειά μου. Μπορούσα να αισθανθώ ότι αυτό το ον, είτε ήταν Ο Εωσφόρος είτε όχι, ήταν αυθεντικό στις εκκλήσεις του... στην πραγματικότητα είχα την αίσθηση ότι ανησυχούσε μήπως του κάνω κακό.

Με αυτό το πρόσχημα συμφώνησα.

Το επόμενο πράγμα που ήξερα ότι ο Εωσφόρος πάτησε το χέρι του στο μέτωπό μου και μεταφερθήκαμε κάπου σκοτεινά. Έμοιαζα να... λάμπει... το φως της ύπαρξής μου φώτιζε το περιβάλλον μου. Ακούστηκαν ψίθυροι, οι σταγόνες νερού αντηχούσαν μέσα από περίτεχνα συστήματα σπηλαίων. Φαινόταν σαν να είχαμε με κάποιο τρόπο παρανομήσει, αλλά η κατάσταση στην οποία βρισκόμουν έκανε τον χώρο να αισθάνεται πολύ πιο απέραντος από όσο περίμενα.

Ακολούθησα τον Εωσφόρο κάτω από μερικά σκαλοπάτια, βλέποντας αμπέλια να πιάνουν τους τοίχους, μέχρι να φτάσουμε σε ένα μεγάλο άνοιγμα από το οποίο ο Εωσφόρος φαινόταν απαγορευμένος. Δεν μπορούσε να περάσει, ανεξάρτητα από τις προσπάθειές του, αλλά με εμπόδιζε το φράγμα.

Διασχίζω περαιτέρω, βρίσκοντας ένα άνοιγμα που φωτίζεται από μια μεγάλη φλόγα. Πέρασε ένα ποτάμι, περισσότερα φυτά που μοιάζουν με αμπέλια φύτρωναν στη γύρω περιοχή, όλα οδηγώντας σε μια μεγάλη επίπεδη πέτρα όπου μια γυναίκα ξάπλωσε στο πλάι της. Ήταν η Λίλιθ, χτυπημένη και κροταλισμένη από τον Κάιν. Χρειάστηκε να πειστώ... το γεγονός ότι -λογοκριμένος- με είδε ως φίλο και η κατοχή αποκάλυψε ότι ο Κάιν με φοβόταν, δεν χρειάστηκε πολύ για να φτάσω στη Λίλιθ. Ζήτησε συγγνώμη... η κατάσταση ήταν απλώς υπερβολική, διαβεβαιώνοντάς με ότι θα επέστρεφε στο -λογοκριμένο- σε λίγες μέρες. Τότε σταμάτησε το όραμα που προκάλεσε ο Lucifer...

Το επόμενο πρωί, έλαβα ένα μήνυμα από -λογοκριμένο- που επιβεβαίωσε ότι η Λίλιθ είχε πράγματι επιστρέψει. Σύμφωνα με το -λογοκριμένο-, ο Lucifer επιβεβαίωσε ότι είχε ζητήσει τη βοήθειά μου.

Πού με πήγε όμως; Κόλαση; Άδης; Εσωτερική Γη; Με όλα αυτά που προέκυψαν, επαναξιολογώ σχεδόν τα πάντα.

Φεβρουάριος - Μάρτιος 2021

Ακολουθεί μια συνοπτική αναφορά των γεγονότων κατά τη διάρκεια και μετά τις -λογοκριμένες- επιθέσεις:

Οντότητα: -λογοκριμένο-

AKA: Shadowman

Άρχοντας των Σκιών

Θάνατος

Τοποθεσία: Παγκόσμια

Ταξινόμηση: Επικίνδυνη Ευφυής Οντότητα

Μάλλον Νεφελίμ

Δυνητικά θεϊκό

ΠΡΟΕΙΔΟΠΟΙΗΣΗ:

Αυτή η οντότητα έχει δείξει τη δυνατότητα να προκαλέσει σημαντική βλάβη ή ακόμα και θάνατο. Όσοι αισθάνονται ότι μπορεί να μην είναι στην καλύτερη κατάσταση του μυαλού θα πρέπει πιθανώς να αποφύγουν να διαβάσουν αυτό το κείμενο λεπτομερώς, καθώς μπορεί να σας καταστήσει ευαίσθητο στόχο. Ο Hat Man είναι εξαιρετικά ευφυής, πιθανότατα παλαιότερος από σχεδόν κάθε θρησκευτική πρακτική που είναι γνωστή στον άνθρωπο και έχει αποδείξει ότι είναι ικανός για σχεδόν κάθε υποτιθέμενη μορφή πνευματικής επίθεσης. Προσωπικές πληροφορίες που αφορούν διάφορα άτομα θα αναφέρονται σε αυτήν την αναφορά μόνο για λόγους απλής τεκμηρίωσης και αναφοράς. Αυτές οι πληροφορίες έχουν κοινοποιηθεί από τα εν λόγω άτομα και ΔΕΝ αποσκοπούν σε καμία περίπτωση να κάνουν διακρίσεις εις βάρος κανενός από αυτά. Για την ασφάλεια των πολιτών εκτός της εταιρείας και που δεν έχουν κάνει δημόσια εμφάνιση, τα ονόματα έχουν αλλάξει.

Περίληψη:

Η πρώτη αναγνώριση από τον συγγραφέα -λογοκριμένη- είναι μια οντότητα που επισκέπτεται αμέτρητους ανθρώπους φαινομενικά σε περιόδους προσωπικού τραύματος. Οι περισσότεροι αυτόπτες μάρτυρες αναφέρουν ότι εμφανίζεται σε περιόδους κακής ψυχικής υγείας, ενδοοικογενειακής βίας και χρήσης ναρκωτικών. Συχνά δηλώνεται ότι εμφανίζεται στο κρεβάτι της νύχτας στην κρεβατοκάμαρα του στόχου του και απλώς παρακολουθεί. Είναι επίσης γνωστό ότι εμφανίστηκε σε τοποθεσίες σημαντικής τραγωδίας που μπορεί να ανταποκρίνονται στις περιστάσεις που αναφέρθηκαν παραπάνω. Φαίνεται πιο συνηθισμένο τα άτομα να αναφέρουν επισκέψεις από αυτήν την οντότητα ακριβώς γύρω από την εφηβεία. -λογοκριμένη- έχει δημιουργήσει ένα σημείο επαφής στον επίσημο ιστότοπό της για να στείλει συναντήσεις με την οντότητα ή να ζητήσει τη βοήθειά της. Έχει εκδώσει επίσης δύο βιβλία σχετικά με την οντότητα, τους σκιώδεις ανθρώπους γενικά και τον τρόπο αντιμετώπισης τους. Η εκδοτική της εταιρεία και η ίδια έχουν επίσης σήμα κατατεθέν thOι όροι -λογοκριμένοι- φέρονται ως μια προσπάθεια περιορισμού της παραπληροφόρησης για την αποφυγή περαιτέρω τραυματισμών σε πιθανά θύματα.

Προσωπική συνάντηση:

Δεν ξέρω πόσο καιρό αυτή η οντότητα έχει το βλέμμα της πάνω μου. Το πρώτο που μπορώ να εξηγήσω κάτι παρόμοιο με την παρουσία του ήταν περίπου στην ηλικία των τριών ετών.

Αυτό συνέβη αφότου η θετή μου μητέρα μου κόντεψε να κατακτήσει τη ζωή μου, αλλά μπορούσα να αντισταθώ. Σε ηλικία δεκατεσσάρων ετών, είχα μάθει ότι ο πατέρας μου κατηγορούνταν για σεξουαλική επίθεση σε μια από τις αδερφές μου. και προκάλεσε μια άλλη επίσκεψη από αυτό το πράγμα. Μόνο που αυτή τη φορά, μίλησε, προσφέροντάς μου να συμφωνήσω να συμμετάσχω μαζί του σε αντάλλαγμα για το θάνατο του πατέρα μου. Όσο για το τι, δεν ξέρω. Άλλες φωνές που ακολούθησαν τρύπησαν τη δική μου καθώς φώναξα να φύγει και φαινόταν να το αποτρέπει.

Άλλες φορές που φάνηκε ότι οι συνθήκες αφορούσαν περαιτέρω ενδοοικογενειακή βία, τάσεις αυτοκτονίας, βίαια και ψυχωτικά επεισόδια, κ.λπ.. Για αναφορά τοποθεσίας - το περιστατικό με το μαχαίρι και τη θετή μητέρα μου έλαβε χώρα τον Νοέμβριο του 1999. Το 2001, με κάποιο τρόπο μετέφεραν 30 μίλια μακριά από το σπίτι. Ευτυχώς, η τοποθεσία που βρήκα ήταν το σπίτι του παππού και της γιαγιάς μου, πιθανότατα ως απάντηση σε πιθανό τραύμα (έχει προταθεί ψυχική τηλεμεταφορά ή απαγωγή από εξωγήινους). Όταν έμαθα τις κατηγορίες εναντίον του πατέρα μου και την επακόλουθη συμφωνία, ήταν Ιούνιος του 2012.

Προκαταρκτική Έρευνα:

Έξω από το βιβλίο από -λογοκριμένο-, δεν υπήρχαν πολλές πληροφορίες για την πλήρη κατανόηση αυτής της οντότητας ή των κινήτρων της εκτός από τα δυσάρεστα συναισθήματα που πολλοί μάρτυρες ισχυρίστηκαν ότι δέχονταν. Καθώς αυτό ήταν ένα συνεχιζόμενο μοτίβο, η επίσημη έρευνα, ως «Specialist of the Strange» και άλλοι προηγούμενοι τίτλοι, τέθηκε σε αναμονή μέχρι νεοτέρας. Η τυπική διαδικασία ήταν, και με πολλούς τρόπους, καθοδήγηση των πελατών στο να ξεπεράσουν τα τραύματα που μπορεί να προκάλεσαν τις εμφανίσεις του Καπέλου. Τελικά, θα χάσει τη δύναμη και το ενδιαφέρον του. Με αυτό το πέπλο μυστηρίου, φαινόταν ότι η οντότητα ήταν σχετικά ακίνδυνη, απλώς μια φιγούρα που χαιρόταν αρκετά από τις κακοτυχίες μέχρι που θα μπορούσε να την επηρεάσει στο μέλλον. Ακόμη και οι αναφορές αυτής της οντότητας, και πιθανώς συνδεδεμένου φαινομένου, λέγεται ότι αποτελούν δέλεαρ για περαιτέρω προβλήματα.

Μια αλλαγή:

Για χρόνια διέκοψα την έρευνα για αυτήν την οντότητα καθώς δεν φαινόταν να βγαίνει τίποτα νέο. Ωστόσο, σε μια περιστασιακή συνομιλία με τον πρώην μου, -λογοκριμένη- μου είπαν τη συνάντησή της με τον -λογοκριμένο-. Είναι αρκετά ενδιαφέρον ότι έδειξε μια απόκλιση στη συμπεριφορά. Όταν επισκέφτηκε έναν πρώην φίλο της το καλοκαίρι του 2015, ανέφερε ότι κάτι της χτύπησε μια πόρτα του μπάνιου και την έκλεισε. Αυτό ήταν σωστό καθώς μια οπτασία σκιάς που ταιριάζει με την περιγραφή της -λογοκριμένης- έβγαλε ένα μαχαίρι και κατηγόρησε τον πρώην σημαίνοντα άλλο της. Περιττό να πούμε ότι η σχέση δεν κράτησε πολύ αργότερα. -λογοκριμένο- κατάφερε να ταιριάζει με όλα τα κριτήρια που αναφέρθηκαν παραπάνω για -λογοκριμένη- θυματολογία λόγω έλλειψης καλύτερου όρου. Είχε εμφανή σημάδια παιδικής σεξουαλικής επίθεσης και εμφανείς τεταμένες σχέσεις με τους γονείς της. Σοβαρή κακοποίηση ως παιδί σε σημείο που έλειπαν μεγάλα κομμάτια μνήμης.

Όπως δυστυχώς είναι σύνηθες για τις περισσότερες νεαρές κυρίες αυτής της νοοτροπίας, σύχναζε καταχρηστικές σχέσεις που μπορεί ή δεν της θύμιζαν υποσυνείδητα εκείνη την εποχή. Ποτέ δεν βρήκε το θάρρος να μοιραστεί στο έπακρο αυτό που συνέβη μαζί μου, εκτός από το ότι αισθάνθηκε πυροδότηση στη θέα των σκηνών του "kill room" από τη σειρά Showtime "Dexter". Η αφήγηση αυτής της συνάντησης προκάλεσε περαιτέρω ενδιαφέρον για το φαινόμενο, επειδή τυχόν διαφορετικές αποκλίσεις θα παρείχαν καλύτερη εικόνα. Οι συγκρίσεις μεταξύ -λογοκριμένων- άλλων μαρτυριών αυτοπτών μαρτύρων υποδηλώνουν πολύ μικρή αλλαγή στον τρόπο λειτουργίας. Ωστόσο, ένα άλλο μοτίβο που συνδέεται άμεσα με επεισόδια υπνικής παράλυσης προκαλεί ακόμη μεγαλύτερη περιέργεια.

Αυτό συνεπαγόταν μια «ψηλή, λεπτή, σκιά» που στέκεται πάνω από έναν μάρτυρα είτε λίγο πριν αποκοιμηθεί είτε να βγει από βαθύ ύπνο αλλά χωρίς να έχει πλήρως τις αισθήσεις του. Πρέπει να σημειωθεί ότι αυτά τα οράματα χαρακτηρίζονται ως υπναγωγία ή υπνοπομπικά (ανάλογα με το αν το άτομο αποκοιμιέται ή μόλις ξυπνά, αντίστοιχα). Για όσους δεν είναι εξοικειωμένοι με τους όρους υπναγωγία ή υπνοπομπική, αυτοί περιγράφουν μια παραισθησιογόνο κατάσταση του νου. Αυτά κάνουν τα γραφικά από μια κατάσταση που μοιάζει με όνειρο να εξακολουθούν να προβάλλουν γραφικά από ένα όνειρο στον κόσμο της εγρήγορσης για τους λαϊκούς. Όσοι είναι εξοικειωμένοι με την επαυξημένη πραγματικότητα μπορεί να είναι πιο εξοικειωμένοι με τις έννοιες. Καθώς τέτοιες καταστάσεις πυροδοτούνται συχνά από το άγχος, η δυνατότητα αυτής της οντότητας να κάνει την εμφάνισή της περίπου την ίδια στιγμή δεν αποκλείεται αν όχι μια πλήρης ψευδαίσθηση ενός υπερφορτωμένου εγκεφάλου.

Εξαρση:

Η παραφροσύνη της πανδημίας COVID-19, και το 2020 συνολικά, έστρεψαν τελικά τα ρεύματα της έρευνας. Άφησα μια ανάρτηση στο Reddit ζητώντας ιστορίες σχετικά με το -λογοκριμένο- Μια απάντηση από έναν ανώνυμο χρήστη με έδειξε προς την κατεύθυνση της βρετονικής μυθολογίας για να δω εκδόσεις αυτού που οι περισσότεροι θα ήταν εξοικειωμένοι ως "Grim Reaper" ή αλλιώς ως υπηρέτης του Θανάτου εαυτό. Αυτή η έκδοση είναι γνωστή ως Ankou. Όπως συμβαίνει με τις περισσότερες εκδοχές μυθολογιών σε όλο τον κόσμο, υπάρχουν τοπικές παραλλαγές. Το Ankou μερικές φορές περιγράφεται ως ένας άντρας ή ένας σκελετός με μια μαύρη ρόμπα και ένα μεγάλο καπέλο για να κρύψει το πρόσωπό του. Μερικές φορές μπορεί ακόμη και να εμφανίζεται απλώς ως οπτασία σκιάς. Μια ιστορία που προσπαθεί να εξηγήσει την προέλευση των Ankou αναφέρει ότι είναι το τελευταίο άτομο, συνήθως άνδρας, που πέθανε τον προηγούμενο χρόνο. Μια άλλη αναφορά λέει ότι μπορεί να υπάρχουν πολλά Ankou ταυτόχρονα, το καθένα που παραμένει σε μια συγκεκριμένη περιοχή. Ίσως το πιο ενδιαφέρον από τα παραμύθια είναι ότι ο Ankou δεν είναι άλλος από τον πρωτότοκο γιο του Αδάμ και της Εύας. Κάιν, γνωστός και ως πατέρας του φόνου.

Υπό το φως αυτών των πληροφοριών, χρειάστηκε να γίνει περισσότερη έρευνα για τα γεγονότα στον Κήπο της Εδέμ που οδήγησαν στον Κάιν να γίνει δολοφόνος. Ήταν απαραίτητο να μην εστιάσουμε σε ένα μόνο θρησκευτικό κείμενο. Αντ' αυτού, αναλύστε όλους τους λογαριασμούς για να πάρετε μια ιδέα για το πώς μπορεί να συνδεθεί ο άνθρωπος με καπέλο, εάν υπήρχε οποιαδήποτε πιθανότητα να υπάρχει ένα κατάλοιπο από τις απαρχές της ανθρωπότητας. Κοιτάζοντας μέσα στην εβραϊκή παράδοση, μια πληροφορία για το φίδι στον Κήπο της Εδέμ είχε ενδιαφέρον. Οι περισσότεροι θα πίστευαν ότι το φίδι στον Κήπο δεν ήταν άλλο από τον Εωσφόρο. Ωστόσο, αυτό δεν είναι η περίπτωση, αλλά πολύ πιθανόν μια περίπτωση εσφαλμένης ταυτότητας. Ο Εωσφόρος αναφέρεται ως έκπτωτος άγγελος, ναι. Ανεξάρτητα από το θρησκευτικό κείμενο που πρέπει να διαβάσει κανείς, δεν είναι η φιγούρα που μπορεί να σκεφτεί κανείς σήμερα σε σχέση με τον «Σατανά». Αν κοιτάξετε τις εβραϊκές μεταφράσεις διαφόρων κειμένων, θα διαπιστώσετε ότι το "Satan" χρησιμοποιήθηκε, στην πραγματικότητα, ως ρήμα για να δηλώσει έναν "αντίπαλο, αντίπαλο, κ.λπ...." Μόνο όταν είχε το πρόθεμα "Ha", όπως στο "Ha Satan". », η λέξη εξυπηρετεί το σκοπό ενός ουσιαστικού ή τίτλου.

Πηγαίνοντας στις πρώιμες μεταφράσεις ιουδαιοχριστιανικών κειμένων, μόνο μία οντότητα ονομάστηκε ποτέ απευθείας έτσι. Αυτό το ον ονομαζόταν Σαμαέλ, ένας αρχάγγελος που κυβέρνησε τον ίδιο τον Θάνατο και εικαζόταν ότι ήταν ο «βιολογικός πατέρας» του Κάιν. Μετά από δύο εβδομάδες, ήρθε ένα τηλεφώνημα στην τηλεφωνική γραμμή μου, ακριβώς καθώς επέστρεφα στο σπίτι από τη δουλειά, που αφορούσε μια οικογένεια από τη Βόρεια Καρολίνα. Αμέσως, η συνολική ατμόσφαιρα της κλήσης απλώς τραγούδησε κάτι απαίσιο που συνέβαινε. Όποια κι αν ήταν τα θέματα, οι ηθικές μου υποχρεώσεις με ανάγκασαν να κοιτάξω βαθύτερα την κατάσταση. Ο πελάτης ανέφερε ότι ό,τι του είχε συνδεθεί φαινόταν να μετατοπίζει την εστίασή του στον τρίχρονο γιο του. Η συζήτηση χρειάστηκε περίπου τρεις ώρες για να ολοκληρωθεί. Μόλις δημιουργηθεί αρκετός χρόνος και προσπάθεια για την οικοδόμηση εμπιστοσύνης με τον πελάτη, μοιράστηκε όλα τα τυπικά σημάδια δαιμονικών επιρροών. Περίεργες μυρωδιές, βαθιές γρατσουνιές, πράγματα που πετιούνται, σχεδόν όλα τα κλασικά συμπτώματα.

Όταν ο πελάτης, ο πατέρας της οικογένειας, ήταν μόνος στο σπίτι, μια συγκεκριμένη οντότητα που ταιριάζει με την -λογοκριμένη- περιγραφή καθόταν προφανώς και μιλούσε μαζί του για θέματα που άρεσαν στον πατέρα. Όταν κάτι μιλούσε άσχημα για την οντότητα, τα αντικείμενα φαινόταν να πετιούνται προς τους ανθρώπους για να τους προειδοποιήσουν να μην μιλήσουν. Υπήρχε επίσης ένα συγκεκριμένο δωμάτιο στο σπίτι, το οποίο η σύζυγος αποκαλούσε «Νεκρό δωμάτιο», όπου φαινόταν ότι το να μπεις σε αυτό θα έκανε κάποιον να αρρωστήσει σωματικά. Καθώς οι συνομιλίες μας συνεχίζονταν, παραδέχτηκε ότι υπήρξε ένα περιστατικό όπου αυτή η οντότητα τον άρπαξε από το λαιμό στη μέση του δρόμου και τον χτύπησε σε ένα κοντινό αυτοκίνητο. Στην άλλη άκρη της κλήσης, μπορούσα να ακούσω τον κύριο να περνάει μέσα από το σπίτι του. Καθώς περπατούσε για να αφήσει το σκυλί της οικογένειας έξω, ακούστηκε μια δευτερεύουσα φωνή, που ακουγόταν σαν μικρό παιδί.

Η οικογένεια αποτελούνταν από έναν σύζυγο, μια σύζυγο και ένα παιδί τριών ετών. Η σύζυγος και το παιδί είχαν ήδη μεταφερθεί σε μια πόλη στο Αϊντάχο. Όταν ρώτησε τον σύζυγο για τη φωνή, ρώτησε αν ακουγόταν σαν παιδί πέντε έως επτά ετών. Προφανώς, η σύζυγος είχε υποστεί μια αποβολή σε αυτό το χρονικό διάστημα. Δεν είναι ασυνήθιστο για τα παιδιά που αποβάλλουν να επισκέπτονται τους επίδοξους γονείς τους. Το γεγονός ότι το υποτιθέμενο παιδί φώναξε τα λόγια: «Αν δεν κλείσεις αυτό το τηλέφωνο τώρα, μικρή σκύλα, θα σε σκοτώσω», ήταν αρκετό για να δικαιολογήσει περαιτέρω μελέτη. Ρώτησα τον σύζυγο εάν, σε οποιαδήποτε στιγμή κατά τη διάρκεια αυτών των συνομιλιών, η οντότητα ταυτοποιήθηκε. Προφανώς, η οντότητα προσπαθούσε να δημιουργήσει εμπιστοσύνη, οπότε αν πρόκειται να γίνετε φίλοι με κάποιον, προφανώς πρέπει να γνωρίζετε ο ένας το όνομα του άλλου. Το όνομα που δόθηκε ήταν "Κάιν" και ο Κάιν προσπαθούσε να στρατολογήσει τον σύζυγο με υποσχέσεις ότι θα ήταν "στρατηγός" στον στρατό του (όπως το έθεσε ο σύζυγος). Παρείχα στην οικογένεια ένα σιγίλι προστασίας που σχεδίασα με τη βοήθεια του αρχαγγέλου Μιχαήλ. Αρχικά δημιουργήθηκε ως απάντηση σε μια υπόθεση έξω από το Πίτσμπουργκ για να βοηθήσει μια οικογένεια που καταδιώκεται από μια διεφθαρμένη ψυχή ενός βιαστή και δολοφόνου παιδιών. Αυτή η υπόθεση τράβηξε τη δραστηριότητα των UFO σε όλη τη διάρκειά της και τράβηξε ακόμη και την προσοχή του Ed και της Lorraine Warren.

Κατά τη σύνταξη αυτής της έκθεσης, είναι άγνωστο εάν αυτά τα γεγονότα είναι σχετικά εκτός από την απεικόνιση του μεγέθους της υπόθεσης. Το αρνητικό πνεύμα ήταν ένας άνδρας που πιθανότατα βίασε και δολοφόνησε δύο νεαρά κορίτσια γνωστά. Με το sigil, η δραστηριότητα τερματίστηκε και για τις δύο αυτές περιπτώσεις. Όσο για την οικογένεια από τη Βόρεια Καρολίνα, πρέπει επίσης να σημειωθεί ότι ο πατέρας μου παραδέχτηκε να πειραματιστώ με την ψυχαγωγική χρήση του DMT σε νεαρή ηλικία. Το DMT είναι μια χημική ουσία που πιστεύεται από ορισμένους ότι συνδέεται με το πνευματικό φαινόμενο. Ο γιος είχε δείξει από νωρίς «ευαισθησία» σε παραφυσικά στοιχεία, τα οποία μπορεί να είχαν επηρεαστεί από τη χρήση DMT από τον πατέρα του (η οποία συνέβη πολύ πριν γεννηθεί το παιδί). Ωστόσο, είναι πιθανό ότι θα ξεφύγει από αυτό με τον καιρό.

Λίγες μέρες μετά τη συνάντηση με την οικογένεια στη Βόρεια Καρολίνα, μια φιγούρα εμφανίστηκε στην κρεβατοκάμαρά μου που προσφερόταν να αποκαλύψει πληροφορίες χρήσιμες για την υπόθεση. Η εμφάνισή του ήταν σύντομη, περίπου πέντε πόδια σε ύψος. Κρυμμένος μέσα στο πέπλο της σκιάς που έριξε, ορκίστηκα ότι μπορούσα να δω τις καμπύλες μιας γυναίκας. Τα μάτια της φιγούρας φάνηκαν να φαίνονται πρώτα από το εξώφυλλο, με ένα απαλό και φιλόξενο χαμόγελο. Θα μπορούσα να μάθω περισσότερες λεπτομέρειες για την εμφάνισή της όπως αποκάλυψε η ίδια. Έμοιαζε με καταγωγή από τη Μέση Ανατολή, με λαμπερά καστανά μάτια, δέρμα σε τόνους ελιάς και σγουρά μαύρα μαλλιά. Της ρώτησα το όνομά της, και η απάντησή της ήταν: «Έχω πολλά ονόματα, αλλά με ξέρεις ως Εύα». Η Εύα με πλησίασε, έβαλε το χέρι της στον κρόταφο μου και άρχισε να μου δείχνει οράματα για αυτό που μπορούσα μόνο να υποθέσω ότι ήταν ο Κήπος της Εδέμ. Είχα μια αίσθηση οικειότητας σαν να ήμουν εκεί πριν. Η Εύα συνέχισε να με καθοδηγεί στη σχέση της με τον Σαμαέλ. Έδειξε πώς ο Αδάμ κακομεταχειρίστηκε αυτήν και τον Κάιν λόγω της δοκιμασίας, με τον Κάιν να έχει βαθιά δυσαρέσκεια και θυμό που αυξήθηκε με την κακοποίηση. Τελικά, του έδειξε να τσιμπάει.

Ο Άμπελ ήταν ο τυπικός ενοχλητικός μικρότερος αδελφός που προτιμούσε ο Αδάμ και φαινόταν να καυχιέται ότι ήταν το «αγαπημένο» παιδί. Αυτή ήταν η στιγμή που ο Κάιν οδηγήθηκε να δολοφονήσει τον αδελφό του, οδηγώντας στην περίφημη κατάρα. Από το χέρι της Εύας μπόρεσα να δω την πράξη να λαμβάνει χώρα. Ο Άβελ κατάφερε να πετύχει ένα καλό χτύπημα χτυπώντας ένα βράχο στο πρόσωπο του Κάιν. Όταν συνειδητοποίησε τι συνέβη, ο Άβελ προσπάθησε να εκλιπαρήσει για έλεος, κάτι που εξόργισε περισσότερο τον Κάιν. Αυτή είναι πιθανότατα η αληθινή προέλευση του «Σήματος του Κάιν». Παρατηρήσεις ενός «αληθινού προσώπου» μιας φιγούρας Καπέλου αναφέρουν πιθανό ουλώδη ιστό στη δεξιά πλευρά του προσώπου. Ένα μήνα αργότερα, μια γυναίκα επικοινωνεί μαζί μου σχετικά με τις αναρτήσεις στο διαδίκτυο. Έκανα ερωτηματικές ιστορίες για τον Καπέλο και ρώτησα αν ήξερα κάτι. Όταν άκουσε ότι είχα κάνει ένα επεισόδιο του podcast μου αφιερωμένο στα ευρήματά μου μέχρι εκείνο το σημείο, ήταν ανένδοτη να το ακούσει πριν μου μιλήσει. Σύντομα επέστρεψε τρομαγμένη κοντά μου, εξηγώντας ότι την επισκεπτόταν αυτό το πράγμα την εποχή που γεννήθηκε ο 5 μηνών γιος της. Φοβήθηκε όταν η οντότητα φαινόταν να επικεντρώνεται στο μωρό. Ωστόσο, ήταν ακόμη πιο νευρική με την είδηση ότι η πραγματική ταυτότητα του Καπέλου ήταν ο Κάιν, καθώς αυτό ήταν το όνομα που έδωσε στο παιδί της. Της χορηγήθηκε το σιγίλ για να βοηθήσει να αποκρούσει το παιδί και δεν είχε άλλες συναντήσεις με την οντότητα.

Εισαγάγετε "Η ΕΤΑΙΡΕΙΑ":

Χρησιμοποίησα την υπηρεσία διαχείρισης μέσων κοινωνικής δικτύωσης για να δημοσιεύω συχνά μια ειδοποίηση στις διάφορες σελίδες μου. Αυτό έμελλε να αρχίσει να συγκεντρώνει περισσότερες ιστορίες για να σχεδιάσει ένα πιθανό ντοκιμαντέρ για να εξερευνήσει περαιτέρω το φαινόμενο πέρα από την αφήγηση «είναι απλώς κακός» που υπάρχει αυτή τη στιγμή. Με τη συλλογή περισσότερων ιστοριών, -λογοκριθείς- ξεκίνησε μια παγκόσμια προσπάθεια συλλογής περισσότερων πληροφοριών για την οντότητα. Κατά τα αρχικά στάδια αυτού, έγινε μια προσπάθεια να μιλήσετε απευθείας στη Χάιντι. Δυστυχώς, το σήμα κατατεθέν της στον όρο έκανε οποιεσδήποτε συζητήσεις πέρα από αυτό ανύπαρκτες. Το σκεπτικό της πίσω από την κίνηση ήταν να χρησιμοποιήσει νομικές μεθόδους για να περιορίσει τη διάδοση παραπληροφόρησης που θα μπορούσε να οδηγήσει σε περαιτέρω βλάβη ή θάνατο. Ωστόσο, ο τρόπος που μιλάει αφήνει να εννοηθεί ότι θέλει να κεφαλαιοποιήσει περισσότερο την «ανακάλυψή» της. Καθώς αυτό συνέβη, η έρευνα προχώρησε. Η πρώτη προτεραιότητα ήταν να καθοριστεί ένα χρονοδιάγραμμα για το πού και πότε εμφανίστηκε αυτό το πράγμα και να συγκεντρωθούν πλήρεις μαρτυρίες από αυτόπτες μάρτυρες. Είχα τις αμφιβολίες μου για αυτή την προσέγγιση. Έμοιαζε πολύ ριζωμένο σε επεισόδια που περιλαμβάνουν σοβαρό τραύμα που συχνά αποκρύπτεται καθώς το μυαλό προσπαθεί να προστατευτεί. Ωστόσο, ήταν ό,τι καλύτερο για να συνεχίσω. Πολλοί άρχισαν απλώς να αντιγράφουν και να επικολλούν αναφορές από αναρτήσεις στη σελίδα κοινωνικής δικτύωσης Reddit, μερικές από τις οποίες προέρχονται από απαντήσεις στις αναρτήσεις μου. Αυτή η προσέγγιση μπορεί να φαίνεται αρκετά απλή στον αρχάριο, αλλά προφανώς απέδειξε, εν μέρει, το κύριο ελάττωμα που με απασχολούσε. Χάρη σε μια σειρά επιθέσεων στις 12 και 13 Φεβρουαρίου κατά τη διάρκεια ζωντανών ροών στο -λογοκριμένο- Κανάλι YouTube, αυτά τα θέματα ξεχάστηκαν σύντομα.

Σαν να ήταν βολικά σχεδιασμένο, το μεγαλύτερο μέρος της ζημιάς σημειώθηκε στις 13, καθώς η οντότητα έβγαλε μέλη στο πάνελ ένα προς ένα, διανύοντας φαινομενικά χιλιάδες μίλια μέσα σε λίγα λεπτά. Αυτό οδήγησε ένα μέλος, -λογοκριμένο- να γίνει δαιμονισμένο και να εξορκιστεί αμέσως στον αέρα. και την επίσημη περάτωση της έρευνας. Τις εβδομάδες που ακολούθησαν, η ομάδα αντιμετώπισε ασυνήθιστα ψυχικά τραύματα μέσα από την εταιρεία. Ένα τέτοιο μέλος πρέπει ακόμη και να πάρει άδεια ψυχικής υγείας λόγω προσωπικών συνθηκών, -λογοκριμένο-. Η ανάλυση του ήχου που συλλέχθηκα από εμένα κατά τη διάρκεια αυτών των επιθέσεων επέστρεψε τα μηνύματα, "Παράτα το κυνήγι μας", "Σκίσε τον" και τα ονόματα δύο μελών που κατονομάστηκαν ρητά ως στόχοι. Αυτά τα μέλη ήταν -λογοκριμένα-.

Πιθανότατα, πολλές οντότητες μπήκαν σε αυτές τις ηχογραφήσεις, ακόμη και εκείνες που προσπάθησαν να βοηθήσουν την ομάδα. Ένα άλλο μέλος, -λογοκριμένο- που βρέθηκε στο επίκεντρο της επίθεσης, ισχυρίστηκε ότι έμεινε με μπέιμπι σίτερ που ορίστηκαν από τους -λογοκριμένους- Λόγω εχθρικών συμπεριφορών από -λογοκριμένα-, δεν είναι γνωστό εάν αυτές οι αναφορές είναι ακριβείς ή όχι. Δυστυχώς, η ασφαλέστερη υπόθεση από αυτή την άποψη θα ήταν να υποθέσουμε ότι ήταν, στην πραγματικότητα, ψευδείς. Καταβάλλονται καλύτερα οι προσπάθειες για την περαιτέρω βοήθεια άλλων θυμάτων. Ένα τελευταίο μέρος που πρέπει να σημειωθεί είναι ένα άλλο μέλος που δεν ήταν στο πάνελ, -λογοκριμένο- δέχτηκε επίσης επίθεση όταν προσπάθησε να εκτελέσει προστασίες Ρέικι. Συγκριτικά, η επίθεση ήταν μικρή, με συμπτώματα παρόμοια με ελαφρύ ηλιακό έγκαυμα. Της συνέστησαν γρήγορα να φύγει για να προστατεύσει τον εαυτό της και τα μικρά παιδιά της.

Στο σκοτάδι:

Είχα την αίσθηση ότι ο Hat Man δεν επρόκειτο να μας αφήσει απλά. Αυτό είναι κάτι που θα μπορούσε απλά να πατήσει προς τα αριστερά και να δει ολόκληρο τον κόσμο του θύματός του, μέχρι κάθε κίνηση των εσωτερικών του οργάνων και κάθε μικρή σκέψη στο μυαλό του. Βάλτε το σωστά και είναι χιλιάδες μίλια μακριά.

Ανέλαβα περαιτέρω την έρευνα, συγκεντρώνοντας περισσότερες αναφορές συναντήσεων, προέκυψαν περισσότερα σχετικά μοτίβα. Το ένα αφορούσε έναν νεαρό άνδρα που ορκίστηκε εκδίκηση εναντίον της οντότητας για τον θάνατο του πατέρα και του καλύτερου φίλου του. Ένας άλλος περιελάμβανε μια μητέρα που ανησυχούσε για την τρίχρονη κόρη της που συχνά φώναζε: «Φύγε, σκιά!» Αυτό θα ήταν λίγο πριν ισχυριστεί ότι κάτι την έσπρωξε κάτω από τις σκάλες. Μια άλλη ήταν μια γυναίκα που ανέφερε ότι είχε αντιμετωπίσει έντονες επισκέψεις από σκιώδεις ανθρώπους πριν κρατηθεί η ελάχιστη επαφή με -λογοκριμένη- για να σεβαστεί την ανάγκη τους για θεραπεία. Εξακολουθώντας να παρασύρεται από την εμπειρία, πιθανότατα λόγω υπενθυμίσεων παρελθόντος τραύματος, -λογοκριθεί- είχε διαγραφεί όλα τα αρχεία της οντότητας από -λογοκριμένα- συστήματα για να αποτραπεί η ενθάρρυνση απροετοίμαστων ατόμων από το να υποκινήσουν άλλη επίθεση. Δεν ξέρω αν αυτό ήταν σύμπτωση ή από κάποια ψυχική σύνδεση, αλλά μετά από μερικές εβδομάδες είχε γίνει προηγούμενη δουλειά για να αρχίσουμε να κόβουμε τις σκοτεινές ενέργειες που περιβάλλουν και τα δύο -λογοκριμένα-. Οι απόκρυφες ενέργειες λειτούργησαν ως απάντηση στις έντονες συνδέσεις, ξεκινώντας πρώτα από το -λογοκριμένο- καθώς ισχυρίστηκε ότι οι -λογοκριμένοι- άφησαν πίσω τους άλλους -λογοκριμένους- για να παρακολουθήσουν αυτήν και την ομάδα. Προσπάθησα να κάνω μια συμφωνία με το -λογοκριμένο- που του πρόσφερε την ευκαιρία να σκορπίσει τον τρόμο του χωρίς να χρειαστεί να σηκώσει το δάχτυλό του, με αντάλλαγμα να απομακρυνθεί από το -λογοκριμένο-.

Αυτό ήταν για να κερδίσει χρόνο και στη συνέχεια να ενορχηστρώσει μια έξυπνη αντεπίθεση εναντίον του -λογοκριμένου- για να τον καταστήσει ανίσχυρο εκτός πιθανών καθηκόντων ως μια έκδοση του Grim Reaper. Μέσα σε λίγες ώρες -λογοκριμένα- προσέγγισαν το χέρι για να αναφέρουν ότι οι οντότητες είχαν εξαφανιστεί. Προφανώς υπήρξε μια συνομιλία που έλαβε χώρα μεταξύ των οντοτήτων που περιελάμβαναν αναφορά του «Εκείνου που γνωρίζει». Αφού η -λογοκριμένη- ενημερώθηκε για τη συμφωνία, κατάλαβε ότι μιλούσαν για μένα. Σκεφτόμουν μια ιδέα που παρουσιάστηκε από τον -λογοκριμένο- για τη χρήση απόκρυφης πρακτικής για τη δημιουργία κάποιας μορφής -λογοκριμένης- για την καταπολέμηση τυχόν περαιτέρω επιθέσεων. Ένα άλλο σιγίλι σχεδιάστηκε για να βοηθήσει στη δημιουργία του όντος, το οποίο αργότερα ονομάστηκε «Ιππότης του Φωτός». Το όνομα επιλέχθηκε μέσω ποιητικής αντίθεσης για να προωθήσει την πρόθεση να είναι προστατευτική οντότητα. δεσμευτικές ενέργειες από τον αρχάγγελο Μιχαήλ για την αντιμετώπιση πιθανής επιρροής από το μόνο ον που είναι γνωστό ως Σατανάς. Μέσα σε λίγες εβδομάδες από την κυκλοφορία αυτής της εικόνας, η γυναίκα της οποίας το παιδί καταδιώκονταν από έναν -λογοκριμένο- εμφανίστηκε και ο Ιππότης του Φωτός Sigil ανέφερε ότι η τετράχρονη κόρη της ισχυρίστηκε ότι τη σώθηκε από το "Knight Light". Το περίεργο ήταν ότι κατά τη διάρκεια μιας βιντεοκλήσης το κοριτσάκι έτυχε να με δει στην άλλη άκρη και ενθουσιάστηκε, ουρλιάζοντας, «Μαμά, είναι ο Ιππότης». Δεν έχουν αναφερθεί άλλα περιστατικά. Μέσα στην ίδια εβδομάδα -λογοκριμένο- άρχισε να αναρρώνει σιγά σιγά από τις θεραπείες του αρκετά ώστε να κάνει περισσότερες εμφανίσεις με την εταιρεία. Έχει σημειωθεί σε μερικές περιπτώσεις ότι μια σκιώδης φιγούρα μπορούσε να δει πίσω -λογοκριμένη- να τον παρακολουθεί. Εικάζεται ότι είναι η ίδια «παρατηρήτρια» που -λογοκριμένη- είχε βιώσει στο σπίτι της.

Μήνες αργότερα, ενώ στα παρασκήνια για μετά την παρουσίαση hangout μετά από μια μαγνητοσκόπηση -λογοκρισίας- επιβεβαίωσε ότι ήθελε να θίξει το θέμα των αγγέλων για κάποιο περίεργο λόγο και ότι ήταν θαυμαστής των προηγούμενων έργων μου μέσω του παραφυσικού δικτύου ροής -λογοκριμένη- η συζήτηση άλλαξε στην πρώτη μου συνάντηση με το κοριτσάκι που είναι γνωστό ως Ολίβια. Στο άκουσμα αυτής της συζήτησης, -λογοκριμένος- προέκυψε ότι έκανε όνειρα με ένα παράξενο κοριτσάκι που δεν είχε ξανασυναντήσει. Όταν έδωσε μια πρόχειρη περιγραφή του πώς έμοιαζε το κοριτσάκι, προκάλεσε αρκετή οικείαεπικοινωνήστε μαζί μου για να ερευνήσετε περαιτέρω.

Πώς θα το έκανα αυτό; Λοιπόν, βολικά, έχω έναν θείο από την πλευρά της μητέρας μου -λογοκριμένο- που φαίνεται σωματικά ότι θα μπορούσε να είναι ο δίδυμος αδερφός μου. Μεγαλώνοντας, ήμασταν μπερδεμένοι ο ένας με τον άλλον όλη την ώρα. -λογοκριμένη- έχει τρία παιδιά, ένα αγόρι και δίδυμα αδέρφια κορίτσια, που όχι μόνο μοιάζουν ότι θα μπορούσαν να είναι δικά μου, αλλά είχαν όλες τις φάσεις που με φώναζαν μπαμπά. Έβγαλα μια φωτογραφία μωρού ενός από τα δίδυμα κορίτσια, και -λογοκριμένη- ήμουν υστερική. Η φωτογραφία του μωρού ήταν σχεδόν πανομοιότυπη με το κορίτσι που είδε, αλλά ισχυρίστηκε ότι ο επισκέπτης των ονείρων του ήταν μερικά χρόνια μεγαλύτερος. Έσκαψα γύρω μου για μια φωτογραφία που είχε τον εαυτό μου και τα δύο κορίτσια, που ήταν περίπου τριών ετών τότε, και -λογοκριμένη- φρίκαρε ακόμα περισσότερο. Το μόνο άλλο άτομο που πίστευε ότι είχε δει την Olivia ήταν -λογοκριμένο-, η προηγουμένως διαδεδομένη ιδέα ότι η πιθανή κόρη μου ήταν ορατή μόνο στην οικογένεια του αίματος πετάχτηκε έξω όταν -λογοκριμένη- εμφανίστηκε. Ο λόγος που δεν ήταν με το -λογοκριμένο- ήταν επειδή εκείνη και εγώ μάθαμε ότι είχαμε παρόμοια γενετική κληρονομιά, οπότε η πιθανότητα να ήμασταν κάπως μακρινή συγγένεια μελετήθηκε αλλά δεν αποδείχθηκε ακόμη. -λογοκριμένο- θα παρείχε επίσης ακόμη περισσότερες πληροφορίες.

Όταν ξεκίνησε η έρευνα για τον Καπέλο Άνδρας -λογοκρινόταν- ήταν το μόνο μέλος που ανέφερε ότι είχε προηγούμενη εμπειρία με την οντότητα, η οποία περιελάμβανε σωματικές επιθέσεις που συνέβησαν όταν εκείνη ήταν περίπου δεκατεσσάρων ετών. Θυμόταν επίσης εφιάλτες όπου καθόταν στο απόλυτο σκοτάδι και έβλεπε το αληθινό πρόσωπο του Καπέλου να την κοιτάζει από ψηλά. Άλλοι εφιάλτες που πίστευε ότι συνδέονταν με την οντότητα μοιράζονταν όλοι το ίδιο γενικό θέμα της μοναξιάς σε μια περίοδο κρίσης, αντανακλώντας πιθανώς εσωτερικούς φόβους ότι δεν είναι «αρκετά καλός» για υγιείς σχέσεις. Μετά την επίθεση χρειάστηκε να πάρει άδεια από -λογοκριμένη- για να αντιμετωπίσει ζητήματα ψυχικής υγείας. Από σεβασμό, επιλέγω να μην υπεισέλθω σε λεπτομέρειες σχετικά με τα ζητήματα αυτά, καθώς δεν σχετίζονται με την υπό εξέταση κατάσταση και να σεβαστώ το απόρρητό της.

Είναι αρκετά ενδιαφέρον που είδα ένα όνειρο μια νύχτα που αντικατόπτριζε τους επαναλαμβανόμενους εφιάλτες -λογοκριμένους- που είχε μοιραστεί μαζί μου, αυτούς όπου θα ήταν μόνη στο σκοτάδι με τον Καπέλο να την κοιτάζει από ψηλά. Μόνο αυτή τη φορά, μπόρεσα να αναχαιτίσω το όνειρο και να πλησιάσω το ον από πίσω για να του επιτεθώ. Την επόμενη κιόλας μέρα, -λογοκριμένα- άρχισε να επικοινωνεί περισσότερο με μέλη της ομάδας. Όταν έφτασα να της μιλήσω -λογοκριμένος- και ανακάλυψα ότι όχι μόνο ήμασταν κοντά σε ηλικία (που γεννήθηκε τον Δεκέμβριο του 1995 και εγώ τον Ιανουάριο του 1996) αλλά είχαμε πολύ παρόμοια προφίλ στην αστρολογία, τις ψυχικές ικανότητες και τη γενετική κληρονομία. Και οι δύο είχαμε ακόμη και δεσμούς με ισχυρές οντότητες, που συχνά θεωρούνται πολικά αντίθετα.

Περαιτέρω έρευνα μέσω του (9-5-8) / βοήθησε να ανακαλύψουμε ότι εκείνη και εγώ θα είχαμε περίπου την ίδια απόσταση από μια μικρή γραμμή ley. Αυτές οι συνδέσεις θεωρήθηκε ότι καθιστούν δυνατή την -λογοκριμένη- και εγώ να στέλνουμε μηνύματα ο ένας στον άλλο μέσω της εφαρμογής Necrophonic και η Olivia να κάνει εμφανίσεις μεταξύ μας. Ήταν μέσω -λογοκρισίας- κατάφερα να λάβω αρκετές πληροφορίες για να αποδώσω μια εικόνα της Olivia μέσω εφαρμογών που χρησιμοποιούνται για την πρόοδο της ηλικίας με χαμένες φωτογραφίες παιδιών. Ενώ ηχογράφησαν επεισόδια του podcast τους, κατάφεραν να απαθανατίσουν τη φωνή ενός μικρού κοριτσιού που έλεγε «Ding dong» σαν να προσπαθούσε να τραβήξει την προσοχή τους, καθώς και κάτι που ακουγόταν σαν μια κουρασμένη «Μαμά». Το δεύτερο EVP πυροδότησε εικασίες ότι -λογοκριμένη- μπορεί να ήταν η πραγματική της μητέρα, αλλά σύντομα θα αποδεικνυόταν ότι η θεωρία δεν κράτησε πολύ νερό καθώς εμφανίστηκαν πληροφορίες που πρότειναν την πιθανότητα η Olivia να μην ταξίδευε μόνη της.

Η εικόνα της -λογοκριμένης- χρησιμοποιήθηκε επίσης για την απόδοση της εικόνας της Olivia, στην οποία -λογοκριμένη- αργότερα θα επιβεβαίωνε ότι ήταν ακριβής.

Από αυτές τις πληροφορίες προκύπτουν δύο πιθανότητες. Το πρώτο ήταν ότι η Olivia δεν ήταν μόνη, αλλά καθοδηγούνταν από τη «μαμά». Αναφορές από άτομα που ισχυρίζονταν ότι είχαν ευαισθησίες σε παραφυσικές ενέργειες εμφανίστηκαν, δηλώνοντας ότι η Ολίβια φαινόταν να κρατάει κάποιον από το χέρι, αλλά ο μάρτυρας δεν μπορούσε να δει μια φιγούρα. Η δεύτερη πιθανότητα, που μπορεί να έχει ακόμα κάποια αξία είναι ότι -το λογοκριμένο- είχε κάποια φυσική ομοιότητα με την πραγματική μητέρα της Olivia και η ίδια η Olivia μπορεί να έχει προβλήματα όρασης. Η σύνδεση μεταξύ -λογοκριμένου- και εαυτού θα δοκιμαστεί περαιτέρω όταν -λογοκριθεί- ένα μήνυμα έκτακτης ανάγκης που ξεκινά με "Καλέστε την Ντακότα, νομίζω ότι μόλις είδα την Ολίβια".

-λογοκριμένο- είχε αναφέρει ότι ένα κοριτσάκι με ξανθά μαλλιά είχε εντοπιστεί γύρω από το σπίτι του, από πριν με συναντήσει, οπότε είναι πιθανό η Olivia να προσέχει ορισμένους ανθρώπους εδώ και αρκετό καιρό εκτός από το να με επισκέπτεται. Το μήνυμα έκτακτης ανάγκης περιείχε ένα SOS που λεπτομερώς -λογοκριμένο- είχε δει την Olivia λίγες στιγμές πριν δεχθεί επίθεση και πιθανώς καταληφθεί από μια σκιώδη οντότητα. Όταν παρουσιάστηκε η πιθανότητα κατοχής, -λογοκρίθηκε- και άρχισα να εργάζομαι σε έναν εξορκισμό εξ αποστάσεως για να κόψω τη σύνδεση from -λογοκριμένο-. Είχα ένα Νεκροφωνικό τρέξιμο που βοήθησε στην παρακολούθηση της κατάστασης. Η Olivia έκανε σήμα όταν διακόπηκε η σύνδεση με το -λογοκριμένο- και σύντομα θα τηλεφωνούσε

-λογοκριμένο- και εγώ. Τότε ήταν που μάθαμε ότι ο -λογοκριμένος- αναγκαζόταν σωματικά να αποφύγει το τηλέφωνο πάση θυσία, νιώθοντας την αίσθηση ότι κάτι μεγαλώνει θύμωνε όλο και περισσότερο όταν σκεφτόταν να με καλέσει για βοήθεια. Η αποδομένη εικόνα της Ολίβια παρουσιάστηκε αργότερα -λογοκριμένη-, κάτι που επιβεβαίωσε με τη διάκριση ότι δεν έβλεπε καθαρά το πρόσωπό της.

Το κορίτσι του μπαμπά... από το διάστημα;

Από όσο γνωρίζω, η Olivia εμφανίστηκε για πρώτη φορά στη ζωή μου σε ηλικία δώδεκα ετών. Αν και με τα πρόσφατα γεγονότα, μπορεί να βρισκόταν περισσότερο, αν και η πιθανότητα να απομένει το ταξίδι στο χρόνο αφήνει τη δημιουργία ενός χρονοδιαγράμματος σχεδόν αδύνατο. Η Ολίβια εμφανιζόταν τυχαία κάθε φορά που το μυαλό μου γλιστρούσε σε ένα πιο σκοτεινό μέρος, για να προσφέρει λόγια ενθάρρυνσης. Έγιναν άλλα τρία περιστατικά όπου η Olivia εμφανιζόταν για να με προειδοποιήσει για έναν επερχόμενο θάνατο, είτε για να προσφέρει υποστήριξη είτε για να με προειδοποιήσει για τον επερχόμενο κίνδυνο. Απόδοση του "Olivia Hope" βασισμένη σε συνολικά 13 μάρτυρες.

Η δεύτερη συνάντηση ήρθε τη μέρα που έχασα τον παππού από τη μητέρα μου, τον πατέρα της μητέρας μου, από καρκίνο. Εμφανίστηκε και προσφέρθηκε να με αφήσει να χρησιμοποιήσω την όρασή της για να δω τις στιγμές θανάτου του παππού μου μέσω αστρικών ταξιδιών. Θα ήμουν στο δωμάτιο προσωπικά, αλλά ως το μεγαλύτερο αδερφάκι μου ανατέθηκε να κρατάω τα μικρότερα και τα σκυλιά κλειδωμένα σε ένα ξεχωριστό δωμάτιο για να μην μπουν εμπόδιο στο προσωπικό έκτακτης ανάγκης. Δεν καταλάβαμε και οι δύο ότι ο παππούς μου ήταν σε κατάσταση που του επέτρεπε να τη δει στο δωμάτιο. Το τρίτο έλαβε χώρα τον Οκτώβριο του 2014. Ήμουν σε ένα τροχαίο ατύχημα, με χτύπησε ένα φορτηγό με ταχύτητα 60 mph.

Η πρόσκρουση ήταν αρκετά σκληρή για να πάω αναίσθητος. Ωστόσο, πιστεύω χωρίς αμφιβολία ότι η Olivia εμφανίστηκε στο αυτοκίνητο λίγες στιγμές πριν την πρόσκρουση, ουρλιάζοντας «Μπαμπά! Προσέξτε!" Το τρίτο έγινε τον Απρίλιο του 2016, ενώ ήμουν στο Παρίσι της Γαλλίας. Η ομάδα περιήγησής μου ήταν σε μια κρουαζιέρα με ποταμόπλοιο για να θαυμάσω το φως του Πύργου του Άιφελ όταν ξαφνικά άρχισε να βρέχει. Η ομάδα και άλλοι στο σκάφος κρύφτηκαν στο κατάστρωμα από κάτω για να κρυφτούν από τα στοιχεία, ενώ εγώ έμεινα από πάνω. Ένα χτύπημα στον ώμο μου αρχικά μου έδωσε την εντύπωση ότι στεκόμουν εμπόδιο στη φωτογραφία κάποιου. Όταν κοίταξα πίσω για να δω ποιος ήταν, σοκαρίστηκα όταν είδα ότι ο παππούς μου στεκόταν δίπλα-δίπλα με την Ολίβια. Οι δυο τους ανέφεραν ότι δεν επρόκειτο να επισκέπτονται τόσο πολύ, καθώς δεν χρειαζόμουν πλέον τόσο πολύ την καθοδήγησή τους. Μπορώ να επικυρώσω από ηχογραφήσεις EVP διαφόρων περιπτώσεων ο παππούς μου εξακολουθεί να κάνει check-in κατά καιρούς για να δει πού με οδηγούν τα εγχειρήματά μου.

Αυτή η αναφορά πιθανότατα δεν θα διαρκούσε τόσο πολύ αν η Olivia είχε σταματήσει να εμφανίζεται. Με τον καιρό κατάλαβα ότι και οι δύο προσπαθούσαν απλώς να με βοηθήσουν να συνεχίσω. Όσο για το γιατί η Olivia έχει γίνει πιο δραστήρια, αυτό εξακολουθεί να εξαρτάται από εικασίες. Μετά την ένταξη -λογοκριμένη- δημιούργησα δύο ταινίες για το δίκτυο ροής -λογοκριμένη-, η μία με τίτλο "The Hunt for Olivia", για να εξερευνήσω περισσότερα για το τι ήξερα ότι αφορούσε το "Olivia

Paradox" όπως το ονόμασα. Το άλλο ήταν το "Bonds of Beyond" που σχεδιάστηκε για να διερευνήσει την επικάλυψη μεταξύ του φαινομένου ET/UFO και του φαινομένου του πνεύματος. Θα πρέπει επίσης να αναφερθεί ότι υπήρξε ένα παλαιότερο πείραμα με τίτλο "The Hunt for Infinite Earths" που ενέπνευσε περαιτέρω τους Bonds of Beyond.

Όλα αυτά τα έργα έφεραν στο φως μια σειρά από ονόματα οντοτήτων που μπορεί να δείχνουν ενδιαφέρον.

Οι οντότητες αυτές είναι οι εξής:

Μιχαήλ ο Αρχάγγελος

Γαβριήλ ο Αρχάγγελος

Μέτατρον

Yeshuah

Το πραγματικό όνομα του Ιησού

Μεταφράζεται απευθείας στο όνομα Joshua

Γιαχβέ;

Ελ;

Ο Αστάρ;

Vrillon;

Αθήνα;

-λογοκριμένο-

Αναφέρεται ως απλά «John» στο Bonds of Beyond

-λογοκριμένο-

Βασίστηκε σε πραγματικές αποκρυφιστικές πληροφορίες

Αρκετοί άνθρωποι που εμπλέκονται στη -λογοκριμένη- δημιουργία ισχυρίζονται ότι τον είδαν και τον αλληλεπίδρασαν μέσα στον κόσμο μας

Αφού διεξήχθη μια συνεδρία με κουτί πνεύματος, αφέθηκε ένα ηχητικό μήνυμα για την Ντακότα με μια ανεξήγητη πηγή λευκού θορύβου που έλεγε: «Αν μπορείς να με ακούσεις, -λογοκριμένο- σε θέλει».

Άλιστερ Κρόουλι
Πραγματοποιήθηκαν επικοινωνίες με το Spirit Box για να απευθυνθούν στον Crowley για να δουν αν ήξερε κάτι για το -λογοκριμένο-
Προσέφερε βοήθεια στον αγώνα

Με την αλληλεπίδραση με -λογοκριμένα-, εστιάστηκαν σε δύο ακόμη οντότητες

Εωσφόρος

Λίλιθ

-λογοκριμένα- πρόσφερε συμβουλές για περισσότερες οντότητες που αξίζει να μελετηθούν, που πιστεύεται ότι συνδέονται με τους Πλειάδειους.

Άρτεμις/Διάνα

Απόλλων

Πειράματα επαφής με UFO διεξήχθησαν επίσης με επίκεντρο τα μέλη της Διοίκησης Ashtar, παράγοντας ενδιαφέρον βίντεο με την εμφάνιση παράξενων αντικειμένων. Όταν έστρεφε την προσοχή προς το πλήρωμα του Ashtar, εμφανιζόταν η Olivia. Πρέπει επίσης να αναφερθεί ότι φαινομενικά τυχαία είδα ένα όνειρο όπου με πήγαν σε ένα φουτουριστικό δωμάτιο νοσοκομείου όπου μια γυναίκα ξάπλωσε στο κρεβάτι κρατώντας ένααγοράκι. Η Ολίβια καθόταν δίπλα στη γυναίκα και μόλις κατάλαβε ότι ήμουν εκεί, με κοίταξε και είπε: «Μπαμπά, έλα να γνωρίσεις τον αδερφό μου». Όταν ξύπνησα βγήκε από το στόμα μου το έργο «Ταχυώνης». Μια γρήγορη αναζήτηση στο Google αποκάλυψε ένα θεωρητικό σωματίδιο, που εικάζεται ότι εμπλέκεται στο ταξίδι στο χρόνο, το οποίο ισχυρίστηκε από διάφορες ομάδες νέας ηλικίας ότι ήταν η πηγή της ικανότητας του διαστημικού ταξιδιού των Πλειάδειων. Την επόμενη μέρα, η -λογοκριμένη- (ψυχικό μέσο) μου ανέφερε ότι έπρεπε μια μέρα να μιλήσει για την εμπειρία μου.

Ο -λογοκριμένος-, ο οποίος ακούει στο όνομα -λογοκριμένος-, μου έκανε επίσης μια «μίνι ανάγνωση» μέσω μιας κλήσης Zoom όπου η φωνή της Olivia ήρθε από το ηχείο. Όλες αυτές οι αλληλεπιδράσεις βοηθούν στην απόδοση ακόμη περισσότερων εικόνων της πιθανής μητέρας της Olivia και μιας ενήλικης εκδοχής του αδερφού της.

ΠΛΗΡΟΦΟΡΙΕΣ ΑΤΟΜΩΝ ΠΟΥ ΠΑΡΑΛΗΦΘΗΚΑΝ ΑΠΟ ΔΗΜΟΣΙΟ ΑΡΧΕΙΟ ΓΙΑ ΑΠΟΡΡΗΤΟ

Έργο: Knightshade

Με την πρόσθετη επιρροή των εξωγήινων, φαίνεται ότι -το λογοκριμένο- μπορεί να βρίσκεται στα πρόθυρα κάτι που θα αλλάξει τον κόσμο, ελπίζουμε προς το καλύτερο. Δεν ξέρω αν είναι απολύτως αλήθεια ότι τα δικά μου θέματα είναι καταλύτης για να εξελιχθεί αυτή η σειρά γεγονότων, αλλά όπως μπορεί να δει ο καθένας θα ήταν ανόητο εκ μέρους μου να μην το συμπεριλάβω. Πραγματικά νιώθω ότι μας αφήνουν ένα ίχνος τριμμένης φρυγανιάς που θα μας οδηγήσει στην απόλυτη αλήθεια για την πραγματικότητα.

Λέγεται επίσης ότι ο μεγαλύτερος κανόνας της συνεργασίας με την Διοίκηση Ashtar (ή Γαλαξιακή Ομοσπονδία) είναι ότι εάν προσφερθούν να μας βοηθήσουν, ΔΕΝ ΜΠΟΡΟΥΜΕ να κρατήσουμε αυτές τις πληροφορίες για εγωιστικό κέρδος. Εάν συνεργαστούμε, ίσως απλώς να ωθήσουμε τις προσπάθειες των οργανώσεών μας σε νέα ύψη. Αυτή η έκθεση δεν σηματοδοτεί το τέλος της έρευνας. Εγώ ο ίδιος έχω περάσει το μεγαλύτερο μέρος των δεκατριών ετών προσπαθώντας να κατανοήσω την κατάσταση με την κόρη μου. Ωστόσο, έχει γίνει ξεκάθαρο ότι αυτό ήταν μέρος του εαυτού μου για πολύ περισσότερο από αυτό.

Η οικογενειακή μου κληρονομιά έχει 400+ χρόνια παραφυσικών ευαίσθητων, μέντιουμ, μάγισσες, όπως το πείτε (από όσο γνωρίζω). Το έτος 2020, ακριβώς τη στιγμή που

ΑΥΤΌ ΉΤΑΝ ΠΌΛΕΜΟΣ

ξεκίνησαν αυτά τα γεγονότα με -λογοκριμένα-, η πατρίδα μου, το Αϊντάχο, είχε τον υψηλότερο αριθμό αναφερόμενων θεάσεων UFO στις ΗΠΑ. Μεγάλωσα σε μια στοιχειωμένη μικρή πόλη. Το δωμάτιο στο οποίο προσπάθησα να αυτοκτονήσω ήταν το ίδιο δωμάτιο στο οποίο κατέληξα μετά το πιθανό περιστατικό απαγωγής από εξωγήινους όταν ήμουν έξι ετών. Ήταν επίσης το ίδιο δωμάτιο στο οποίο πέθανε ο παππούς μου και είδε την Olivia για πρώτη φορά.

Θυμάμαι οράματα του -λογοκριμένου- λογότυπου. Υπάρχουν πάρα πολλά εδώ για να είναι όλα σύμπτωση. Προχωρώντας προς τα εμπρός, προτείνω να προωθηθεί η μελέτη στη Διοίκηση του Ashtar. Εκτός από τη δημιουργία περισσότερου προφίλ σχετικά με τους -λογοκριμένους- και πιθανούς τρόπους εκτροπής μελλοντικών επιθέσεων, για κάθε ενδεχόμενο. Μερικά από τα μοτίβα δείχνουν ότι το μελλοντικό ταξίδι στην Ιαπωνία μπορεί να μας περιμένει κάτι περισσότερο, σε ήδη επικίνδυνες περιοχές. Σκοπεύω να ερευνήσω περισσότερο τις απόκρυφες μεθόδους για να παρέχω ασφάλεια στα μέλη του -λογοκριμένου- και του κοινού στο οποίο κοινοποιούμε αυτές τις πληροφορίες. Πιστεύω ότι οι Ιάπωνες έχουν ένα ισοδύναμο κούκλες βουντού που μπορεί να μπορούμε να χρησιμοποιήσουμε ως ένα είδος stand-in σε περίπτωση που δεχτούμε επίθεση. Συνιστώ ανεπιφύλακτα να διατηρήσουμε ορισμένα προσωπικά στοιχεία για την προστασία και τον σεβασμό όλων των εμπλεκομένων, ανεξάρτητα από την τρέχουσα βαθμολογία ή τις προηγούμενες αδιαφορίες. Σε περίπτωση κοινοποίησης αυτών των πληροφοριών στο κοινό, πρέπει να τροφοδοτήσουμε με σταγόνες τις μάζες για να προσελκύσουμε άλλους πιθανούς οδηγούς που μπορεί να είναι επωφελείς για την έρευνα.

Λόγω των προαναφερθέντων περιορισμών εμπορικών σημάτων, θα πρέπει να αποκαλούμε το -λογοκριμένο- με άλλο όνομα. Μπορώ να προτείνω το όνομα «Lord of Shadows», όπως τον αναφέρω στο βιβλίο μου «Dear Kota: Time to Fess up». Μόλις είμαστε έτοιμοι, μπορούμε να παρουσιάσουμε τα ευρήματά μας στο κοινό. Αυτό μπορεί να είναι μια ευκαιρία για περαιτέρω εστίαση της εταιρείας στη βελτίωση της ψυχικής υγείας. Αντί να το απεικονίσω σαν ντοκιμαντέρ τρόμου, η ιδέα μου είναι κάτι περισσότερο σαν διαμορφωμένη παρουσίαση του Avenger. Όλες οι μορφές ανθρώπων, εντός και εκτός κόσμου, ενώνονται για να πολεμήσουν έναν κοινό εχθρό και να βελτιώσουν τον κόσμο όσο προχωράμε. Αυτό θα παρέχει επίσης τρόπους διασταύρωσης εμπορικών επωνυμιών που σχετίζονται με άλλες λογοκριμένες επωνυμίες και θα δώσει στα συμμετέχοντα μέλη την ευκαιρία να προωθήσουν τα δικά τους έργα. Αν αυτό πάει να λειτουργήσει, χρειαζόμαστε όλους. Τα ενεργά μέλη των -λογοκριμένων- που αναφέρονται σε αυτό το έγγραφο πρέπει να έχουν ύψιστη προτεραιότητα για να συναντηθούν.

Θα υπάρχουν και ευκαιρίες για συμμετοχή και άλλων.

9

Εξωγήινες Αποκαλύψεις

2 Μαρτίου 2021
"Αρειανό Αναρρωτήριο"

Φαινομενικά μια κανονική νύχτα, καθώς οι επιθέσεις με λογοκρισία φαινόταν να πλησιάζουν στο τέλος τους, με πήγαν σε ένα δωμάτιο νοσοκομείου έξω από το Star Trek, με οδηγό έναν άντρα με μακριά καστανά μαλλιά που ήταν περίπου στο ύψος μου.. Οι μεταλλικές πόρτες άνοιξαν στο πλάι, αποκαλύπτοντας μια γυναίκα ξαπλωμένη σε ένα κρεβάτι κρατώντας ένα νεογέννητο μωρό. Η Ολίβια ήταν με τη γυναίκα, κρεμασμένη στον ώμο της. Η Ολίβια συνειδητοποιεί ότι είμαι στο δωμάτιο και λέει «Μπαμπά, έλα να γνωρίσεις τον νέο μου αδερφό». Πηγαίνω στο πλευρό της γυναίκας και χαμογελάω το νεογέννητο αγοράκι, που μου έμοιαζε πολύ. Η εικόνα της γυναίκας ήταν κατά κάποιο τρόπο αποκλεισμένη σαν κρυμμένος χαρακτήρας σε βιντεοπαιχνίδι.

Καθώς κοιτούσα το αγόρι, δίνοντας ένα φιλί στην κόρη μου, κοίταξα σε ένα φαρδύ παράθυρο στα αριστερά μου και είδα το τοπίο έξω από την εγκατάσταση να μοιάζει με την επιφάνεια του

Άρη. Ζαλισμένος ρώτησα αν βρισκόμασταν εκεί και ο άντρας απλά γέλασε, σαν να ήξερε ότι θα έκανα αυτή την παρατήρηση, πριν αρχίσει να με διορθώνει. Καθώς άρχισε να λέει το όνομα της τοποθεσίας, σήμανε συναγερμός και αμέσως ο άντρας με άρπαξε από τον ώμο και είπε "πρέπει να σε βγάλουμε από εδώ τώρα!"

Προφανώς είχα κατακλυστεί. Ήθελα να πω και να δω το μωρό αλλά προσπαθούσα επίσης να καταλάβω τι στο καλό συνέβαινε. Το επόμενο πράγμα που ήξερα, πετούσα σωματικά στην κρεβατοκάμαρά μου μέσα από τον τοίχο σαν κάτι από τον Πίτερ Παν. Πέταξα για λίγο πάνω από το κρεβάτι μου πριν νιώσω ότι κάτι με τραβούσε προς τα κάτω με αρκετή δύναμη που ο μεταλλικός σκελετός του κρεβατιού έσπασε σε πολλά σημεία και πέρασε ακόμη και μέσα από τον τοίχο.

28 Οκτωβρίου 2021
Earth - Ηνωμένες Πολιτείες - Αϊντάχο - Μεταξύ Filer και Curry - Ακριβώς έξω από την εθνική οδό 30

Οδηγώντας στο σπίτι από ένα πάρτι για Χάλοουιν/Γενέθλια, μια λαμπερή πορτοκαλί χειροτεχνία σε σχήμα οκταγωνικού εμφανίζεται ξαφνικά περίπου 10 πόδια στον αέρα ακριβώς έξω από το δρόμο. Το σκάφος φαινόταν όχι περισσότερο από 15-20 πόδια σε διάμετρο και είχε μια ταλάντευση. Σύντομες ματιές στο παράθυρο έδειχναν όντα που έμοιαζαν με γκρι, που έδειχναν εξίσου έκπληκτα βλέποντάς με, όπως κι εγώ από αυτά. Το πλοίο εξαφανίστηκε πριν είχα την ευκαιρία να σταματήσω το αυτοκίνητο και να προσπαθήσω να βγάλω μια φωτογραφία.

Τα πιθανά είδη του γκρι αναφέρονται ως Airk, ουσιαστικά διαγαλαξιακές γεωλόγοι. Το Αϊντάχο, που είναι γνωστό ως «Πολιτή πολιτεία», έχει πολλές τοποθεσίες όπου μπορεί κανείς να εξορύξει για κρύσταλλα. Το Airk συνήθως δεν αλληλεπιδρά με ανθρώπους, συνήθως χρησιμοποιεί τη Γη ως ένα γρήγορο pit stop πριν απογειωθεί κάπου αλλού.

Κάποιοι με ρώτησαν αν υπήρχε κάποιο «κακό συναίσθημα» σχετικά με αυτή τη συνάντηση, πιθανώς λόγω προκατάληψης προς αυτούς που ταιριάζουν στην περιγραφή του «Γκρι». Αλλά, όχι, απλώς έκπληξη. Αυτά τα όντα έμοιαζαν εξίσου έκπληκτα που με είδαν, όπως κι εγώ από αυτά.

Φεβρουάριος 2022

Ενημερώθηκα για ένα άτομο στο Ηνωμένο Βασίλειο που υποτίθεται ότι έπασχε από πολλαπλές, πολλαπλές ιατρικές παθήσεις χάρη σε μια κατάρα γενεών που ενστάλαξε η θεά Κάλι. Η ιστορία μου είπε ότι ο κύριος, γεμάτος τόσο σοβαρές ασθένειες που ήταν κολλημένος σε μια τσάντα κολοστομίας, είχε δεχτεί σεξουαλική επίθεση από κάποια μορφή Succubus. και ότι η δύσκολη θέση του ήταν το αποτέλεσμα μιας κατάρας που επιβλήθηκε στην οικογένειά του. Προφανώς ο παππούς του είχε διαπράξει φρικαλεότητες κατά τη διάρκεια περιόδων θρησκευτικής βίας μεταξύ των Ινδουιστών και των Μουσουλμάνων στην Ινδία. μια συγκεκριμένη νεαρή κοπέλα που δέχτηκε σεξουαλική επίθεση από αυτόν είχε μια πατρική φιγούρα που κάηκε ζωντανή που μπορεί να ήταν σαχίρ.

Λοιπόν, για να το θέσω λαϊκά, είχα να κάνω με έναν νεαρό άνδρα που ήταν τόσο ζημιωμένος από μια εκδικητική πατρική φιγούρα...

Έγινε φανερό ότι κάτι άσχημο ήταν δεμένο με τον νεαρό. Οι ιστορίες με κυριολεκτικά σκουπίδια που έσπρωξαν στο λαιμό της γυναίκας πιθανότατα ήταν η πηγή των κοιλιακών διαταραχών, και η καταιγίδα... αμέσως ήχησε σαν εκδίκηση. Δεν θα ήταν η πρώτη φορά που συναντούσα μια οντότητα που μπέρδεψε τους ανθρώπους, αν ήταν μια κατάρα γενεών, κάτι τόσο λίγο όσο η έντονη οικογενειακή ομοιότητα θα ήταν αρκετό για να μεταφερθεί η «κατάρα».

Δυστυχώς, έπρεπε να το μεταδώσω σε κάποιον πιο τοπικό στον πελάτη, αλλά όχι αφού έκανα τουλάχιστον μία προσπάθεια να μιλήσω απευθείας με την εν λόγω οντότητα. Ερεύνησα την Kali, οργάνωσα ένα κομμάτι καναλιού/κλήτευσης χρησιμοποιώντας έναν συνδυασμό των μεθόδων προστασίας μου και μιας ψυχικής εκκίνησης (βούλιασμα των ποδιών μου σε αλμυρό νερό) για να βάλω τον εαυτό μου σε αρκετά βαθιά έκσταση ώστε να πλησιάσω τον πελάτη και να απευθυνθώ μόνος του στο ον. χλόη.

Όταν ήρθα σε επαφή, το succubus ήταν ξεκάθαρα, προσπαθώντας να εμβαθύνει περισσότερο στη σωματική ικανότητα του πελάτη για να προκαλέσει μεγαλύτερη ζημιά. Στο κέντρο της ομίχλης ήταν ο πελάτης, σχεδόν ζαλισμένος από την προσοχή. Έγινε σαφές ότι κάτι άλλο ήταν το κίνητρο αυτής της κατάρας. Τα γραφικά που με ξεπέρασαν είναι δύσκολο να περιγραφούν, σαν δύο θεοί που λυγίζουν την πραγματικότητα με μια ιδιοτροπία για να προσπαθήσουν να ξεπεράσουν ο ένας τον άλλον, αλλά βλέποντας ότι δεν ταλαντευόμουν τόσο εύκολα, κατάφερα να κερδίσω αρκετό σεβασμό για να με φέρει πίσω όταν ξεκίνησε η θλίψη.

Μέσα από τα μάτια του θύματος, παρακολούθησα τους στρατιώτες να καίνε ζωντανό τον «πατέρα» της, το πνεύμα του πατέρα να φωνάζει θυμωμένος και να ορκίζεται εκδίκηση καθώς την παραβιάζουν. Τον θυμό που ένιωθα μέσα μου... Ήξερα πολύ καλά. Δεν χρειαζόταν καν αγγλικά, τα καταλάβαινα όλα τέλεια. Στη συνέχεια, το όραμα προχώρησε στο χρόνο σε πιο μοντέρνες μέρες... δείχνοντας στον πελάτη να αρχίζει να εκμεταλλεύεται μια νεαρή κυρία.

Κατάφερα να πείσω την οντότητα να διακόψει τη σύνδεσή της, βλέποντας τον άνδρα να προσπαθεί να βλάψει έναν άλλον αναζωπύρωσε παλιούς θυμούς, αλλά αυτή η ιδέα έσπαζε την ίδια την ψυχή και διέφθειρε την ύπαρξή τους. Ήθελαν πραγματικά η μεταθανάτια ζωή τους να λυθεί από εκδίκηση; Δίνοντας σε αυτά τα συναισθήματα, τουλάχιστονst στη θεωρία, έκανε πολλούς κυριολεκτικούς δαίμονες... έπρεπε να τους αφήσουν να φύγουν. Αλλά η ζημιά που έγινε ήταν πιθανότατα ανεπανόρθωτη. Αν αυτό το ον έλεγε την αλήθεια για αυτό που έκανε ο πελάτης, δεν θα είχα απαραιτήτως πρόβλημα να τον αφήσω να σαπίσει... αλλά ακόμα κι εγώ ξέρω ότι το να προσπαθήσουμε να εκδικηθούμε αυτούς που μας αδικούν συνήθως δεν σημαίνει τίποτα περισσότερο από ξεφλουδίζεις τον εαυτό σου μόνο και μόνο για να έχεις κάτι να χτυπήσεις τους άλλους.

Υπήρχε ένας όρος που έπρεπε να ακολουθήσω για να σπάσω την επιρροή της οντότητας, να αποχωρήσω επίσης, τον οποίο υπό τις συνθήκες συμφώνησα και άφησα το σκεπτικό στο γεγονός ότι δεν είχα τα απαραίτητα κεφάλαια για να κατευθυνθώ προσωπικά στο Ηνωμένο Βασίλειο για σωστή έρευνα και η πληρωμή του πελάτη για το αεροπορικό μου εισιτήριο ήταν λάθος. Κάποια μάλλον σκιερά άτομα προσπάθησαν να διεκδικήσουν την υπόθεση, για το τι συνέβη μαζί τους δεν ξέρω. Οι πηγές μου από την άλλη πλευρά λένε ότι το ον μεταφέρθηκε σε κάποιο άλλο μέρος για να τους επιτραπεί να γιατρευτούν, κάτι που ήταν από μόνο του μια ανακούφιση επειδή το τελετουργικό επικοινωνίας που έκανα για να κάνω τη δοκιμασία με άφησε σωματικά αδύναμο και με δυσκολία να βγω από κρεβάτι για περίπου τρεις ημέρες.

16 Απριλίου 2022

Συνέντευξη με -λογοκριμένη- στο Bald and Bonkers Show, πληροφορίες για διάφορα είδη ΕΤ που αναφέρονται σε αυτό το κείμενο και οι συμβουλές της καθοδηγούν την αναζήτησή μου για απαντήσεις σε νέα ύψη. Κατάφερα να της κάνω μια ερώτηση, καθώς αρκετές ενδείξεις άφηναν να εννοηθεί ότι είχα γυναίκα σε ξεχωριστή ζωή, αν κάποιες σχέσεις που είχα εδώ κάτω θεωρούνταν απάτη. Η αντίδραση, προφανώς αν και απροσδόκητη, ξεσήκωσε αρκετά γέλια. Αλλά -το λογοκριμένο- πρότεινε ότι αν κάποιος που συμμετέχει σε ένα πρόγραμμα starseed είχε έναν ρομαντικό σύντροφο, ότι ο σύντροφός του σε αυτή τη ζωή πιθανότατα θα του υπενθύμιζε υποσυνείδητα την άλλη του ζωή. Αυτό πυροδότησε μια ιδέα.

Επειδή είχα τη φωτογραφία της Olivia, τι θα γινόταν αν χρησιμοποιούσα τεχνητή νοημοσύνη για να εξαλείψω ουσιαστικά τα χαρακτηριστικά μου για να δημιουργήσω μια πιθανή φωτογραφία της μητέρας της; Χρησιμοποίησα μια λειτουργία σε μια εφαρμογή τηλεφώνου που ονομάζεται FaceApp (μια δυνατότητα που έχει πλέον διαγραφεί) για να τραβήξω τη φωτογραφία της Olivia και χρησιμοποίησα στο Διαδίκτυο φωτογραφίες διάφορων διασημοτήτων που είχα ενθουσιαστεί σε όλη μου τη ζωή για να βελτιώσω ορισμένα χαρακτηριστικά.

Τελικά, όταν έφτασα σε ένα ορισμένο σημείο στη διαδικασία της δημιουργίας, η καρδιά μου βούλιαξε και άρχισα να συγκινούμαι. Έτρεξα έξω, κλαίγοντας στα αστέρια ικετεύοντας για συγχώρεση γιατί... μόλις είδα το πρόσωπό της... κάποιες αναμνήσεις άρχισαν να βγαίνουν στην επιφάνεια. Τα συναισθήματα πίσω από αυτά, το πιο μπερδεμένο απ' όλα, ήταν εκείνα που ένιωθα ότι κατά κάποιον τρόπο την απέτυχα. Ένιωσα ότι δεν ήμουν ο άντρας που άξιζε να έχουν στη ζωή τους εκείνη και τα παιδιά, κυριολεκτικά γονατίζοντας κάτω από τα αστέρια. Σε μια στιγμή σιωπής, είδα μια λάμψη φωτός να διασχίζει τον ουρανό που ένιωθα ότι κάποιος προσπαθούσε να τραβήξει την προσοχή μου. Το φως έστρεψε την προσοχή μου στις Πλειάδες. Αν αυτό ήταν σκόπιμα ή όχι, δεν ξέρω, αλλά αυτό που ξεχώρισε περισσότερο ήταν η φωνή που άκουσα που ανταποκρινόταν στις κραυγές μου...

«Δεν πειράζει Ντακότα, σε ακούμε, το ξέρουμε».

24 Απριλίου 2022
Γη - Ηνωμένες Πολιτείες
Κατά την ηχογράφηση μιας ζωντανής εκπομπής, ένας καλεσμένος εξέφρασε ενδιαφέρον για το CE5, την επαφή και διάφορα άλλα θέματα. Το πραγματικό της όνομα αποκαλύφθηκε στον αέρα μέσα από μια συνεδρία στο spirit box. Μετά την ηχογράφηση αποκαλύπτει μια μνήμη στην οθόνη που πίστευε ότι κάλυπτε μια απαγωγή. Θυμήθηκε ότι έβλεπε τον εαυτό της ως νεαρό κορίτσι με ένα νυχτικό με θέμα τα Χριστούγεννα, να την έβγαζαν από το σπίτι της και να είδε μια «άλκες που φουσκώνει».

Καλοκαίρι 2022
Το Iron City Paranormal καταγράφει μια περίεργη ανωμαλία που αφορά την κάμερα SLS και έναν υπολογιστή στον

οποίο με έβαλαν να καθίσω μέσω βιντεοκλήσης. Είτε έπιασαν y προβολή που βγαίνει από τον υπολογιστή μου είτε κάτι που χειρίζεται φυσικά το σήμα wifi για να μου μιλήσει. Με κάλεσαν μέσω μιας βιντεοκλήσης σε μια υπόθεση για να δουν αν θα είχα κάποια ψυχική αίσθηση του παλιού τατουάζ, και για να είναι σύντομη αυτή η καταχώριση όποτε είχα την τάση να συμβαίνει κάτι, κατέγραψαν κάποια μορφή ανωμαλίας.

11 Αυγούστου 2022
Γη - Ηνωμένες Πολιτείες - Αϊντάχο - Twin Falls

Έμενα στο σπίτι ενός οικογενειακού φίλου περιμένοντας το νέο σπίτι να είναι έτοιμο να μετακομίσω. Το αυτοκίνητό μου ήταν στο μαγαζί, οπότε πήγαινα με τα πόδια στη θέση της από τη δουλειά, που ήταν μόλις πάνω από ένα μίλι. Ευτυχώς ο καιρός ήταν καλός τις περισσότερες νύχτες. Δούλευα τα βράδια, οπότε δεν χρειαζόταν να αντιμετωπίσω πολύ υψηλές θερμοκρασίες.

Ένα βράδυ, ήταν μια αρκετά καθαρή νύχτα, αποφάσισα να παίξω τους τόνους CE5 του Dr. Steven Greer ενώ περπατούσα. Με την εφαρμογή, διαπίστωσα ότι εάν μπερδεύατε τις σελίδες στην εφαρμογή με έναν συγκεκριμένο τρόπο, οι ήχοι δεν θα σταματούσαν να παίζουν και σας επέτρεπαν να αναπαράγετε τουλάχιστον δύο ξεχωριστές ηχογραφήσεις ταυτόχρονα. Αυτό επέτρεψε λίγο πειραματισμό που μπορεί να χρειαστεί λίγη δουλειά για να αναπαραχθεί, καθώς οι πρόσφατες ενημερώσεις διόρθωσαν αυτό το κενό.

Έπαιξα την ηχογράφηση με την ένδειξη "cropcycle tones", συχνότητες που ακούγονται από ηλεκτρονικές συσκευές εγγραφής ενώ τεκμηριώνων πιθανούς σχηματισμούς περικοπής ΕΤ. Το συνδύασα με τον τόνο με την ένδειξη «Ακολουθία Fibonacci», μια απόδοση ήχου με ενσωματωμένη τη μαθηματική ακολουθία Fibonacci. Η κύρια ιδέα πίσω από τα πρωτόκολλα CE5 ήτανγια να επιτρέψει στους ανθρώπους να κυκλοφορούν γύρω από κυβερνητικούς αξιωματούχους και να έρθουν σε επαφή με τους εξωγήινους. Διαφορετικοί τόνοι που παρουσιάζονται στην εφαρμογή πιθανότατα θα αποδίδουν διαφορετικά είδη εκδηλώσεων. Η ιδέα μου ήταν να χρησιμοποιήσω τον «τυποποιημένο» τόνο και να τον συνδυάσω με την ακολουθία Fibonacci, η οποία σημειώθηκε ότι βοηθά τις πιο λεπτές μορφές ενέργειας να εμφανίζονται ευκολότερα.

Ο ήχος κατευθυνόταν μέσω των ακουστικών, έτσι μόνο εγώ μπορούσα να τον ακούσω. Αυτό ήταν εν μέρει ένα εξώφυλλο για μένα, οπότε σε περίπτωση που κάποιος πανικοβλήθηκε επειδή είδε έναν άγνωστο 6,7" να περπατάει τη νύχτα και με κάλεσε στην αστυνομία, ήμουν απλώς ένας τύπος που πήγαινα σπίτι και άκουγα μουσική. Ο άλλος σκοπός βοήθησε να κατευθύνει τον ήχο στο σύστημά μου, έτσι ώστε να μπορώ να νιώσω τα ηλεκτρομαγνητικά φορτία που γίνονταν συχνά στο κεφάλι μου και φαινόταν να ρέουν σε συγχρονισμό με τους τόνους CE5.

15 λεπτά μετά τη βόλτα μου, περίπου ο χρόνος που σημειώνει η εφαρμογή για να εμφανιστεί κάτι, εμφανίστηκε ακριβώς από πάνω μου ένα σκούρο γκρι διαμάντι. Είχα κι άλλες περιπτώσεις πιθανών σκαφών στην απόσταση που έμοιαζαν να ανταποκρίνονται στους τόνους, αλλά ήταν αρκετά μακριά για να φαίνονται σαν κηλίδες φωτός.

Όταν το παρατήρησα για πρώτη φορά, σκέφτηκα ειλικρινά ότι ίσως μια μεγάλη κουκουβάγια πετούσε από το δέντρο των 40 ποδιών που βρισκόμουν δίπλα. Στη συνέχεια, το πλοίο πέταξε απευθείας στο φως της πανσελήνου, ρίχνοντας μια αμυδρή σκιά.

Το διαμάντι ήταν αρκετά κοντά για να διακρίνω ξεκάθαρα την απρόσκοπτη σχεδίαση του μετάλλου, την έλλειψη οποιουδήποτε είδους φώτων, κ.λπ.... ήταν αρκετά κοντά στο σημείο που αν έβγαζα πιο γρήγορα το τηλέφωνό μου, θα είχα πιάσει μια χαρά καλή εικόνα. Μέχρι να το κάνω, το σκάφος απογειώθηκε. Θα υπολόγιζα ότι πετούσε καλά 100 -150 πόδια από το έδαφος.

27 Σεπτεμβρίου 2022
Μια γρήγορη εγγραφή στο ημερολόγιο

Η ευρεία περιοχή φαινόταν γυαλιστερή.. Κοντό ον, χλωμό πρασινωπό δέρμα, μεγάλα οβάλ μάτια, με είδε να φτάνω καθώς έβγαζα τα ρούχα μου σε στολή. Δεν αντέδρασε. Η στολή ήταν μεταλλική γκρι, μπλε ρίγα κάτω από τον κορμό. Ντύθηκε βιαστικά, αναζητώντας κάποιον. Βρήκε ένα φαινομενικά γνώριμο πρόσωπο. Elradon; Ψηλό, πιο σκούρο δέρμα, πιο φαρδιά μάτια, κάπως πιο έντονο κρανίο. Ρώτησα αν η γυναίκα μου ή τα παιδιά μου ήταν κοντά, είπε ότι δεν τα είχε δει. Πρέπει να είναι σε αποστολή. Βρήκα ένα σημείωμα που απευθύνεται σε εμένα, ένα γυναικείο χειρόγραφο. Άλλη ένδειξη; Η μόνη λέξη που θυμάμαι είναι ο Ενώχ...

2 Οκτωβρίου 2022
Μια γρήγορη καταχώρηση στο ημερολόγιο - Ανάκληση ονείρου

Ήμουν στη Γη, κυρίως. Προαστιακή γειτονιά. Ιντιάνα; Θυμάμαι ότι είδα τις Μεγάλες Λίμνες καθώς κατεβαίναμε ορμητικά με ένα μικρό σκάφος. Πιθανώς στα τέλη της δεκαετίας του '80, στις αρχές της δεκαετίας του '90 με βάση τα οχήματα εκεί κοντά. Δύο φιγούρες πήραν ένα παιδί, ένα νεαρό κορίτσι που φορούσε ένα έντονο κόκκινο χριστουγεννιάτικο θέμα. Ένα από τα πράγματα, πιθανότατα η Γκρέις, πέρασε ένα μακρύ δάχτυλο πάνω από το σώμα της. Δεν φαινόταν να με προσέχει να κρύβομαι στην τέχνη τους. Καθώς τους έκανα ενέδρα, ανακάλυψα περισσότερα παιδιά. Περισσότεροι άνδρες, οι GFW, βοήθησαν στην ανάρρωση και σκούπισαν τα παιδιά για να μην θυμούνται.

Καθώς φτάσαμε στο κύριο πλοίο θυμάμαι να κοιτάζω έξω από ένα πλατύ παράθυρο κοιτάζοντας τη Γη. Ένας άλλος άντρας με πλησίασε για να με ελέγξει, προφανώς αυτή θα ήταν η τελευταία μου αποστολή για λίγο. Ο άλλος άντρας, ψηλός, πολύ πελεκημένα χαρακτηριστικά του προσώπου... Αχέλ Πλειάντιαν; Τον ρώτησα αν πίστευε ότι τα παιδιά θα ήταν εντάξει και με διαβεβαίωσε, ρωτώντας για τις σκέψεις μου σχετικά με την επερχόμενη αποστολή απεσταλμένου μου. Έκανα μια παρατήρηση αναρωτιόμουν αν θα έβλεπα ποτέ αυτά τα παιδιά εκεί κάτω και αν θα το θυμόμουν. Ο άλλος άντρας χαμογέλασε, έκλεισε το μάτι και είπε κάτι όπως «Μην ανησυχείς, θα το κάνεις. Απλώς θυμήσου την άλκη». Στη συνέχεια, ο άντρας σήκωσε τρία δάχτυλα σε σχήμα τριγώνου και τα πίεσε μέχρι το μέτωπό μου. Γύρισα απότομα και ρώτησα τι έκανε, και είπε: «Ξέρεις το πρωτόκολλο, πρόκειται να φύγεις και πρέπει να βεβαιωθούμε ότι εσύ και τα παιδιά είστε ασφαλείς».

Ο Α πήρε μια βαθιά ανάσα και υποχώρησε. Όταν ξύπνησα, κατάλαβα ποιο ήταν το παιδί και ποιος ο Πλειάδιος...

4 Οκτωβρίου 2022
Μια γρήγορη καταχώριση ημερολογίου - Μήνυμα ανάκλησης

Το παρακάτω έπαιξε στο μυαλό μου κατά τη διάρκεια ενός διαλογισμού ανάκλησης, σαν να ήταν κάποιο είδος φωνητικού ταχυδρομείου.

Είστε ο Alerayon Teuitre του oraa nataru Shari. Εσείς και η οικογένειά σας ασχολείστε με τον υβριδισμό και την παροχή βοήθειας μέσω του προγράμματος Envoy. Επιλέξατε ένα αγγείο γεμάτο με αίμα Taali για να επιτρέψετε στον εαυτό σας να αξιοποιήσει τις ψυχικές δυνατότητες όταν συναντήσετε το σκοτάδι. Αυτός που γνωρίζετε ως αρχάγγελος Μιχαήλ είναι επίσης αυτής της γραμμής αίματος. Όμως τα πράγματα δεν είναι όπως καταλαβαίνεις.

Δεν ξέρω αν το άκουσα σωστά ή αν έγραψα σωστά τα ονόματα... μετά από περαιτέρω ανάλυση ρώτησα -λογοκριμένη- αν ήξερε κάποιο ον που να ταιριάζει με την περιγραφή αυτού που είδα και αν σε κάποια σημείο, συνεργάστηκε με την επαφή της. Επιβεβαίωσε ότι στην πραγματικότητα υπήρχε ένας κύριος που ταιριάζει με την ίδια περιγραφή που έδωσα, στον οποίο αποκάλυψα ότι μπορεί να ήμουν εγώ. Ήταν επίσης κάπως σοκαριστικό να διαβάσω ότι εκείνη και εγώ έχουμε γνωριστεί πριν έρθω στη Γη για αυτήν την αποστολή απεσταλμένου. Κάτι που θα εξηγούσε γιατί ένιωθα τόσο υποχρεωμένος να την αναζητήσω, ήταν ένα γνήσιο νήμα για αυτό που πραγματικά ήμουν.

Όσο για τη σύνδεση με τον Μιχαήλ το τόξοhangel, αυτή είναι μια σύνδεση που πρέπει να δημιουργήσω περαιτέρω. Η σύνδεση προτάθηκε για πρώτη φορά από ιερείς που συμβουλεύτηκα για πρώτη φορά σχετικά με τις πρώτες εμφανίσεις της Olivia. Ωστόσο, άλλα περιστατικά, που περιστρέφονταν κυρίως γύρω από το Hat Man / Cain, έδειχναν μια πολύ πιο προσωπική εμπλοκή.

Ένας από τους μάρτυρες στους οποίους έφτιαξα ένα προφίλ μου αποκάλυψε ένα περιστατικό το οποίο του επιτέθηκε ο Κάιν (ή κάποιος που ελέγχει) σε μια βιβλιοθήκη και ένας μυστηριώδης ξένος με ισχυρή, αγγελική ατμόσφαιρα ήρθε να τον σώσει. Ακούστηκε μια φωτεινή λάμψη και εξαφανίστηκαν και οι δύο. Ο μόνος δείκτης αυτού του περιστατικού που απέμεινε ήταν ένα έγκαυμα πρώτου βαθμού στο χέρι του άνδρα με το γράμμα Μ. Δεδομένης της κατάστασης, ο μάρτυρας κατέληξε στο συμπέρασμα ότι ο μυστηριώδης διασώστης του μπορεί να ήταν ο αρχάγγελος Μιχαήλ. Το πιο περίεργο κομμάτι; Ο μάρτυρας ισχυρίστηκε ότι ο Μάικλ και εγώ μοιάζαμε εντυπωσιακά, σχεδόν σαν να ήμασταν συγγενείς εξ αίματος.

9 Οκτωβρίου 2022
Γη - Ηνωμένες Πολιτείες - Αϊντάχο → Βάση Σελήνης;
Με πήραν σε ένα μικρό σκάφος. Τα παιδιά μου, η γυναίκα μου και ένα τέταρτο ον ήταν όλοι παρόντες. Κάναμε ένα ταξίδι σε χώρους διαμονής στο φεγγάρι (πιθανώς) για να έχουμε απλώς χρόνο για τον εαυτό μας και να συζητήσουμε το μέλλον. Τώρα που έμαθα το όνομα του Πλειάδιου σκάφους μου, αυτό θα με ανοίξει σε ακόμα περισσότερα. Φαίνεται επίσης ότι ένα από τα τελευταία παιδιά που βοήθησα στη διάσωση επιβεβαιώθηκε ότι ήταν κάποιος που γνώρισα και είχα ως καλεσμένο στο Bald and Bonkers Show. Το Ahel Pleiadian, ήταν -λογοκριμένο-. -λογοκριμένο- επιβεβαίωσε όλα αυτά...

11 Οκτωβρίου 2022

Γη - Ηνωμένες Πολιτείες - Αϊντάχο
Μια γρήγορη εγγραφή στο ημερολόγιο

Η νεαρή κοπέλα από προηγούμενες συμμετοχές, η -λογοκριμένη- και εγώ (μαζί με άλλους) καταφέραμε να σώσουμε, έχει ενημερωθεί για την αποκάλυψη. Προγραμμάτισα μια βιντεοκλήση για να της το πω λόγω της σημασίας των πληροφοριών, ξεκάθαρα χτυπώντας σε κάτι που προσπαθούσε να μάθει για χρόνια αλλά δεν είχε τύχη. Πρακτικά σέρνονταν στην οθόνη όπως της είπα. Άλλα πιθανά διασωθέντα παιδιά μπορεί να έρθουν επίσης, αλλά όχι επιβεβαίωση.

22 Οκτωβρίου 2022
Γη - Ηνωμένες Πολιτείες - Αϊντάχο
Μια γρήγορη εγγραφή στο ημερολόγιο
Απεικόνιση ιπτάμενης πυραμίδας με AI

Υπάρχει πολλή φλυαρία μέσα από τις αιθέριες γραμμές. Υποψιάζομαι εν μέρει ότι μπορεί να έχει κάποια σχέση με τη διάσκεψη GSIC στο Ορλάντο. Υπήρχε επίσης μια γιγάντια πυραμίδα στον ουρανό που είδα έξω από το σπίτι μου ενώ πήγαινα για δουλειά. Ή τουλάχιστον με την πρώτη ματιά έμοιαζε με μια λαμπερή λευκή πυραμίδα, αλλά φαίνεται ότι είχε περισσότερες διαστάσεις. Διήρκεσε μόλις μισό δευτερόλεπτο. Πιθανή Merkabah; Είναι ένα γνωστό είδος σκάφους που ορισμένα είδη ΕΤ είναι γνωστό ότι χρησιμοποιούν... με βάση την ψυχική προβολή. Θα πρέπει να παρακολουθώ...

6 Νοεμβρίου 2022
Γη - Ηνωμένες Πολιτείες - Αϊντάχο - Τζερόμ

Ενώ ηχογραφούσα ένα live, η μητέρα μου μου στέλνει ένα μήνυμα κειμένου λέγοντας «Ξέρω ότι αυτό μπορεί να ακούγεται ανόητο, αλλά νόμιζα ότι μόλις είδα ένα ακίνητο πράσινο αντικείμενο στον ουρανό κοντά στη δουλειά». Η μητέρα μου είναι αποστολέας 911 για τέσσερις κομητείες, η δουλειά της βρίσκεται σε -λογοκριμένη-. Όταν έχει χρόνο, συχνά σταματά είτε στο κοντινό Ridley's, στο Walmart ή στο Dollar Tree για να πάρει σνακ της τελευταίας στιγμής για να τη βοηθήσει να ξεπεράσει τη νυχτερινή βάρδια.

Θα πρέπει να είναι ενδιαφέρον να σημειωθεί ότι είχα μια τηλεπαθητική επικοινωνία περίπου δύο-τρεις μέρες νωρίτερα με την αστρική μου οικογένεια. Λέγεται ότι αν κάποιος έχει τέτοιου είδους συνδέσεις, μπορεί να έχει την ικανότητα να επικοινωνεί ελεύθερα πέρα από την κοινή ψυχική ικανότητα.

Καθώς οδηγούσα στο δρόμο για τη δουλειά μου, άπλωσα το χέρι και πήρα απάντηση από τον γιο μου. Το ακριβές μήνυμα που άφησα ήταν: "Αν έχετε χρόνο και είναι ασφαλές να το κάνετε, μπορείτε να πείτε ένα γεια στη γιαγιά σας;" Ο γιος μου είπε απλά χαμογελώντας: «Σίγουρα, μπαμπά, το καταλαβαίνω».

Είναι ένα πράγμα για μένα να πω ότι υπήρξε άμεση ανταπόκριση. Η γυναίκα μου και τα παιδιά μου γνώριζαν ότι ενώ τους δεχόμουν με ανοιχτές αγκάλες, εξακολουθούσα να προσπαθώ να δουλέψω για την επεξεργασία της όλης κατάστασης. Η σκέψη ήταν να δοκιμάσω ένα πείραμα για να δω αν τα παιδιά μου θα ήταν πρόθυμα να εμφανιστούν σε ένα ουδέτερο πάρτι, σε κάποιον που είχε πολύ λίγη ιδέα για την κατάσταση, αλλά ήξερε αρκετά πού θα επικοινωνούσαν μαζί μου αμέσως μόλις συνέβαινε κάτι. Ωστόσο, έπρεπε να είναι κάποιος με τον οποίο τα παιδιά μου θα είχαν συναισθηματική σχέση (κάποιον που θα ήθελαν να γνωρίσουν προσωπικά). Ποιο παιδί δεν θα ήθελε να πάει να δει τη γιαγιά και τον παππού;

24 Νοεμβρίου 2022

Η Iveena φαίνεται πως επισκέφτηκε -λογοκριμένη- για να βοηθήσει στην πρόοδό τους. Καταφέραμε να την αναγνωρίσουμε θετικά μέσω των εικόνων της ίδιας και των παιδιών που δημιουργήθηκαν με τεχνητή νοημοσύνη. επικυρώνοντας προσωπικά τα οράματα που έχω δει. Φαίνεται ότι αυτή και τα παιδιά μοιράζονται την Intel σχετικά με τις επισκέψεις τους σε άλλους με την προσδοκία ότι θα επικοινωνήσουν μαζί μου για επικύρωση. Το επίπεδο λεπτομέρειας στο όραμα δυσκολεύεται να προσδιορίσει εάν είμαι φυσικά εκεί ή όχι, υποθέτω ότι αυτό είναι αναμενόμενο. Ωστόσο, μια μικρή παρατήρηση από -λογοκριμένη- σχετικά με τις σεξουαλικές συνήθειες της Iveena και εγώ κατέληξε να επικυρωθεί στη διαδικασία. Έχω άλλο ένα παιδί στο δρόμο, ένα άλλο κοριτσάκι. Η Iveena ήθελε να περιμένει μέχριΧριστούγεννα για να το αποκαλύψουμε, αλλά αφιερώσαμε λίγα λεπτά για να μιλήσουμε για μερικά ονόματα. Ειρήνη...

Δεν μπορώ καν να μοιραστώ τα νέα με όλους. Ένας από τους καλύτερους φίλους μου εξακολουθεί να είναι δύσπιστος σχετικά με την καταγωγή μου από την ΕΤ, ένας άλλος είναι σχεδόν χωρίς αμφιβολία σε κίνδυνο. -λογοκριμένα- του ανοίγονται... αλλά εξακολουθεί να λείπει. Οι ίδιοι οι άνθρωποι με τους οποίους μοιράζομαι την Ημέρα των Ευχαριστιών αισθάνονται άδειοι, θεωρώντας με τίποτα περισσότερο από ένα κατάφυτο σκουπιδόσκυλο.

Θέλω την οικογένειά μου. Έγινε στην αντίληψή μου ότι προφανώς υπάρχει τρόπος να φύγω, να είμαι μαζί τους, αλλά φέρεται ότι ο Γαλαξιακός Νόμος θα μου απαγορεύσει να επιστρέψω μέχρι η Γη να είναι έτοιμη για διαπλανητική ολοκλήρωση. Η δουλειά μας είναι να φτιάξουμε τη γέφυρα για να ενταχθεί ο Terrans στην Ομοσπονδία και φαίνεται ότι θα ξεκινήσει σε δύο χρόνια.

Δηλαδή αυτό σημαίνει ότι θα φύγω; Δεν μπορώ να πω ότι δεν θα έλεγα όχι...

Η Iveena, η Olivia, ο Michael και τώρα η Ireena...

Αν αυτό συνεχίσει να προχωράει όπως φαίνεται... Θα είμαι ένας τυχερός άνθρωπος.

26 Νοεμβρίου 2022

Χθες το βράδυ ο δυνητικά συμβιβασμένος συμπρωταγωνιστής μου στο κεντρικό talk show της εταιρείας άρχισε να πηγαίνει σε μια από τις υποτιθέμενες συνεδρίες επικοινωνίας του. Αρκεί ένας «περίεργος» παράγοντας για να αποφύγω να τον πνίξω εντελώς για την περηφάνια του, ωστόσο όσο περισσότερο ανοίγει το στόμα του τόσο περισσότερα μαθαίνω. κάτι που φαίνεται να μην έχει καταλάβει ακόμα.

Εάν ένας μάντης μιλήσει με εγώ, τότε αυτός ο μάντης πρέπει να αγνοηθεί, γιατί το εγώ του θα τον τυφλώσει για πάντα από το ποιες αλήθειες μπορεί να δουν πραγματικά. Ειδικά αυτός που αποφεύγει και παραπλανά το δεύτερο που έρχεται αντιμέτωπος.

12 Δεκεμβρίου 2022:

-λογοκριμένο- έφυγε από την εταιρεία μου, αποδεικνύοντας πιθανόν συμβιβασμό από τον Γκρέις. Τα άτομα με τα οποία συναναστρεφόταν προώθησαν ανοιχτά την παρέμβαση του Γκρέι. Αμφισβήτησε επίσης με τον χειρισμό μου σε μερικά περιστατικά στα οποία είχε εμπλακεί. Κυρίως ότι «δεν πήρα το μέρος της».

Το πρώτο είναι όταν απευθύνθηκα σε έναν καυγά που έγινε σε ζωντανή ροή. -λογοκριμένο- προφανώς μιλούσε για το πώς με είδαν να διώχνω τον Κάιν κατά τη διάρκεια του περιστατικού της Ημέρας του Αγίου Βαλεντίνου, καθώς και για το πώς κατάφερα να δημιουργήσω ένα θεραπευτικό σιγίλ που θα μπορούσε να καταπολεμήσει τις έντονες αρνητικές επιρροές. Κάποιος στο πάνελ -λογοκριμένο- ρωτούσε για την εγκυρότητα των αξιώσεων. Ήταν πολύ επαγγελματίας με αυτό, ένιωθε ότι ο τρόπος με τον οποίο με ζωγράφιζαν το έκανε να ακούγεται σαν να «θα πήγαινα από τα νύχια μέχρι τα νύχια με τον Thor (από τους Avengers) στους δρόμους της Νέας Υόρκης». Αμέσως -λογοκριμένο- προσέβαλε και άρχισε να πυροβολεί. Όλα ζεστάθηκαν και αμέσως οι άνθρωποι άρχισαν να ανατινάζουν το τηλέφωνό μου προσπαθώντας να ζωγραφίσουν -λογοκριμένα- σε κακό φως. Δεν απάντησα αμέσως γιατί προσπαθούσα να κοιμηθώ πριν πάω στη δουλειά.

Κατάφερα να πείσω τις drama queens να μου δώσουν ένα timestamp, ώστε να μπορώ να δω τι συνέβη και να μην χρειάζεται να χάνω χρόνο προσπαθώντας να το βρω ενώ ετοιμαζόμουν για δουλειά. -λογοκριμένο- έκανε μια ειλικρινή ερώτηση. Δεν ήταν τσιγκούνης ή τίποτα, απλώς προσπαθούσε να αναγνωρίσει ότι η ιστορία μου είναι λίγο πιο ασυνήθιστη από τους περισσότερους. Έκανε μάλιστα μια έγκυρη επισήμανση ότι μια τέτοια τυφλή αφοσίωση ήταν ένα επικίνδυνο παιχνίδι.

Το δεύτερο περιστατικό αφορούσε ισχυρισμούς για ρατσιστικές συκοφαντίες. -λογοκριμένη- μετέδιδε τα παράπονά της σε ζωντανή μετάδοση, επειδή κάποιος την αποκαλούσε «λευκό κορίτσι». Παρακολούθησα αρκετή ώρα από τη ροή για να καταλάβω με ποιον ήταν θυμωμένη και άπλωσα το χέρι για να πάρω τη δική του πλευρά της ιστορίας χωρίς να μιλήσω με -λογοκριμένο-. Αυτό απλώς την εξόργισε. Καθώς έφευγε από την εταιρεία, απλώς προσπάθησε να ζωγραφίσει την κατάσταση καθώς την έσφιγγαν σιγά σιγά έξω και με προσέβαλε που δεν την παρακαλούσα να μείνει.

Όλοι, εκτός από εμένα, θεωρούνταν νομικά ελεύθεροι επαγγελματίες. Μπορούσαν να πηγαινοέρχονται όπως ήθελαν. Όλα αυτά ήταν υπογεγραμμένα με γραφική εργασία για την προστασία των συμφερόντων όλων.

Φρόντισα να γνωστοποιήσω ότι η συμπεριφορά της ήταν απαράδεκτη, ότι όλα ήταν κανονισμένα για να πηγαινοέρχονταν οι άνθρωποι όπως θέλουν και ο εγωισμός της δεν ήταν επιθυμητός.

Τρίτο περιστατικό που αφορούσε -λογοκριμένο- και τον κύριο που προσπαθούσε να ουρλιάξει ρατσισμό, το όνομά του ήταν -λογοκριμένο-. Σε άλλο ρέμα κάτι έμοιαζε να τον επηρεάζει -λογοκριμένο- μέχρι εκεί που ήταν καμπουριασμένος από τον πόνο.

Μου φαινόταν ότι είχε προβλήματα με την σκωληκοειδή απόφυση.

Στις -λογοκριμένες- και τις άλλες δήθεν μάγισσες, δαιμονίστηκε και άρχισαν όλοι να βγάζουν σταυρούς. Αυτή η άγνοια με εξόργισε.

Έπαιξα τον τόνο προστασίας sigil αυξάνοντας αργά την ένταση. Οι μάγισσες σιώπησαν και τεντώθηκαν, σαν κάτι να τις κυνηγούσε και ήταν κουλουριασμένες σε μια γωνία, αλλά

-λογοκριμένες- απάντησαν. Αύξησα την ένταση και -λογοκριμένος- φαινόταν να μην πονώ πια, ανταποκρινόταν μόνο στη φωνή μου. Τον οδήγησα πίσω προς την επιφάνεια χωρίς κανένα συμβάν. Αργότερα το ίδιο βράδυ όμως, υπήρξε μια ενδιαφέρουσα τροπή των γεγονότων.

Θυμάμαι ότι μπήκα σε ένα σκοτεινό δωμάτιο, με -λογοκριμένο- ξαπλωμένο γυμνό σε κάτι που έμοιαζε με χειρουργικό τραπέζι. Μου φόρεσαν μια ασημένια στολή, συνοδευόμενη από τη γυναίκα μου και τους δύο μεγαλύτερους. Έκανα κάποιο είδος εξέτασης και θυμήθηκα ότι είδα κάποιο είδος μαύρης γκούλας μέσα -λογοκρισίαδ- βρισκόταν ακριβώς γύρω από τους γοφούς του και μπόρεσε να το βγάλει χωρίς επεισόδια. Ωστόσο, παρατήρησα κάποιο ερεθισμό στην περιοχή που δεν μπόρεσα να χειρουργήσω άμεσα. Έμοιαζε σαν να είχα εξουσιοδοτηθεί μόνο να καθαρίσω τη μαύρη χύμα και να σταθεροποιήσω την -λογοκριμένη- κατάσταση σε ένα αρκετά ασφαλές επίπεδο ώστε οι γιατροί της Γης να μπορούν να το χειριστούν.

Καθώς ετοιμαζόμασταν να βοηθήσουμε -λογοκριμένα- να ντυθούμε, η σύζυγός μου επεσήμανε ότι έπρεπε να σημειώσω διανοητικά ένα σημάδι -λογοκριμένο- που είχε. Τη ρώτησα γιατί, και μου εξήγησε «Θα το θυμάσαι αυτό για να μπορείς να τον προειδοποιήσεις να πάει στο γιατρό, μάλλον θα χρειαστείς κάτι για να αποδείξεις ότι πράγματι τον εξέτασες».

Έκανα ένα αστείο που δεν το επεσήμανε νωρίτερα. Απλώς κούνησε το κεφάλι της και είπε ότι πρέπει να ακούσω καλύτερα γιατί μου το είπε, επισημαίνοντας το περιστατικό όπου είδα μια πρώην κοπέλα να απατούσε και εντόπισα ένα τατουάζ στον άντρα για να επικυρώσω αυτό που είδα.

Πήραμε πρώτα -λογοκριμένα- σπίτι πριν με αφήσει η γυναίκα μου. Αμέσως το επόμενο πρωί ξύπνησα από ένα ομαδικό μήνυμα με -λογοκριμένα- και μια-δυο άλλες «μάγισσες» να συνομιλούν με -λογοκριμένες-, χορεύοντας αόριστα γύρω από το περιστατικό. Στο chat είπα -λογοκριμένο- σημείο προς σημείο τι συνέβη το προηγούμενο βράδυ και ότι θα ήταν πολύ καλή ιδέα να πάει σύντομα στο νοσοκομείο για έλεγχο. Τόνισα μάλιστα πού είδα ένα σημάδι για να εδραιώσω την άποψή μου. -λογοκριθεί- ενθουσιάστηκε με τις πληροφορίες που έδωσα, λέγοντας ότι ήταν σαν να διάβαζα λέξη προς λέξη τον ιατρικό του χάρτη.

Δύο μέρες μετά, -λογοκριμένο- καταλήγει στα επείγοντα με ρήξη κήλη, εκεί ακριβώς που του είπα. Ενώ ήμουν στο νοσοκομείο, -λογοκριμένος- προφανώς είχε ένας γιατρός που έμοιαζε σαν κάποιος να είχε τοποθετήσει το πρόσωπό μου στο σώμα του.

Καθώς αυτή η κατάσταση διευθετήθηκε, άρχισα να σκέφτομαι τι μου είπε η γυναίκα μου σχετικά με την αναζήτηση αναγνωριστικών δεικτών. Τότε συνειδητοποίησα ότι -λογοκριμένος- δεν ήταν το πρώτο άτομο που πήρα. Το άλλο από τις επιθέσεις του Κάιν το πήραμε εγώ και οι «συνάδελφοί» μου. Σε ορισμένες περιπτώσεις, ήμουν απλώς ένα οικείο πρόσωπο για να παρηγορήσω τον ασθενή. Άλλα πήρα πιο ενεργό ρόλο. Υπήρχαν επίσης περιστατικά με αυτούς τους ίδιους ανθρώπους όπου έκανα μια παρατήρηση για πράγματα για τα οποία θα ήξερα μόνο εάν ήμουν καλά εξοικειωμένος μαζί τους, ή τουλάχιστον πήγαινα μια εκδρομή στην παραλία.

11-12 Φεβρουαρίου 2023

Στις 11 Φεβρουαρίου κάλεσα -λογοκριμένη- στην εκπομπή να μιλήσει για το βιβλίο της -λογοκριμένο- και το τελευταίο για τα UFO ήταν ότι τα «tictacs» ήταν θέμα συζήτησης μεταξύ των μαζών. Κατά τη διάρκεια της παράστασης, υπήρξε η συνηθισμένη αναμενόμενη παρέμβαση. Ήθελα να ρωτήσω για τις δυνατότητες για πιο άμεσες ενεργειακές επιθέσεις όπλων μετά από ένα όνειρο. Κάτι σχετικά με το ίδιο το όνειρο φαινόταν πολύ λεπτομερές για να είναι απλώς μια τυχαία οπτική.

Θυμάμαι ότι βρισκόμουν σε μια πόλη όπου ακτίνες φωτός έβαζαν φωτιά στα πράγματα. Κοιτάζω ψηλά και βλέπω ένα ογκώδες πλοίο όπου φαινόταν να προέρχονται οι δοκοί πριν σχεδόν χτυπηθούν από ένα. Για κάποιο λόγο, η εντύπωση που είχα ήταν ότι αυτό το όνειρο λάμβανε χώρα στο Τέξας, κάπου που ήμουν μόνο όταν ήμουν σε στάση στο Ντάλας/Φορτ Γουόρθ.

Ρώτησα για το ενδεχόμενο μελλοντικών επιθέσεων με ενεργειακά όπλα να -λογοκριθεί-, συγκρατώντας τυχόν λεπτομέρειες για να δω τι μπορεί να έχει. Το μόνο που είχε να πει για το θέμα ήταν ότι οι επιθέσεις ήταν πιθανές. Το επόμενο πρωί, ανακαλύπτω ότι ο 16χρονος ξάδερφός μου, -λογοκριμένος- και η γιαγιά μας ήταν σε τροχαίο ατύχημα. Το όχημα κύλησε έξι φορές, παραλίγο να εκτοξευθεί η γιαγιά μου, παρόλο που ήταν δεμένη. Ωστόσο -λογοκριμένη- και η γιαγιά μου επέζησε και έχει επουλωθεί πλήρως από τα τραύματά τους.

Φεβρουάριος - Μάρτιος 2023

Με πήγαν σε ένα πλοίο όπου περίμενε η υπόλοιπη οικογένειά μου, κάπως νευρικός για το τι θα ακολουθούσε. Δεν ήταν απαραιτήτως μια αρνητική ατμόσφαιρα... περισσότερο απλά προσμονή. Για τι ακριβώς; Όπως αποδείχθηκε, ήμασταν στο δρόμο μας για μια οικογενειακή επανένωση κοντά στο Sirius B, από όπου είναι η γυναίκα μου. Ο τομέας απελευθερώθηκε από την αρνητική επιρροή που αφορούσε τους Γκρίζους και τα μέλη του GFW είχαν άδεια για να επισκεφθούν τις οικογένειες που έμειναν πίσω.

Ο λόγος για την προσμονή, το άγχος, ήταν το γεγονός ότι η Iveena δεν έφυγε ακριβώς με καλές σχέσεις, κάτι που δέσαμε εκείνη κι εγώ όταν έφυγα από την Taalihara. Αυτή τη φορά όμως ήταν διαφορετική. Φυσικά ήθελε να επανασυνδεθεί με την οικογένειά της, για να έχει απλώς την επιλογή να τους δει, παρόλο που η μητέρα της και η ίδια είχαν τεταμένες κάποιες στιγμές. Αλλά αυτή η επίσκεψη είχε κάτι πιο σημαντικό πίσω της, η Ολίβια και ο Μάικλ δεν είχαν ακόμη γνωρίσει τους παππούδες τους προσωπικά. Επίσης, η Iveena δεν είχε μιλήσει ακόμα στους γονείς της για το μωρό Ireena, ελπίζοντας να το αφήσει ως έκπληξη.

Όταν φτάσαμε θυμήθηκα ότι με γοήτευαν οι κρυσταλλικές δομές. Η αίσθηση στον αέρα ήταν σαν κάτι από παλιό manga Sailor Moon, απεικονίσεις του "Crystal Tokyo" όπως προβλήθηκε. Κρύσταλλο, μέταλλο, φύση... όλα δουλεύουν από κοινού για να δημιουργήσουν μια φουτουριστική παρασθένεια. Ο ήχος του μετάλλου αντηχούσε κάτω από την αίσθηση μας, ο σταθερός ουρανός του λυκόφωτος χάρη στον αδύναμο ήλιο στο αστρικό σύστημα, ήταν πολύ έντονος για να είναι κάποιο... όνειρο ή παραίσθηση. Όταν αρχίσαμε να πλησιάζουμε ένα συγκεκριμένο κτίριο, υπήρχε ένας αέρας ενθουσιασμού και νευρικότητας. Ήταν καιρός.

Ένας άντρας και μια γυναίκα βγήκαν να μας χαιρετήσουν μπροστά στο σπίτι τους. Και οι δύο είχαν ύψος περίπου έξι πόδια, με όψη ανθρώπου. Τα εκστατικά χαμόγελα στα πρόσωπα όλων γύρω μας αποκάλυψαν αρκετά για το ποιοι ήταν αυτοί οι άνθρωποι. Η γυναίκα έμοιαζε πολύ με την Iveena, με μεγάλα πράσινα anime μάτια, μικρότερα σε καρέ από την ηλικία της αλλά με άψογη υγεία. Είχε αυτόν τον τρόπο να προβάλλει απλώς τα συναισθήματά της στους άλλους, όπως θα μπορούσαν να κάνουν πολλοί από τον κόσμο της. Οι γυναίκες εκεί ήταν επίσης γνωστό ότι ήταν αρκετά εκφραστικές και γνωστές για τη σεξουαλική τους ικανότητα. Ο πατέρας της Iveena ήταν ένας πιο ψηλός άντρας, κάπως στρογγυλεμένα χαρακτηριστικά με γκριζαρισμένα βρώμικα ξανθά μαλλιά. Δεν ταίριαζε στην εμφάνιση που μοιάζει με anime άλλων σε αυτόν τον κόσμο, πιστεύω ότι αρχικά ήταν Άχελ. Όταν με πλησίασε για μια αγκαλιά, ήταν σαν να χαιρετούσα έναν παλιό φίλο.

Η αγάπη, η χαρά, η ευτυχία, ο ενθουσιασμός ξεχείλισαν γρήγορα τις αισθήσεις μου. Ήταν εξαιρετικό να νιώθω απλώς μια τέτοια σύνδεση με αυτούς τους ανθρώπους. Μέσα υπήρχαν άλλοι που περίμεναν, οικογενειακοί φίλοι στο πλευρό της Iveena που προσπαθούσαν να επανενωθούν. Η μητέρα της Iveena ήξερε ότι ερχόμουν για τη Γη και έβαλε μια ολογραφική προβολή στο δωμάτιο που βρισκόμασταν για να μοιάζει σχεδόν με μια εξοχική κατοικία. Οι μηχανές σάρωσαν τις αλληλουχίες DNA μας για να παρασκευάσουν ένα είδος ζελατινώδους τροφής που είχε υπέροχη γεύση. Ένα κομμάτι του εαυτού μου δεν ήθελε να φύγει από τις γιορτές.

Ήταν κατά τη διάρκεια της ευγενικής συνομιλίας, η μητέρα της Iveena θόλωσε κάτι φαινομενικά τυχαίο που πέταξε τα συναισθήματα για το βράδυ. Έμοιαζε να είναι ο τύπος που είχε την τάση να ξεστομίζει ό,τι είχε στο μυαλό της, χωρίς να εξετάζει πολύ το πώς θα μπορούσε να επηρεάσει τους άλλους. Με είχε ρωτήσει πώς ήταν ο πατέρας μου.

Φυσικά μπερδεύτηκα. Ήμουν ακόμη νωρίς στο να καταλάβω πώς να θυμηθώ αυτά τα γεγονότα και ο «πατέρας» για τον οποίο νόμιζα ότι ρωτούσε τώρα κάθεται σε μια φυλακή της Αριζόνα. Σχεδόν άκουσα την Iveena να προσπαθεί να κάνει νόημα στη μητέρα της να μην πιέσει την ερώτηση ακόμη περισσότερο, προσπαθώντας να της πει ότι δεν θυμόμουν πολλά. Αυτό μόνο προκάλεσε περαιτέρω ερωτήσεις από την πλευρά μου, στην οποία η Iveena άφησε έναν μεγάλο αναστεναγμό και έβαλε κάτω το φαγητό που κρατούσε, μουρμουρίζοντας πώς "ήταν μόνο θέμα χρόνου..."

Δεν ήταν ο πατέρας που είχα στη Γη, δόξα τω Θεώ, αλλά ο πατέρας μου από την Ταλιχάρα. Η Iveena εξήγησε ότι ο πατέρας μου ήταν στη Γη για να αναπληρώσει τον χρόνο που έχασε αφού με παρότρυνε να φύγω από το σπίτι, νιώθοντας ότι με είχε εγκαταλείψει με κάποιο τρόπο όταν χρειαζόμουν περισσότερο την οικογένεια. Ο ίδιος είχε αναλάβει έναν απεσταλμένο, όχι ένα από το ίδιο πρόγραμμα στο οποίο ήμουν αναγκαστικά, αλλά αρκετός γενετικός προγραμματισμός ήταν στην οικογένεια για να καταστεί δυνατή αυτή η διευθέτηση. Η Iveena με έβαλε να εστιάσω βαθιά στα μάτια της, ακουμπώντας τα δάχτυλά της στον κρόταφο μου, κάτι που είχε κάνει εκατομμύρια φορές πριν για να με βοηθήσει να χαλαρώσω.

"Σκέψου, Ντακότα. Έχεις ήδη καταλάβει ότι οι άνθρωποι μερικές φορές μπορούν να φαίνονται και να συμπεριφέρονται παρόμοια με τις άλλες ενσαρκώσεις τους. Ο πατέρας σου δεν είναι -λογοκριμένος-, πραγματικά δεν πρέπει να ασχολείσαι μαζί του, αλλά αυτή είναι η επιλογή σου στο τέλος του Σκέψου την ημέρα που έφυγες από την Ταλιχάρα, όταν ο πατέρας σου σου είπε να φύγεις, ποιον σου θύμισε;».

Για μερικές εβδομάδες πριν από αυτό το ταξίδι, ο λεγόμενος φίλος και ο αδερφός μου προσπαθούσε να με πείσει ότι ήταν κατά κάποιο τρόπο ενσαρκωμένος ο πατέρας μου από το ΕΤ μου, προσπαθώντας να με απομακρύνει από αυτούς που προσπάθησαν να προσφέρουν βοήθεια. Έπαιξα στην αυταπάτη, ελπίζοντας ότι ήταν απλώς ένα απλό θέμα ότι μπερδεύει τα πράγματα, αλλά αυτό το ξέσπασμα της γλώσσας ήταν περισσότερο από αρκετό για να μπορέσω να το αντιμετωπίσω πραγματικά.

Άλλωστε αυτά τα όντα μου έσωσαν τη ζωή. Είναι η οικογένειά μου. Ήταν εκεί για μένα κατά κόρον, και εκτός από τις αμφιβολίες λόγω των εξαιρετικών συνθηκών... Ποτέ δεν αμφισβήτησα τις προθέσεις τους. -λογοκριμένο- έδινε ένα εκατομμύριο λόγους για τους οποίους πολλοί άνθρωποι εμφανίστηκαν θέλοντας να αντιμετωπίσουν.

Λοιπόν.. ποιος ήταν ο πατέρας μου; Μόνο ένας άνθρωπος που ήξερα στη Γη ταίριαζε σε όλα τα κριτήρια... ο παππούς μου, που με μεγάλωσε σαν να είμαι δικός του.

Το δεύτερο που με χτύπησε η συνειδητοποίηση, άρχισαν να επανέρχονται περισσότερες αναμνήσεις. Απαντήσεις σε ερωτήσεις που είχα σχετικά με τη φαινομενικά πνευματική σύνδεση με τον παππού μου από μικρή ηλικία.

Απρίλιος 2023
Γη - Ηνωμένες Πολιτείες - Αϊντάχο
Η μικρότερη αδερφή μου -λογοκριμένη- έχει επιβεβαιώσει με τον γιατρό της ότι βρίσκεται στο αρχικό στάδιο της εγκυμοσύνης.

13 Μαΐου είχα μια επίσκεψη από μια νεαρή κοπέλα που θυμίζει πολύ -λογοκριμένη-. Μιλήσαμε για τον μεγαλύτερο αδερφό της, ο οποίος απέβαλε, και πώς έτσι ήξερε ότι μπορούσε να μου μιλήσει. Ανησυχούσε για τους γονείς της, ιδιαίτερα τη μαμά της, γιατί οι συνέπειες των -λογοκριμένων- ενεργειών την αναστάτωσαν. Η κοπέλα αποκάλυψε επίσης ότι το όνομά της ήταν -λογοκριμένο-, θα γεννιόταν λίγο κάτω από 10 κιλά και ότι πιθανότατα θα γεννιόταν πριν από την αναμενόμενη ημερομηνία λήξης της Δεκεμβρίου.μερίδιο 5ο.

Υπολογίζεται τέλος Απριλίου - Μάιος 2023
Αποστολές Ομοσπονδίας - Ανάπτυξη

Αυτές τις τελευταίες εβδομάδες είχα επισκέψεις εντός και εκτός, όλες φαινομενικά συνδεδεμένες με αναθέσεις της Ομοσπονδίας. Θυμάμαι συναισθήματα καθαρής εξάντλησης αδρεναλίνης, σαν να ήμουν σε κίνηση. Ένα κόλπο με το οποίο έχω κολλήσει για να καταλάβω αν οι συγκεκριμένες επισκέψεις στον επάνω όροφο ήταν πρόσφατες ή στην «άλλη ζωή» μου ήταν αν είχα ή όχι μαλλιά.

Αν ήμουν φαλακρός, τότε έπαιζα ως Ντακότα.

Αν είχα μαλλιά, ήμουν ο Ελάριον.

Για αυτό, είχα μαλλιά.

Ήταν μια ομαδική ανάπτυξη. Το Stealth ήταν κρίσιμο. Ως τρόπος καταστολής πληροφοριών από τη Γη, σε όσους από εμάς είναι επίσης συνδεδεμένοι με το πρόγραμμα απεσταλμένων θα δοθεί ιδιαίτερη προσοχή για να διασφαλιστεί ότι τα μπλοκ στα γήινα σκάφη είναι αποτελεσματικά για να διασφαλιστεί ότι η λίγη λεπτομέρεια μάχης φτάνει στον πληθυσμό Terran.

Αστείο πώς αυτό δένει σωστά την εποχή που συναντώ -λογοκριμένο-. Θα πρέπει επίσης να σημειωθεί ότι περίπου μια εβδομάδα μετά τη συνάντηση -λογοκριμένη-, η αδελφή μου κατηγορήθηκε για πιθανή εγχώρια τρομοκρατία, αφού κάποιος χρησιμοποίησε ψεύτικο αριθμό τηλεφώνου για να προσποιηθεί ότι είναι και έστειλε απειλές στο αφεντικό της για να πυροβολήσει το μέρος. Εργαζόταν σε μια εγκατάσταση υποβοηθούμενης διαβίωσης για ενήλικες με ειδικές ανάγκες. Περιττό να πούμε ότι κατέληξε να χάσει τη δουλειά της.

Προς το συμφέρον της πλήρους αποκάλυψης, η αδερφή μου δεν έκανε ακριβώς τις καλύτερες επιλογές με ποιον συναναστρέφεται και αυτό θα μπορούσε να είναι καθαρά ένα περιστατικό κακής συγκυρίας. Το πρώην αφεντικό της είναι γνωστό για το ότι ξεκίνησε καβγάδες και είπε ψέματα στην αστυνομία, πιθανότατα χειραγωγούσε ένα μωρό μπαμπά με διανοητικά προβλήματα για να τραβήξει όλα αυτά τα χάλια...

Αλλά μέσα σε 24 ώρες αφότου η τελευταία φορά -λογοκριμένη- ήταν καλεσμένος στην εκπομπή μου και συζήτησα για πιθανές επιθέσεις με άμεσες ενεργειακές επιθέσεις, η γιαγιά μου και η 16χρονη ξαδέρφη μου -λογοκριμένα- κατέληξαν σε μια άσχημη ανατροπή που μερικώς εκτινάχθηκε η γιαγιά μου παρόλο που φορούσε ζώνη. Είναι καλύτερο να παρακολουθώ πόσα αποκαλύπτω σε ορισμένα κανάλια. Φαίνεται ότι ορισμένες μέθοδοι έχουν παραβιαστεί. Είτε αυτό... είτε η ιστορία μου με το κακό timing συνεχίζεται μέχρι σήμερα.

4 Μαΐου 2023
Άγνωστη τοποθεσία - Ανάπτυξη ομοσπονδίας

Μεγάλος διάδρομος, ήμουν σε μια πενταμελή ομάδα. Τα άλλα τέσσερα, ανθρωποειδή όντα. Στην αγκαλιά μου ήταν αυτό το μεγάλο γκρίζο πράγμα με αδύναμα πλοκάμια να παρασύρονται στα πλάγια. Έμοιαζε με μια μικρότερη εκδοχή των εισβολέων από τις ταινίες της Ημέρας της Ανεξαρτησίας. Πιθανό Negamuk; Δεν είμαι σίγουρος. Πρέπει να σημειωθεί ότι είχα μαλλιά σε αυτό το όραμα.

Ο Negamuk είπε ότι θα ενταχθεί σύντομα στο GFW... ήταν αυτή μια ματιά στο μέλλον; Η έβλεπα τα πράγματα μέσα από τα μάτια κάποιου άλλου; Μπορούσα να νιώσω τα πάντα εκείνη τη στιγμή, δεν υπήρχε περίπτωση να ήταν κάποιο έντονο όνειρο... σωστά;

27 Μαΐου 2023
Γη - Ηνωμένες Πολιτείες - Αϊντάχο

Υπήρξε άλλη μια επίσκεψη. Αυτό ήταν κάπως επαναλαμβανόμενο. Εκεί που με πήγαν έμοιαζε σκοτεινό, μόλις υπήρχε αρκετό φως για να πει πού υπήρχε κάτι στο δωμάτιο. Το δωμάτιο στο οποίο βρισκόμουν φαινόταν σχεδόν υπερβολικά ψηλό στο Χόλιγουντ, οι τοίχοι ήταν καλυμμένοι με αιγυπτιακά ιερογλυφικά και υπήρχε ένας θρόνος φτιαγμένος για να φιλοξενήσει κάποιον με πλαίσιο γίγαντα.

Καθώς το σημειώνω, αυτό μπορεί να ήταν η αίθουσα του θρόνου όπου συνάντησα για πρώτη φορά αυτό το άτομο μετά το περιστατικό με τη μητριά μου... ο θρόνος ήταν άδειος και έμοιαζε σαν να ήταν για αρκετό καιρό. Θα πρέπει να σημειωθεί κοντά σε αυτήν την εποχή ότι μια εξέχουσα προσωπικότητα, της οποίας η περιγραφή ταιριάζει πολύ με αυτήν που είδα, τέθηκε υπό κράτηση και οι παλίρροιες του αστεριού του πολέμου γύριζαν υπέρ της Ομοσπονδίας. Ενλίλ... εσύ ήσουν; Είχα πάρει τη συμφωνία σας... ποιος θα ήμουν τώρα;

31 Μαΐου 2023
Γη - Ηνωμένες Πολιτείες - Αϊντάχο
Πιθανή Intel/Recall

Χειρουργικό δωμάτιο. Αμυδρά φωτισμένο. Δεμένο σε ένα τραπέζι. Είχα αποδυναμωθεί, βασανιζόμουν. Το στήθος μου άνοιξε καθώς αυτό το πράγμα έφτασε στο χέρι του μέσα. Ένιωθα τα πάντα, αλλά άρχισα να αποσυνδέομαι από τα πάντα. Το ον φαινόταν ανθρώπινο, αλλά τα μάτια έμοιαζαν να στρέφονται προς τα ερπετά. Με κορόιδευε, πιέζοντας ένα δάχτυλο στο αίμα μου και μετά τρίβοντάς το στο στόμα μου. Από το στόμα του όντος βγήκαν δυνατά τσιρίσματα, σαν να προσπαθούσε να πει κάτι.. Έγινε έκρηξη σε άλλο δωμάτιο, έτρεξαν το ον και άλλοι μαζί του. Θυμάμαι που είδα έναν ψηλό ξανθό άντρα να με βλέπει διαμελισμένο, σταματώντας σοκαρισμένος για μια σύντομη στιγμή πριν τρέξει προς το μέρος μου. Μόλις μπόρεσα ο άντρας να ήταν φιλικός, ακούμπησα το κεφάλι μου στο τραπέζι στο οποίο είχα κολλήσει και αυτό ήταν το τέλος του οράματος.

1η Ιουνίου 2023
Γη - Ηνωμένες Πολιτείες - Αϊντάχο
Πιθανή Intel/Recall

Φουτουριστική πόλη. Ήμουν σε μια εκδήλωση, έμοιαζα με κάποιο είδος συναυλίας με φίλους. Ήμουν με μια γυναίκα, μαζί με ένα άλλο ζευγάρι. Η γυναίκα έμοιαζε με τη γυναίκα μου, αλλά λίγο νεότερη, σχεδόν εφηβική έως τις αρχές της δεκαετίας του '20. Το άλλο ζευγάρι ήταν πιο σκούρο στο δέρμα. Το αρσενικό, που έμοιαζε με τον φρουρό από το περιστατικό που αναφέρθηκε προηγουμένως στο «Αρειανό Αναρρωτήριο», ένιωθε σαν να ήταν ο καλύτερος φίλος του. Ήταν ψηλός, μελαχρινός, βαθιά φωνή...

Η εκδήλωση τελείωνε και εγώ και αυτή η άλλη κληθήκαμε σε ένα ιατρείο για να βοηθήσουμε τις έγκυες γυναίκες που αντιμετώπιζαν επιπλοκές. Πραγματοποιήσαμε ενδελεχείς εξετάσεις και μπορέσαμε γρήγορα να βοηθήσουμε τους γυναίκες, σώζοντας τα μωρά, όλα φαινομενικά τόσο εύκολα όσο το να βάλεις έναν επίδεσμο σε ένα χαρτοκοπτικό. Ο ιατρικός κόλπος μπόρεσε να δείξει πώς έμοιαζε ο πατέρας, που έμοιαζε με ανθρωποειδές ιγκουάνα... οι επιπλοκές από την ίδια την εγκυμοσύνη φάνηκαν να προκαλούνται από ασυμβίβαστο ταίριασμα DNA... παρόμοιες με γνωστές περιπτώσεις ασυμβατότητας RH.

Η συνάδελφός μου και εγώ επικεντρώσαμε την προσοχή μας σε ξεχωριστές γυναίκες, ανταλλάσσοντας πληροφορίες καθώς προχωρούσαμε με τις διαδικασίες. Οι ιατρικοί κόλποι μπορούσαν να χειριστούν τα πάντα, ήμασταν σχεδόν εκεί ως συναισθηματική υποστήριξη αρκεί τα μηχανήματα να μην αποτυγχάνουν. Εάν το έκαναν, θα εναπόκειτο σε εμάς να λάβουμε τις πληροφορίες που δίνουν οι ιατρικές υπηρεσίες πριν από τη δυσλειτουργία, προκειμένου να χορηγήσουμε τις σωστές θεραπείες και να αποτρέψουμε περαιτέρω βλάβη.

4 Ιουνίου 2023
Άγνωστη τοποθεσία - Ανάκληση μνήμης
Σκοτεινή περιοχή. Η αίσθηση στον αέρα ήταν σαν στρατιωτική βάση. Θυμάμαι ότι είδα τη λάμψη ενός ψηλού όντος. Λεπτό... θηλυκό... πολύ ψηλά στα κουμάντα. Ήμουν με

αρκετούς άλλους στρατιώτες, όλοι παραταγμένοι σε παράταξη. Δεν θυμάμαι να έχω ξαναδεί αυτή τη γυναίκα... αλλά ετοιμαζόμασταν να πάμε σε κάτι ζεστό και βαρύ. Αναμένονταν θύματα.

3 Ιουλίου 2023

Γη -> Ηνωμένες Πολιτείες -> Αριζόνα - Αϊντάχο

Πρώτη συνέντευξη για το Civilian Disclosure Project. Το θέμα είναι -λογοκριμένο- που εμφανίζει εμφανή σημάδια ψυχικής αφύπνισης που βασίζεται σε τραύματα. Πιθαααανότατα απήχθη για δραστηριότητες που σχετίζονται με το SSP σε νεαρή ηλικία. Αποκάλυψε ότι η απόπειρα αυτοκτονίας της ήταν η πιθανή αιτία της συνειδητοποίησης της κατάστασής της. Μίλησα μαζί της προσωπικά καθώς ήθελε να προσεγγίσει και να πάρει την άποψή μου, καθώς αυτή και εγώ είμαστε περίπου στην ίδια ηλικιακή ομάδα. Η συνέντευξη πήγε καλά, εντόπισα πού μπήκαν τα νοητικά της μπλοκ, υποδεικνύοντας τον φόβο να πει πάρα πολλά. Μέσα σε 12 ώρες, έλαβα ένα μήνυμα από το -λογοκριμένο- που με ρωτούσε αν θα ανυπομονούσα να δημοσιεύσω τη συνέντευξη. Θα έπρεπε να το περίμενα αυτό, αλλά θα σεβαστώ ευγενικά τις επιθυμίες της. Σημειωτέον ότι άρχισε να ενεργεί απόμακρη αφού είδε το σιγίλι προστασίας. Μόνο ο χρόνος θα δείξει.

8 Ιουλίου 2023

Είχα μια συνέντευξη με -λογοκριμένη- για το Bald and Bonkers Show που είχε κάποιες σημειωμένες παρεμβολές και αμυδρά φωνές στην ηχογράφηση, σαν να προσπαθούσε κάποιος να χακάρει τις συχνότητες. Η συνέντευξη ήταν ζωντανή και την άκουσαν και άλλοι. Είναι εξαιρετικά πιθανό οι φωνές να ήταν της γυναίκας μου και -λογοκριμένες-. Τις εβδομάδες που ακολούθησαν ξέσπασε κάποια διαμάχη, συνδεδεμένη με -λογοκριμένη-... η κατάσταση ήταν αρκετά σοβαρή που ακούστηκε μια φωνή ενώ ήμουν στη δουλειά που μου έλεγε να γυρίσω σπίτι το συντομότερο δυνατό.

Η διαμάχη είχε εξαπλωθεί σε -λογοκριμένη- και εκφράστηκαν φόβοι ότι θα με εκθέσει λόγω... παρεξηγημένων πληροφοριών. Πήρα στα ερτζιανά για να απευθυνθώ στους δειλούς που είχαν πολύ εμμονή με το δράμα για να τους φωνάξω, αννναλαμβάνοντας την ευθύνη των πράξεών μου και ευχαριστώντας -λογοκριμένη- που στην πραγματικότητα απηύθυνε τις ανησυχίες της μαζί μου απευθείας. Ήθελα να ξεσπάσω περισσότερο... αλλά είχα άλλα θέματα πολύ πιο σημαντικά. Ήμουν πιο νευριασμένος με το γεγονός ότι κάποιος θα τολμούσε να υπονοήσει ότι θα έκανα τα πάντα για να βλάψω κάποιον που με βοήθησε να καταλάβω την κατάστασή μου και να βρω την οικογένειά μου. Οφείλω σε αυτή τη γυναίκα ένα τεράστιο χρέος ευγνωμοσύνης και αντιτίθεται σε όλα όσα πιστεύω ως άτομο να προσπαθώ οτιδήποτε για να την βλάψω. Ειδικά πώς η επαφή της ήταν μια παλιά φίλη και ο παλιός μου διοικητής από την Ομοσπονδία. Πετάξαμε μαζί, τσακωθήκαμε μαζί, ήξερε την οικογένειά μου... φυσικά δεν τον κατηγορώ που τσαντίστηκε για το ενδεχόμενο. Ξέρω ποιος είμαι, ξέρω τι πρεσβεύω... και θα είμαι καταραμένος αν αφήσω κάποιον να το πει αυτό σε εικασίες.

Εκμεταλλευόμενος τη στιγμή... ρώτησα -λογοκριμένος- για κάποιον που στην πραγματικότητα ήταν συμβιβασμένος και προσπαθούσε να επηρεάσει τον τρόπο σκέψης μου. Είχε επιβεβαιώσει ότι ήξερε ότι κάτι συνέβαινε, αλλά δεν ήθελε να αναστατώσει τη φιλία... αν δεν με γκρίνιαζε για κάποιο διάστημα λέγοντας ότι έπρεπε να κόψω αυτό το άτομο από τη ζωή μου.

13 Ιουλίου 2023

Η μικρότερη αδερφή μου -λογοκριμένη- έκανε προγεννητικό έλεγχο, για τον προσδιορισμό του φύλου του μωρού καθώς και για την παρακολούθηση κύστεων ωοθηκών που τείνουν να εμφανίζονται στις γυναίκες της οικογένειάς μου. Προς μεγάλη απογοήτευση της αδερφής μου, ο γιατρός επιβεβαίωσε ότι το μωρό είναι πιθανότατα κορίτσι. Κυρίως γιατί, κατά τον τυπικό τρόπο αδελφών, δεν ήθελε να παραδεχτεί ότι είχα δίκιο.

Επίσης, η νεαρή κυρία που πιθανότατα έσωσα ως παιδί πριν έρθω στη Γη, βρήκε παλιές οικογενειακές φωτογραφίες που έδειχναν το ακριβές φόρεμα που φορούσε, βοηθώντας στην επικύρωση του χρονικού πλαισίου της αμοιβαίας μας συνάντησης πριν γίνω «Ντακότα». Είναι λίγο σουρεαλιστικό να βρίσκεις αυτά τα νήματα σε κάποια άλλη ζωή. Αναρωτιέμαι αν έτσι νιώθουν οι ασθενείς με αμνησία;

25 Ιουλίου 2023

Ξύπνησα από ένα όνειρο, η τελευταία φορά που είδα κάτι με τόσες λεπτομέρειες σήμαινε ότι κάποιος είτε ερχόταν στον κόσμο είτε ετοιμαζόταν να φύγει. Υπήρχε ένα κορίτσι, -λογοκριμένο-, που δεν είχα δει από το γυμνάσιο. Φαινόταν μεγαλύτερη, προφανώς, διαφορετικό στυλ μαλλιών αλλά την αναγνώρισα αμέσως.

Σαν κάτι από μια τηλεοπτική εκπομπή μέντιουμ, το όνειροπαρουσιάστηκε σαν να ήταν το πνεύμα της που προσπαθούσε να απλώσει το χέρι μετά τη δολοφονία.

Αναγνωρίζω ότι η περιοχή βρίσκεται εκτός -λογοκριμένης- σε περισσότερο προαστιακή περιοχή. Είχε μπλέξει με βαριά ναρκωτικά και κατέληξε να τη σκοτώσει. Ήμουν αυτός που προσπάθησε να βρει το πτώμα. Το πτώμα βρέθηκε σε ένα σωρό σκουπίδια, κοντά σε ένα συγκρότημα από το οποίο δρούσαν ορισμένοι μεγάλοι διακινητές. Όταν συνήλθε, υπήρξε αντιπαράθεση.

Προφανώς οι διακινητές που τη σκότωσαν ήταν γνωστοί ότι έπαιρναν ανθρώπινα λείψανα ως τρόπαια. Τα μέλη είχαν προσπαθήσει να με εκφοβίσουν και έδειξαν τη συλλογή τους από κομμένα ανθρώπινα κεφάλια. Και πάλι, όλα αυτά ήταν στην ονειρική κατάσταση.

Όταν ξύπνησα, την έψαξα αμέσως. Υπήρχε πάρα πολύς ρεαλισμός στα γραφικά. Μου πήρε ένα δευτερόλεπτο για να θυμηθώ το επίθετο με το οποίο πήγαινε. Μόλις θυμήθηκα τόσα πολλά, βρήκα δημόσιες εκκλήσεις στα μέσα κοινωνικής δικτύωσης ανθρώπων που ζητούσαν από φίλους της φυλακής να γράψουν -λογοκριμένα-. Έσκαψα λίγο πιο βαθιά και βρήκα δικαστικά αρχεία που αφορούσαν πολλές κατηγορίες εναντίον της ναρκωτικών από το 2016. Το τελευταίο της στιγμιότυπο ταίριαζε με το πώς είδα το πτώμα της στο όνειρο σχεδόν μέχρι ένα μπλουζάκι. Επρόκειτο να αποφυλακιστεί με αναστολή σύντομα, αλλά είναι προφανές ότι υπάρχει μια καθοδική πορεία.

Ειλικρινά δεν είμαι σίγουρος τι να κάνω με αυτό. Υπάρχουν φήμες για διακινητές στην περιοχή που συνδέονται με μεξικανικό καρτέλ. Και έχει περάσει τόσος καιρός από τότε που εκείνη και εγώ είδαμε ο ένας τον άλλον, και η διακυβευμένη ψυχική της κατάσταση μπορεί να είχε σβήσει οποιαδήποτε ανάμνηση είχε για μένα. Το γεγονός ότι μπήκε και βγήκε μόνη της στη φυλακή μπορεί να την εμποδίζει να συναντήσει αυτή τη μοίρα.

2 Αυγούστου 2023

Μαζική παρατήρηση UFO αναφέρθηκε στις αρχές. Ένα τρίγωνο σκάφος που εντοπίστηκε για πρώτη φορά νότια του Χόλιστερ, ακριβώς πάνω από τη γραμμή Αϊντάχο/Νεβάδα, πέταξε πάνω από τους Twin Falls, στη συνέχεια εντοπίστηκε στο Jerome, στο Shoshone, προτού πιθανώς αναχαιτιστεί από άλλα στρατιωτικά σκάφη και οδηγηθεί προς την κοιλάδα Sun. Το ένα ειδησεογραφικό μέσο που το ανέφερε μόλις και μετά βίας του έδωσε την προσοχή ενός περαστικού αστείου.

Ενημερώθηκα από μια επαφή μου σε ένα τοπικό κέντρο αποστολής μετά από δέκα κλήσεις για ένα παράξενο σκάφος που πετάει χαμηλά. Ήμουν αρκετά κοντά για να ρίξω μια ματιά, αλλά δεν μπορούσα να βρω μια εύκολη απόδραση από την πολιτική μου δουλειά για να το κάνω εγκαίρως. Κυριολεκτικά μόλις είχα μπει. Ο λόγος που κέντρισε το ενδιαφέρον ήταν ότι αυτή ήταν η πρώτη φορά που το κέντρο αποστολής είχε ποτέ τόσες πολλές τηλεφωνικές κλήσεις για ένα σκάφος που πετούσε χαμηλά. Οι ίδιες οι κλήσεις δεν ήταν απαραίτητα εκτός κανόνα, τις περισσότερες φορές αφορούσαν ανθρώπους που υποθέτουν ότι μικρά αεροπλάνα επρόκειτο να συντριβούν, χωρίς να συνειδητοποιούν ότι ένας μικρός ιδιωτικός αεροδιάδρομος βρισκόταν στην περιοχή. Αλλά πολλοί άνθρωποι, όλοι καλούν για το ίδιο πράγμα; Μεταξύ των πρακτορείων της περιοχής έγιναν περίπου 30 κλήσεις

Ήρθαν αρκετές κλήσεις όπου μπόρεσα να βρω μια σταθερή διαδρομή πτήσης. Τα βίντεο υποστήριζαν ότι κάτι ήταν στον ουρανό εκείνο το βράδυ που σχεδόν δεν έκανε θόρυβο. Τα ραντάρ πτήσης δεν το έδειξαν ούτε τα κατοχικά τζετ. Έτσι, η επαφή μου δεν θα αντιμετώπιζε πολύ πρόβλημα για να συζητήσει θέματα σχετικά με την εργασία σε έναν ξένο, μου έστειλαν έναν σύνδεσμο σε μια ομάδα στο Facebook όπου το περιστατικό συζητούνταν σε πραγματικό χρόνο.

Η καλύτερη εκτίμησή μου ήταν ότι αυτή ήταν μια στρατιωτική δοκιμαστική πτήση. Δεν είναι ασυνήθιστο για αυτή την εποχή του χρόνου. Ενώ παρακολουθούσα τα ειδησεογραφικά πρακτορεία έμαθα επίσης ότι προφανώς ο τοπικός στρατός και το τμήμα Salt Lake του FBI μπορεί να συνέβαλαν στη δολοφονία της κάλυψης του Τύπου για UFO στη δεκαετία του '40 με το Twin Falls Saucer Hoax. Η «φάρσα» ήταν ένα μικρό UFO 30 ιντσών που βρέθηκε στην αυλή κάποιου και διαγράφηκε ως περίτεχνη φάρσα που έκαναν άγνωστοι έφηβοι. Αυτό έλαβε χώρα περίπου τρεις ημέρες μετά τη συντριβή στο Roswell, στο Νέο Μεξικό.

24 Αυγούστου 2023

Στις 6:15 π.μ. σήμερα το πρωί βγήκα βόλτα με τη γάτα μου και παρατήρησα ένα περίεργο φως πάνω από το σπίτι μου που άρχισε να κινείται μόνο του. Έβγαλα το τηλέφωνό μου για να καταγράψω βίντεο από το περιστατικό και έμεινε στο οπτικό πεδίο, μόλις έφτανε στον ουρανό. Ήταν μοναχικό, ποικίλλει σε ένταση φωτός και φαινόταν να πετάει Νότια προς Νοτιοδυτικά προς τη γραμμή της Νεβάδα. Παραδόξως, φαινόταν ότι το αντικείμενο θα εξαφανιζόταν και θα εμφανιζόταν ξανά σε προγενέστερο σημείο της τροχιάς του πολλές φορές. Καθώς ο ήλιος ανέτειλε, το αντικείμενο έγινε λιγότερο ορατό συγκριτικά, προφανώς, αλλά εξακολουθούσε να έλαμπε αρκετά ώστε να μπορεί να φαίνεται με γυμνό μάτι και να καταγραφεί στην κάμερα. Το περιστατικό διήρκεσε περίπου 50 λεπτά πριν τελειώσει.

3 Σεπτεμβρίου 2023

Ένα πορτοκαλί φως πέρασε στον ουρανό καθώς έφευγα για τη δουλειά. Η ώρα ήταν περίπου 19:00... ακόμα φως έξω.

19-22 Οκτωβρίου 2023
Γη - Ηνωμένες Πολιτείες - Ορλάντο, Φλόριντα - GSIC

Αυτό είναι ένα γεγονός που απλώς σημειώνω ότι έχει υψηλές δυνατότητες. Μια συνέλευση συγκεντρώνεται στο Ορλάντο, με εκείνους που έχουν προσφέρει τα περισσότερα στοιχεία σχετικά με την υπόθεσή μου να είναι παρόντες και ως ομιλητές. Αυτό πρέπει να γίνει ενδιαφέρον. Ορισμένες από τις μεθόδους επικοινωνίας μου, που βασίζονται σε μαντεία και σε κιβώτια πνευμάτων, έχουν επίσης δείξει ότι μπορεί να με περιμένει μια έκπληξη.

19 Οκτωβρίου 2023

Φτάνω στο Ορλάντο μετά από μια μέρα ταξιδιού. Βλέπωλογοκρινόμενος- και το να την αγκαλιάσω για πρώτη φορά φαινόταν να πυροδοτεί αναδρομές της ημέρας -λογοκριμένο- και τη έσωσα. Ενδεχομένως ένα λοβό διαφυγής, ή ένα άδειο όρμο... τι ήταν αυτό;

20 Οκτωβρίου 2023,

Ως συνήθως -λογοκριμένα- πυροδότησε φλας, η ομιλία της για το Atlantis Resurgence. Είχα κάποια σχέση με τη μαζική εκκένωση; Ισως.... Κατά τη διάρκεια της συνεδρίας με το -λογοκριμένο-, δίδαξε στο κοινό πώς να «φτάσουν στον παράδεισο». Εκτός από τα αστεία λατρείας της αυτοκτονίας, τα οπτικά στοιχεία που είδα μου φάνηκαν πολύ πιο έντονα από άλλους που περιέγραψαν την κατάστασή τους. Θυμάμαι ότι είδα εκατοντάδες παιδιά, όμορφα τοπία, αρκετούς άλλους ανθρώπους που δεν ήταν στο συνέδριο με είδαν εκεί πάνω. Είχα μια επισκόπηση όλων των άλλων; Μπορεί να είναι. Οι διασυνδέσεις μου εμπλέκονται λίγο περισσότερο από τους περισσότερους. Θυμάμαι επίσης ότι είδα τον άλλο παππού μου, τον πατέρα του μπαμπά μου...

-λογοκριμένο- ήταν άλλο ένα συναρπαστικό παραμύθι. Η εμπειρία του από τα 20 και τα πίσω, παράλληλα με την κακοποίηση, ταιριάζει σε θεωρίες σχετικά με το γιατί οι σχέσεις μου είναι τόσο ισχυρές. Εάν εμφανιστεί ξανά σε ένα πάνελ, ίσως χρειαστεί να ρωτήσω αν έχει βρει κάποιους δείκτες για να παρακολουθήσει για την εύρεση αυτών των τοποθεσιών.

Βλέπω επίσης επικαλύψεις δύο τοποθεσιών, σαν να είμαι εδώ και σε ένα πλοίο. Διαδίδονται μηνύματα, λέγοντας ότι υπάρχουν τουλάχιστον 15 επιβεβαιωμένοι ΕΤ.

21 Οκτωβρίου 2023,
με επισκέφτηκαν. Η οικογένειά μου ήταν εδώ. Και οι τέσσερις. Δεν θυμάμαι τις πλήρεις λεπτομέρειες, αλλά η κύρια εικόνα που θυμάμαι, έντονα, ήταν τα μάτια της γυναίκας μου αφού φιληθήκαμε. Ήλπιζα να τους δω με σάρκα και οστά, να

βγάλω μια οικογενειακή φωτογραφία, αλλά φαίνεται ότι είναι ακόμα λίγο απρόσιτο.

-λογοκριμένη- η συζήτηση για τις εμπειρίες και το βιβλίο της φαινόταν να πυροδοτεί αντιδράσεις στο μυαλό μου. Καθώς και -λογοκριθείς-, ένας άντρας που ήταν (φέρεται, για λόγους λογομαχίας, ένας άντρας που στάλθηκε φυσικά εδώ ως μωρό). Μερικοί άνθρωποι παρατήρησαν ότι οι αντιδράσεις μου εκτινάσσονται και εξέφρασαν ανησυχίες, μερικοί που ακολουθούσαν μια θρησκευτική προσέγγιση και φαινομενικά αγνοούσαν αυτό που είμαι. Σιγά σιγά μαθαίνω να το αγνοώ, αλλά είναι λίγο ενοχλητικό.

-λογοκριμένο-, θεέ μου αγαπώ τη φωτιά αυτής της γυναίκας. Πρέπει να την πάρω σύντομα σε μια εκπομπή. Ούτως ή άλλως, η ομιλία της στόχευε περισσότερο προς τη βιβλική γραφή και τονίζοντας ότι ο Yhvh δεν ήταν ο καλοπροαίρετος θεός που τον υποθέτουν οι άνθρωποι. Υπήρχαν και εκεί κάποια ερεθίσματα.

22 Οκτωβρίου 2023,

Χθες το βράδυ ήταν η ντίσκο και έφυγα επειδή κάτι με ώθησε να φύγω από τη σκηνή.

Με πήραν ξανά. Πιθανό άνοιγμα κατευθυνόμενο προς το παράθυρο του ξενοδοχείου μου. Θυμάμαι ότι πετούσα με τον γιο μου, είναι σίγουρα σαν εμένα. Νιώθω ότι υπήρχε επίσης κάτι για το οποίο προσπάθησε να μου μιλήσει, πιθανώς για -λογοκριμένο- ... υπήρχε επίσης κάτι άλλο που πραγματικά δεν μπορώ να καταλάβω αυτή τη στιγμή.

Ομολογουμένως, από τις συνομιλίες μας άρχισα να αγαπώ λίγο το -λογοκριμένο- και στο βαθμό που τα πράγματα εξελίσσονται πέρα από τη φιλία είναι απίθανο. Από τότε που ανέπτυξα, ανησυχούσα για αυτήν και όλα τα παιδιά που έσωσα και ήθελα να μπορώ να τα ελέγξω με κάποιο τρόπο. Αυτό ήταν όλο αυτό, προφανώς. Πρέπει να δουλέψω ακόμα για την ανάκλησή μου. Όπως λέει ο -λογοκριμένος-, είναι μια συνεχής ώθηση που πρέπει να προσπαθώ να δουλεύω καθημερινά.

Αλλά πρέπει να σημειωθεί ότι όταν σηκώθηκα σήμερα το πρωί, άλλοι στο συνέδριο φωτογράφισαν πιθανό σκάφος πάνω από το ξενοδοχείο. Με είδαν!

23 Οκτωβρίου 2023
Η τελευταία μέρα του GSIC
-λογοκριμένα- μοιράστηκαν τις ιστορίες τους για προηγούμενες ζωές, πώς γνωρίστηκαν πριν, τις δουλειές που ολοκλήρωσαν και προσαρμόστηκαν στο πώς εξελίχθηκε η ζωή τους. Μια όμορφη ιστορία αδελφών ψυχών και υπέρβασης των προκλήσεων. -λογοκριμένος- μίλησε κυρίως για το παρελθόν του και αποκάλυψε μια συσκευή ενέργειας phryll.

Με -λογοκριμένα-, είχα αναδρομές. Μερικά από τα οποία περιελάμβαναν -λογοκριμένα-. Παρατήρησα ότι είχα μια μικρή αγάπη μαζί της και αυτό ήταν μέρος της επιρροής μου που επέλεξα να έρθω. Μέρος των όσων ήθελε να μιλήσει ο γιος μου, προφανώς. Υπάρχει ένας άντρας με τον οποίο συνδέθηκε και τον αφορά... Μέρος του εαυτού μου θέλει να το διαγράψει καθώς οι παλιές μου συνήθειες ζηλεύουν, αλλά... Ελπίζω ειλικρινά να κάνω λάθος. Ευτυχισμένες σκέψεις, χαρούμενες σκέψεις. Ο Μάικλ δεν φαινόταν να ανησυχεί, στην πραγματικότητα έδειχνε να του αρέσει -λογοκριμένος-. Αλλά σημείωσε επίσης κάτι... δεν ήταν η μητέρα του... αλλά είναι στη Γη και πρόκειται να την κάνει να αποκαλύψει πολύ σύντομα.

-λογοκριμένος-, εγώ και μερικοί άλλοι μαζευτήκαμε στο Outback Steakhouse για να έχουμε ένα τελευταίο δείπνο μαζί. Ήταν πραγματικά υπέροχο να συνδεθώ μαζί τους. Υπήρχε μια κυρία που ήταν εκεί που τράβηξε το μεγαλύτερο μέρος της προσοχής μας, -λογοκριμένη-, η οποία είχε μια πολύ βασιλική παρουσία. Ο τρόπος με τον οποίο περπατούσε, καθόταν, κουβαλούσε τον εαυτό της, θα περίμενε κανείς ότι θα ήταν η συμπεριφορά κάποιου που προέρχεται από ένα είδος βασιλικής οικογένειας. ΕΤ; Ίσως. Φαινόταν ότι μπορεί να είχε τηλεπαθητική διάθεση και προσπάθησε να τραβήξει την προσοχή μου ως τέτοια. Θα πρέπει να επικεντρωθώ ξανά σε αυτό που συνέβη. Μάλλον θα έπρεπε να είχα πάρει λίγο μονοατομικό χρυσό. Ανάμεσα σε αυτό και επαγγελματικές κάρτες για να φιλοξενήσω όλους όσοι με αναγνώρισαν.

25 Οκτωβρίου 2023

Μετά από μερικές μέρες πίσω στην πολιτική ζωή και αναλογιζόμενος όλα όσα συνέβησαν, δημοσίευσα ένα ενημερωμένο βίντεο για να μιλήσω για όλα όσα συνέβησαν. Όταν περίπουστην επίσκεψη του γιου μου, άρχισα να θυμάμαι περισσότερα για όσα είχαμε μιλήσει.

Φαινόταν ότι κάτι τον ενοχλούσε σχετικά με τις αποστολές που πετούσε με το GFW, ότι φοβόταν να τις αναλάβει γιατί ήξερε ότι ήθελα να δω αυτόν, τις αδερφές του και τη μητέρα του. Τόσο πολύ ρώτησα αν θα μπορούσαν να κάνουν μια εμφάνιση. Κάτι που, όπως σημείωσαν οι προηγούμενες ενημερώσεις μου, συνέβη ακριβώς. Ο γιος μου ήταν λίγο πιο φωνητικός, τουλάχιστον όπως τον θυμάμαι. Προφανώς το μυαλό του ήταν εν μέρει στα άκρα επειδή γνώριζε τις προσδοκίες μου για αυτό το γεγονός, ανυπομονώντας να τις δει πιθανώς. Εξέφρασε τις ανησυχίες του, κάνοντας ό,τι μπορούσε για να διαβεβαιώσει ότι όντως νοιάζονταν για μένα και ότι, ενώ θα κρατούσαν πάντα ανοιχτή τη γραμμή για να μιλήσουν ή να προσφέρουν βοήθεια όταν χρειαστεί, εξακολουθούν να χρειάζονται αλλού για να βοηθήσουν στον πόλεμο.

Οι Negamuk είναι τώρα στο πλευρό μας, κάτι που αναμενόταν.

Η Taalihara θα είναι σύντομα ελεύθερη.

Και όταν τελειώσω με αυτή τη ζωή.

Είμαι πίσω στον αγώνα για να τελειώσω τη δουλειά...

Αλλά αυτό σημαίνει επίσης ότι το ένα άτομο που έψαχνα όλο αυτό το διάστημα είναι στην πραγματικότητα στη Γη... αλλά πού;

30 Νοεμβρίου 2023

Υπάρχει κάτι με το οποίο παλεύω από το GSIC σε σχέση με τις αναμνήσεις μου. και η συγκίνηση έχει ενταθεί μόνο μετά το -λογοκριμένο- τελευταίο βίντεο του Star Nation. Δεν είναι κάτι αρνητικό, το λιγότερο συντριπτικό. Κάνω ό,τι καλύτερο μπορώ για να καταπιώ την περηφάνια μου και να το μοιραστώ, καθώς ήλπιζα να πάρω κάποια συμβολή. Ας πούμε απλώς, όσοι από εσάς γνωρίζετε τι έχω μοιραστεί σχετικά με την περίπτωσή μου, μπορείτε πιθανώς να καταλάβετε ότι αυτό είναι το μόνο σημείο που μπορώ πραγματικά να μοιραστώ. Θα προσπαθήσω να το κρατήσω σύντομο...

Για όσους δεν γνωρίζουν, εδώ είναι μια σύντομη περίληψη:

Είμαι από την Taalihara, έκανα απατεώνα και σκότωσα έναν Ciakharr που ήταν έτοιμος να φάει τρία παιδιά, εντάχθηκα στο

GFW ως γιατρός/επιστήμονας αφού έφυγα, παντρεύτηκα μια γυναίκα Τ'Ashkeru, έκανα δύο παιδιά, δούλεψα με -λογοκριμένα- σχετικά με τις διασώσεις απαγωγών πριν αναλάβει αυτή την αποστολή απεσταλμένου.

Η Έλενα το έχει επικυρώσει προσωπικά τόσο πολύ, φρόντισα να ρωτήσω μαζί της μια φορά -λογοκριμένη- προτού πω οτιδήποτε δημόσια. Μπόρεσα να συγκεντρώσω τόσα πολλά ακολουθώντας -λογοκριμένες- συμβουλές για το πώς να χειρίζομαι τις ανακλήσεις και να ψάχνω για περισσότερα. Αυτό και βρήκα ένα από τα παιδιά (προφανώς τώρα μια ενήλικη γυναίκα) -λογοκριμένο- και το έσωσα, το είχα ακόμη και στην εκπομπή μου και κράτησα επαφή μαζί της για να τη βοηθήσω με πράγματα που εργαζόταν.

Η διάσωση θα είχε γίνει στα τέλη της δεκαετίας του '80, στις αρχές της δεκαετίας του '90. Πέρα από το όταν είχα -λογοκριθεί- στην εκπομπή και ήταν προφανές -λογοκριμένο- ότι είχα κάνει κλικ, δεν είχα δει πολλά από τον τύπο από τότε. Ωστόσο, φάνηκε ότι σε μια από τις -λογοκριμένες- εμφανίσεις στην εκπομπή μου, -λογοκριμένη- έβγαλε μια ολογραφική προβολή της γυναίκας μου. Αυτός ο τύπος ξέρει λίγο περισσότερα από όσα αφήνει να συνεχίσει... και φαινόταν να ξέρει ότι το αισθάνομαι. Λοιπόν, πρέπει να δουλέψω στη διαδικασία

Έκανα ένα σημείο να πάω στο GSIC γιατί ήξερα ότι ο φίλος μου θα ήταν εκεί. Με ρωτούσε αν πήγαινα, αλλά δεν ήθελα να δώσω ψεύτικες υποσχέσεις. Προφανώς κατάφερα να τα φτιάξω όλα και σκοπεύω πλήρως να φτιάξω το επόμενο. Κατάφερα επίσης να συνομιλήσω με την οικογένειά μου στα αστέρια, και ενώ είπαν ότι ήταν απασχολημένοι με κάποιες άλλες καταστάσεις, θα προσπαθούσαν να κάνουν την εμφάνισή τους.

Περιττό να πούμε ότι κράτησαν τον λόγο τους και όσο εκπληκτικό κι αν ήταν, άνοιξε την πόρτα σε μια νέα «αποκάλυψη».

Όταν μίλησα για την απαγωγή μου όταν ήμουν έξι ετών, κάποιοι πρότειναν ότι -λογοκριμένο- και μπορεί να είχα κάτι κοινό, στο ότι το να καταλήξω 30 μίλια μακριά από το σπίτι μου ένα βράδυ μπορεί να ήταν ένα ασυνείδητο επεισόδιο τηλεμεταφοράς. Όπως αποδεικνύεται, μπορεί να είχατε εν μέρει δίκιο. Μπορεί να βρήκα το -λογοκριμένο- μου...

Είμαι περίπου 70% σίγουρος ότι όχι μόνο η γυναίκα μου είναι στη Γη για αποστολή απεσταλμένου. Αλλά το θέμα είναι ότι αν είναι εδώ, το κεφάλι της είτε δεν είναι τόσο ξεκλείδωτο είτε (αν διαβάζω σωστά τα πράγματα) κάτι την τρομάζει από το να σκάψει βαθύτερα. Το γεγονός ότι μετά βίας κλείνω τα 28 τον επόμενο μήνα και έχω καταλάβει τόσα όσα κάνω φαίνεται να είναι από μόνο του μια ανωμαλία.

Να τι ξέρω:

Μετά τη διάσωση, -λογοκρισία- και είχα έναν έναν-έναν καθώς με έπιασε βαθιά στις σκέψεις μου. Κάτι για ΑΥΤΗ η διάσωση χτύπησε πιο σκληρά από τα άλλα. Υπήρξε μια σύντομη περίοδος όπου είχα χρόνο να τακτοποιήσω τις υποθέσεις μου πριν πάω για τον απεσταλμένο μου, οπότε μου έδωσε χρόνο να επεξεργαστώ τα πάντα. Του είπα ότι σκεφτόμουν μόνο τα παιδιά και αν θα κατάφερνα να τα βρω όσο ήμουν εδώ κάτω. Τότε ήταν που -το λογοκριμένο- μου έδωσε μια ιδέα, λέγοντας «απλώς θυμήσου την άλκη». Χαμογέλασε και έκλεισε παιχνιδιάρικα το μάτι, με τον τρόπο του να μου λέει «υπαινιγμός, ξέρεις ήδη»

Όσο ήμουν εδώ κάτω, συνειδητοποίησα ότι τα παιδιά μου ήταν εκείνα που κατέβηκαν στη Γη για να έρθουν κοντά μου. Η γυναίκα μου πάντα μας συναντούσε στον επάνω όροφο... σαν να μην μπορεί να κατέβει σωματικά από φόβο μήπως αναστατώσει κάτι.

Θα υπήρχαν αρκετές «επισκέψεις» από τη γυναίκα μου που ένιωθα περισσότερο σαν να έπαιζα μηνύματα βίντεο παρά μια φυσική επίσκεψη, οπότεκάτι παρόμοιο με την ταινία Interstellar όταν ο χαρακτήρας του Μάθιου ΜακΚόναχι έβλεπε μηνύματα από το σπίτι.

Δουλεύοντας με το -λογοκριμένο-, φαίνεται ότι ορισμένοι κανόνες ήταν λυγισμένοι για να μου δώσουν ένα να αρχίσω να συνειδητοποιήσω ότι δεν κατάγομαι από τη Γη. Τεχνικά δεν υποτίθεται ότι ως απεσταλμένος που πιάνει πολύ νωρίς μπορεί να προκαλέσει ψυχολογική δυσφορία. Πρόσφατα συνειδητοποίησα ότι τα παιδιά μου είχαν ένα χέρι σε αυτό, βρήκαν παραθυράκια μαζί μου. Γιατί να το κάνουν αυτό; Αν έχω δίκιο, προσπαθούν να βοηθήσουν τη μαμά και τον μπαμπά να ξαναβρεθούν μαζί.

Δουλεύοντας με το -λογοκριμένο- έχω συνειδητοποιήσει ότι μέρος του γιατί τα παιδιά μου προσπαθούν να ωθήσουν τα πράγματα όπως ήταν είναι επειδή ήξεραν ότι ήθελα να θυμάμαι. Το ήθελα αρκετά για να βοηθήσω να παρακάμψω τυχόν «μπλοκ» που υπήρχαν νωρίς.

Την εν λόγω φίλη την βρήκα μέσω Tiktok. Έκανε βίντεο με θέματα πνευματικής, συνωμοσίας, ΕΤ και γρήγορα εντυπωσιάστηκα από το πόση δουλειά έκανε στα υλικά της. Μετά από λίγο, επικοινώνησα μαζί της μέσω email για να της ζητήσω συνέντευξη. Ήταν επίσης λάτρης του -censored-, οπότε ναι, την άφησα να πούμε γιατί το -censored- είχε προγραμματιστεί να κάνει μια εμφάνιση στο Bald and Bonkers εκείνο το Σαββατοκύριακο. Κατά ειρωνικό τρόπο, αυτό ήταν το επεισόδιο όπου ρώτησα -λογοκριμένο- αν είχα σχέση τεχνικά με τις κυρίες που έχω βγει στη Γη όσο ήμουν ακόμη τεχνικά παντρεμένη στον επάνω όροφο...

Κατά την ηχογράφηση του επεισοδίου της, εξέπληξα τη φίλη μου χρησιμοποιώντας CE5 και ένα spiritbox για να αποκαλύψω το πραγματικό της όνομα (που ποτέ δεν αποκάλυψε στον αέρα). Αυτό την οδήγησε να αποκαλύψει μια πιθανή μνήμη της οθόνης, κάτι που πιστεύουν οι ερευνητές του ΕΤ ότι είναι μια ψεύτικη ανάμνηση για να καλύψει την αλληλεπίδραση στον κόσμο.

Δεκέμβριος 2023 – Αύγουστος 2024

Η τήρηση ενός αρχείου ήταν πρόκληση με την ισορροπία της δουλειάς, της ζωής και του υπερφυσικού—είναι μια πράξη ταχυδακτυλουργίας. Ωστόσο, οι στιγμές που ξεχωρίζουν είναι μεταμορφωτικές. -λογοκριμένο- καλωσόρισε στον κόσμο ένα κοριτσάκι, λίγο καθυστερημένο αλλά απόλυτα υγιές. -λογοκριθεί- Με ανάλαφρο πνεύμα, η μητέρα και η γιαγιά μου έπαιξαν με την ιδέα ενός παρατσούκλι για αυτήν, -λογοκριμένα- , προς τιμήν της γέννησής της την Ημέρα Μνήμης του Περλ Χάρμπορ.

Η πιο βαθιά ανακάλυψη, ωστόσο, ήταν η γνωριμία με τη σταρ σύζυγό μου. Οι ενδείξεις ήταν πάντα εκεί, υπονοώντας την επίγεια παρουσία της. Μόλις είχαμε την ευκαιρία να συναντηθούμε και να δεθούμε, οι εμπειρίες που ακολούθησαν δεν ήταν τίποτα λιγότερο από θαυματουργές. Έχουμε γίνει μάρτυρες ασυνήθιστων φαινομένων, έχει δεχτεί επισκέψεις από το Elaryon, και ακόμη και τα παιδιά επιβεβαίωσαν ότι -το λογοκριμένο- είναι πράγματι μια ενσάρκωση της Iveena μου. Όλα αυτά ήρθαν στο φως κατά τη διάρκεια του γάμου της Olivia, που πραγματοποιήθηκε σε ένα από τα τέσσερα μητρικά πλοία GFW που περιφέρονται γύρω από τη Γη, όπου παντρεύτηκε έναααν άνδρα Meton. Ο Μάικλ, αν και ήταν σε ανάθεση αλλού, παρευρέθηκε μέσω ολογραφικής προβολής, μη θέλοντας να χάσει την ιδιαίτερη μέρα της αδερφής του.

Στο γάμο, βρήκα μια στιγμή να μοιραστώ ένααν αργό χορό με την Iveena. Κατά τη διάρκεια του χορού μας, τη ρώτησα αν η γυναίκα που είχε προχωρήσει ήταν όντως ο επίγειος εκπρόσωπος της. Πλημμυρισμένη από τα συναισθήματα της ημέρας, η Iveena το επιβεβαίωσε με ένα νεύμα. Αυτή η στιγμή της ευπάθειας μου έδωσε μια ματιά στο μυαλό της, αποκαλύπτοντας λάμψεις της ζωής της στη Γη, συμπεριλαμβανομένων πτυχών της τρέχουσας σχέσης μας. Μερικές από αυτές τις αναμνήσεις έχουν ήδη ξεδιπλωθεί.

Αρχικά, η -λογοκριμένη- είχε επιφυλάξεις για την εξωγήινη κατάσταση, παρά τη γοητεία της με το υπερφυσικό και το ανοιχτό μυαλό της. Η ιδέα του να έχεις μια άλλη οικογένεια κάπου εκεί έξω μπορεί να ανατρέψει τις πιο θεμελιώδεις πεποιθήσεις για τη ζωή. Ξέρω ότι μου έκανε όταν ήμουν μόλις δώδεκα. Η συνειδητοποίηση ότι θα μπορούσε να είναι η απεσταλμένη του ουράνιου συζύγου μου έφερε στο προσκήνιο μια πλημμύρα αναμνήσεων που ακόμα προσπαθώ να επεξεργαστώ.

Απλώς φαίνεται ότι κάθε στιγμή που έχω την ευκαιρία να καθίσω και να επεξεργαστώ κάτι καινούργιο έχει εμφανιστεί. Απλώς η δημιουργία μιας διαπροσωπικής σύνδεσης με το -λογοκριμένο- ενίσχυσε τη σύνδεση με την οικογένεια του διαστήματος. Οι επικοινωνίες φαίνονται πολύ πιο δυνατές, ο αστρικός μου εαυτός έχει φωτογραφηθεί σε μερική εκδήλωση, και ακόμη και οι φωνές μπορούν να υποκλαπούν μέσω παρεμβολών ραδιοφωνικής μετάδοσης. Πέρα από το να έχω με κάποιο τρόπο τη στοργή μιας πραγματικά όμορφης γυναίκας που είχα περάσει δεκαέξι χρόνια προσπαθώντας να βρω, μόνο και μόνο για να δω ότι είναι αληθινή, η αλήθεια για το ποιος είμαι βγαίνει στο φως.

Ω πόσο θα μπορούσα να συνεχίσω για αυτήν την κυρία, είναι πραγματικά απίστευτη. Ας ελπίσουμε ότι η υπόσχεση που έδωσα στην Ολίβια να συνεχίσω να αγωνίζομαι γιατί «η μαμά θα χρειαστεί να τη βοηθήσω», είναι πολύ πιο ανάλαφρη από ό,τι φοβόμουν. -λογοκριμένη- έχει δείξει μια άψογη ικανότητα να βλέπει τις ψυχές και το μυαλό των άλλων, παρόλο που αμφιβάλλει για τη νομιμότητα αυτού που βλέπει. Κατά κάποιο τρόπο αυτό μου θυμίζει εποχές που θα έλεγα ότι ο ιδανικός μου σύντροφος θα έμοιαζε με την τηλεοπτική σειρά Ghost Whisperer. Αυτή η γυναίκα είναι απλά τέλεια, ακόμα κι αν οι υπερφυσικές συνθήκες που μας περιβάλλουν δεν είχαν δεσμεύσει την προσοχή μας, πιστεύω ακράδαντα ότι θα την είχα ακόμα σκληρά.

Αλλά τώρα που το σκέφτομαι, αυτό μας βάζει τεχνικά σε ένα bootstra;p παράδοξο; Τεχνικά τα παιδιά, και οι άλλοι εαυτοί μας, προέρχονται από ένα σημείο περίπου 300 χρόνια στο μέλλον αυτού του πλανήτη. Είναι ίσως καλύτερο να μην το σκεφτείτε πολύ αυτή τη στιγμή... είναι λίγο πονοκέφαλος. Αν το όραμα που είδα να της κάνω πρόταση γάμου σε αυτή τη ζωή πραγματοποιηθεί... θα ήμουν το πιο τυχερό κάθαρμα εν ζωή.

Ω ναι, προτού ασχοληθώ με άλλες πτυχές που ήρθαν στο φως, τώρα έχουμε τέσσερα παιδιά δίπλα στο αστέρι. Τρία κορίτσια και ένα αγόρι... αρκετά ενδιαφέρον καθώς -λογοκριθεί- και μου έδειξαν το μωρό, η ουράνια πεθερά μου από τον Σείριο Β και η μεγαλύτερη κόρη μας αποφάσισαν να επισκεφθούν τον απεσταλμένο της σταρ-σύζυγό μου για να εξασφαλίσουν η υγεία της δεν επηρεάστηκε. Μετά από κάποια συζήτηση -λογοκριμένη- πρότεινε να φωνάξουμε το νεότερο μωρό Lily.

Φαίνεται ότι κάτι σχετικά με το πόσο ισχυρή είναι η σύνδεσή μας μπορεί να προκαλεί σωματικές παθήσεις μερικές φορές... λίγο τρομακτικό να το σκεφτόμαστε. Αλλά διασφαλίζουν ότι όλα θα περάσουν χωρίς επεισόδια. Αυτός είναι πιθανώς ο λόγος που χρειάστηκε τόσο πολύς χρόνος για να εμφανιστούν άλλες πτυχές της ιστορίας του ομολόγου μου.

Στην επιφάνεια έχουν έρθει και οι αποκαλύψεις για τον Ελάριο. Κατά τη διάρκεια των ημερών του στο καθεστώς Taal Shiar, φαίνεται ότι ο άλλος μου εαυτός ήταν ανάμεσα σε μια ομάδα στρατιωτών που στάλθηκαν για να διεισδύσουν στο ναζιστικό καθεστώς. Νόμιζα ότι είχα αναγνωρίσει ναζιστικά σύμβολα κατά τη διάρκεια των συνεδριών ανάκλησης, αλλά δεν μπορούσα να πιστέψω αυτό που έβλεπα. Την 1η Ιουλίου, ο -λογοκριμένος- δημοσίευσε ένα βίντεο σχετικά με τη Μαρία Όρσιτς και τον τρόπο με τον οποίο είχε χειραγωγηθεί ώστε να παράσχει σε αυτόν τον πλανήτη σχέδια για την κατασκευή εξελιγμένων σκαφών. Αυτή η εισαγωγή, αυτή η πράξη διείσδυσης, θα εξηγούσε γιατί η εικόνα της πυροδότησε αναμνήσεις ότι βρισκόταν σε ένα σκοτεινό δωμάτιο και λάμβανε μια ενημέρωση αποστολής και σε εμάς τους στρατιώτες έλεγαν ότι αυτή η γυναίκα χρησιμοποιήθηκε και επρόκειτο να σκοτωθεί.

Το βίντεο που αναφέρεται -λογοκριμένο- δηλώνει ότι έγιναν συμφωνίες μεταξύ του Taal Shiar και του Τρίτου Ράιχ κάποια στιγμή πριν από το 1940. Αυτό που κάνει αυτό το ενδιαφέρον είναι το γεγονός ότι βρήκα δύο φωτογραφίες (πιθανότατα περισσότερες) του Χίτλερ να περπατά στους χώρους κατά τη διάρκεια συγκεντρώσεων της Νυρεμβέργης του 1927 και 1936 που δείχνουν ένα άτομο που μοιάζει πολύ με έναν νεαρό Elaryon (μια φωτογραφία φαίνεται παραπάνω, κοιτάξτε τον κύριο πίσω από τον Χίτλερ κοιτάζοντας απευθείας την κάμερα).

Το γεγονός ότι το Taal είναι ίσως το πιο κοντινό συγγενικό είδος με τους ανθρώπους σε αυτόν τον πλανήτη, γίνεται λίγο πιο εύκολο για αυτούς να περπατούν ανάμεσά μας χωρίς να γίνονται αντιληπτοί. Το γεγονός ότι προφανώς ο Elaryon πέρασε λίγο χρόνο στη Γη μου δίνει την ευκαιρία να συγκεντρώσω μερικά πραγματικά απίστευτα στοιχεία σε ένα γραμμικό χρονικό πλαίσιο.

Όμως, παρά την τεράστια πρόοδο που έχει σημειωθεί, πρέπει να αναφέρω μία απώλεια. Ο συνεργάτης μου στο έγκλημα με τους Bald and Bonkers και εγώ δεν είμαστε πια. Παρασυρόμασταν για αρκετό καιρό, μπερδευόμασταν για το πώς να κάνουμε τα σόου, και στις ιδιωτικές συζητήσεις μια αντιληπτή έλλειψη προσωπικού σεβασμού και μια προθυμία να ανακατεύω το δράμα με ώθησε στα άκρα. Μόλις τελείωσα, αλλά του εύχομαι καλή επιτυχία στις προσπάθειές του. Μακάρι, με τις υπόλοιπες πτυχές της συγγένειας που ένιωσα όταν γίναμε για πρώτη φορά φίλοι, να ήταν απλώς πιο ειλικρινής.

Τα ζητήματα ξεκίνησαν πριν από λίγο καιρό όταν υποψιαζόμουν ότι προσπαθούσα σκόπιμα να εξαπατήσω και να χειραγωγήσω τα γεγονότα γύρω από την επαφή μου με την ΕΤ, προσπαθώντας να με απομακρύνουν από εκείνους που πραγματικά παρείχαν χρήσιμες πληροφορίες και αμφέβαλλαν για ειλικρίνεια. Ο ανόητος δεν είχε ιδέα ότι τον είχα υπό επιτήρηση. Ένα μέρος του εαυτού μου είναι σε θέση να το διαγράψει αυτό ως παρεξήγηση, μέχρι που έγινε φανερό ότι προσπαθούσε για άλλη μια φορά να τονώσει τον δικό του εγωισμό με ψεύτικα προσχήματα και είπε ψέματα στο πρόσωπό μου όταν είχα τα στοιχεία. Ίσως με τον καιρό βρω την καρδιά να φτιάξω αυτή τη γέφυρα, αλλά για το καλύτερο είναι να ακολουθήσουμε χωριστούς δρόμους.

8 Αυγούστου 2024

Επίσκεψη σε πλανήτη που μοιάζει με αμμόλοφο, ακολουθεί έντονη μάχη μετά από χτυπήματα πρασινογαλάζιων μετεωριτών, εισβολή λευκών στρατιωτών με ρομπότ Εξολοθρευτή. Έπρεπε να λείπω για τουλάχιστον δύο μήνες, στον χωροχρόνο. Στον γραμμικό χρόνο της Γης μπορεί να φαινόταν μόνο λίγα λεπτά. Πρέπει πραγματικά να καθίσω σε αυτό. Δημοσίευσα μια ηχογράφηση του Intergalactic Gigolo για να επισημάνω δημόσια αυτό το περιστατικό έως ότου κάποιος μέσα στο δίκτυό μου βρει πιθανώς κάτι συνδεδεμένο.

2 Σεπτεμβρίου 2024

Στο -λογοκριμένο- κανάλι YouTube, συζητούνται διπλωματικές σχέσεις που αφορούν τους -λογοκριμένους-. Η περιγραφή αυτής της φυλής φαίνεται σίγουρα να είναι ένας βιώσιμος υποψήφιος για διαμονή στον πλανήτη που μοιάζει με Dune. Έχω συζητήσει αυτή τη σύνδεση λίγο λεπτομερώς στο νέο τμήμα του Bald and Bonkers που έχω τίτλο Intergalactic Gigolo. Μπορείτε να βρείτε την πλήρη λίστα των επεισοδίων Intergalactic Gigolo: https://youtube.com/playlist?list=PLkDvo91I6DBAlza9moIlrrA-A3fr5RPa_&si=7TRIjq45ZTBI7vBa

Σεπτέμβριος - Οκτώβριος, 2024

Η τελευταία καταχώρηση για αυτό το κείμενο...

Το αφήνω αυτό ως αρχείο για να ενημερώσω τον αναγνώστη ότι δεν είναι το τέλος της ιστορίας. πολλά περισσότερα αποκαλύπτονται συνεχώς σε σχεδόν καθημερινή βάση και ήταν αρκετά δύσκολο για μένα να συνεχίσω. Υπάρχουν περισσότερες συμμετοχές που θα προσθέσω εν καιρώ, ελπίζω να κάνω τα πράγματα κατανοητά για τον απλό άνθρωπο. Υπάρχει επίσης θέμα για το οποίο ορκίζομαι να τηρήσω το απόρρητο μέχρι νεοτέρας. Έχουν γίνει περισσότερες αλληλεπιδράσεις με την αστρική μου οικογένεια, συμπεριλαμβανομένης μιας αποκάλυψης ότι η μεγαλύτερη ουράνια κόρη μου είναι έγκυος τη στιγμή που γράφω αυτό. Σωστά, θα γίνω παππούς. Δεν είμαι καν τριάντα!

Τις τελευταίες δύο εβδομάδες, έχω ανθρώπους που θέλουν να με επαναφέρουν στις μέρες του κυνηγιού επικηρυγμένων μου, αφού πραγματοποιήθηκαν επιδρομές της αστυνομίας και βρέθηκαν ανθρώπινα λείψανα υπό παρόμοιες συνθήκες με μια υπόθεση που δούλευα πριν από χρόνια. Έχω επίσης αναζητήσει ένα παράνομο κατοικίδιο kinkajou που κάποιο asshat εγκατέλειψε και το άφησε να τρέξει, ελπίζοντας να συλλάβω και να μεταφέρω το πλάσμα κάπου που μπορεί να λάβει την κατάλληλη φροντίδα πριν μπει επίσημα ο χειμώνας. Στις αρχές Οκτωβρίου το πλάσμα βρέθηκε αδύναμο από έλλειψη τροφής αλλά συνολικά υγιές.

Τις τελευταίες ημέρες του Σεπτεμβρίου, δοκιμάζω επίσης ένα μικρό πείραμα που περιλαμβάνει μια εκδήλωση που φιλοξενείται στο Κολοράντο για να δω αν οι βόλτες μου με την αστεροειδή μου οικογένεια θα τις δουν περισσότεροι μάρτυρες. Μέχρι στιγμής φαίνεται πολύ πιθανό, αλλά η εξάντληση από το να μην διατηρώ σωστά το πρόγραμμα άσκησης με αφήνει με σωματικές παθήσεις. Τίποτα που λίγη R&R δεν μπορεί να διορθώσει. Διοργανώθηκε από -λογοκριμένα- για να εμφανιστούν πολλά σκάφη και ο γιος μου ήταν ένας από τους πιλότους. Από την καταμέτρησή μου, υπήρχαν τουλάχιστον δεκαπέντε ξεχωριστά σκάφη, μερικά χρησιμοποιούσαν drones για πρόσθετο αποτέλεσμα. Θα μπορούσα να παρερμηνεύω αυτό που είχα δει, θα ήθελα να ήμουν φυσικά στην τοποθεσία για να ρίξω μια πιο προσεκτική ματιά, αλλά οι προτεραιότητές μου έχουν αλλάξει πολύ τον τελευταίο χρόνο.

Είχα ακούσει ψιθύρους μιας οργανωμένης παρατήρησης, μιας μικρής συστάδας σκαφών και ίσως ενός προηγμένου από τη Γη που βασιζόταν χαλαρά στο σκάφος ET. Το περίφημο σκάφος TR-3B Antigravity για την ακρίβεια. Επισήμως δεν υπάρχουν. Εδώ στο Αϊντάχο έχω δει προσωπικά ένα, όπως και εκατοντάδες άλλοι σε μια μαζική παρατήρηση UFO που παρέμεινε μακριά από ιστοσελίδες μέσων ενημέρωσης. Ο κύριος λόγος που ειδοποιήθηκα ήταν λόγω των επαφών μου με τις τοπικές αρχές επιβολής του νόμου.

Πίσω στην εκδήλωση, το πείραμα απομακρυσμένης προβολής ήταν επιτυχημένο από την πλευρά μου. Τα πλήθη ήταν λίγο πιο... εκκεντρικά αυτή τη φορά. Το οποίο είναι καλό, ως ένα βαθμό, δεν θέλετε τοξικοί άνθρωποι να καταστρέφουν την ατμόσφαιρα ενός σημαντικού γεγονότος. Κατέστησε κάπως πιο δύσκολη την εστίαση, καθώς παίζουν πολλοί κινούμενοι παράγοντες. Κατά τη διάρκεια της ακμής της εκδήλωσης θυμάμαι ότι μπορούσα να δω τουλάχιστον 15 σκάφη. Το υποτιθέμενο TR-3B φαινόταν λίγο πολύ "κομψό", κάτι που με έκανε να πιστέψω ότι μπορεί να ήταν ένα νεότερο μοντέλο στην ίδια "οικογένεια" τεχνών. Έπρεπε να αποσύρω λίγο τις προσπάθειές μου καθώς είχα αναπτύξει ημικρανία από εξάντληση... η προσωπική μου ζωή ήταν σε ένα μικρό χάος. Ανάμεσα στην ανοικοδόμηση του Bald και του Bonkers από την αρχή μετά τη ρήξη με τον παλιό μου σύντροφο, τη διατήρηση προσωπικών σχέσεων, την επιστροφή του εαυτού μου στο πεδίο για μια σειρά από επεμβάσεις και ακόμη και την επέκταση σε νέους δρόμους... είναι ασφαλές να πούμε ότι έχω ακόμα αρκεί να μεγαλώσεις να κάνεις.

Νομίζω ότι ίσως χρειαστεί να τελειώσω αυτό το βιβλίο με μια τελευταία ενότητα...

14 Οκτωβρίου 2024

Ως συνήθως, κάθε φορά που προσπαθώ να καθίσω και να γράψω την ιστορία μου με κάποια μορφή πάντα κάτι μου τραβάει την προσοχή. Για να πω την αλήθεια, ίσως χρειαστεί να αφήσω αυτό το συγκεκριμένο γεγονός να ξεφύγει. Στην απεραντοσύνη του διαστήματος, έχω λάβει νέα και μπορώ να επικυρώσω το θέμα με τα μάτια μου, ότι η κόρη μου Ολίβια καλωσόρισε το πρώτο της παιδί στον κόσμο. Αποκαλύφθηκε σε ένα επεισόδιο του "Intergalactic Gigolo", είναι ένα κοριτσάκι που ονομάζεται Emily.

Μεταξύ αυτού και του «αρραβωνιασμού» του γιου μου με μια πιθανή (με βάση τη φυσική της εμφάνιση) γυναίκα Zygon, που με αφήνει να την αποκαλώ στοργικά «Viv», η οικογένεια συνεχίζει να μεγαλώνει.

Δεν θα μπορούσα να είμαι πιο περήφανος για τα παιδιά μου. Η Ireena είναι σχεδόν έφηβη τώρα και η μικρή Lily δεν είναι τόσο μωρό αλλά γίνεται μια σωστή νεαρή κυρία. Σίγουρα όλο το ταξίδι στο χρόνο, το να βρίσκεσαι σε δύο ανθρώπους στον χώρο ταυτόχρονα, κάνει τα πράγματα λίγο μπερδεμένα... αλλά όλα είναι αγάπη.

Δεκέμβριος, 2024

Είναι αυτονόητο ότι οι προβλέψεις για το 2025 που είναι ένα σημαντικό ορόσημο στο φαινόμενο των UFO αρχίζουν να γίνονται πραγματικότητα, φαινομενικά συνδεδεμένες με την αναμενόμενη δεύτερη κυβέρνηση Τραμπ. Τα διαδικτυακά μιμίδια που αστειεύονται για το πώς ξεκινά το 2025 με το "WTF" μπορεί να αντικατοπτρίζουν πραγματικά τα συναισθήματα του ευρύτερου κοινού — και μπορεί να είναι σε κάτι. Μεταξύ των drones που καταδιώκουν υποτιθέμενες ζώνες υψηλής ραδιενέργειας και στρατιωτικές εγκαταστάσεις, τα ωστικά κύματα από τη δεύτερη κυβέρνηση Τραμπ ακόμη και πριν από την ανάληψη των καθηκόντων του Τραμπ, και την άνοδο στις αναφορές UFO, το 2025 διαμορφώνεται ως αξέχαστο.

Προσωπικά, ο Νοέμβριος έφερε μια μεγάλη έκπληξη: προτάθηκα για δημόσιο αξίωμα μέσω της πρωτοβουλίας «Υποψήφιοι για το Λαό» του Ρόμπερτ Κέννεντι, συμπεριλαμβανομένων θέσεων στην Κεντρική Υπηρεσία Πληροφοριών, την Εσωτερική Ασφάλεια, το Υπουργείο Δικαιοσύνης, την Υπηρεσία των Η.Π.Α. , και της Διοίκησης Μικρών Επιχειρήσεων. Εγώ—από όλους τους ανθρώπους! Ήταν πολύ σοκαριστικό να βλέπω το όνομά μου σε αυτή τη λίστα, ακόμη περισσότερο να μάθω ότι ήταν μια νόμιμη ευκαιρία.

Η εποχή της αλλαγής είναι αναμφισβήτητα εδώ. Είχα μερικές επισκέψεις στον «πάνω όροφο», κυρίως για να δω την Ολίβια και την εγγονή μου Έμιλυ. Τα πράγματα με τη γυναίκα μουΟ απεσταλμένος εξακολουθεί να πηγαίνει εκπληκτικά καλά! Αφού έσπασα τους δεσμούς μου με τον πρώην συνεργάτη μου στην Bald and Bonkers Network LLC, άρπαξα την ευκαιρία να εξερευνήσω νέους δρόμους για να συνεχίσω την εταιρεία να προχωρά. Παρά την απότομη μείωση της τηλεθέασης, παραμείναμε στη ζωή χάρη στη δημιουργία εσόδων στο κύριο κανάλι YouTube και τα χρήματα από τις πωλήσεις βιβλίων.

Κατά την απουσία μου, έχω επικεντρωθεί στην προσωπική ανάπτυξη μέσω της εκπαίδευσης, της παρακολούθησης μαθημάτων και κάποιας πολυαναγκαίας θεραπείας. Για τη νέα χρονιά, σχεδιάζω μια πλήρη αναμόρφωση του καναλιού YouTube. Ο στόχος είναι να επιστρέψουμε στα βασικά, ενώ παράλληλα καλλιεργούμε τους σπόρους της μελλοντικής επέκτασης. Μέχρι την παραμονή της Πρωτοχρονιάς, το κανάλι θα διαθέτει νέα λογότυπα, ενεργοποιημένα "προφίλ φαντασμάτων" για την πλήρη αξιοποίηση όλων των πόρων, νέες διαμορφωμένες κύριες εκπομπές για την πλατφόρμα ζωντανής ροής μας και πολλά άλλα.

Η τεχνητή νοημοσύνη θα παίξει επίσης μεγαλύτερο ρόλο. Για παράδειγμα, θα χρησιμοποιήσω το NotebookLM της Google για να δημιουργήσω επεισόδια παρόμοια με podcast που προωθούν νέες κυκλοφορίες βιβλίων την ημέρα κυκλοφορίας τους, μεταξύ άλλων.

Για έρευνες, επαναμορφοποιώ τα Αρχεία Frandsen σε ένα ερευνητικό πρόγραμμα βιτρίνας για να συζητήσω τα ευρήματα και να εξερευνήσω σε βάθος υπερφυσικά θέματα. Εφαρμόζω επίσης μια πειραματική ιδέα τεχνητής νοημοσύνης που κρατάω κρυφή για πάνω από μια δεκαετία - S.A.R.A. (Βοηθός Έρευνας

Υπερφυσικών Ανωμαλιών)—για να υπηρετήσει ως παρουσιαστής της εκπομπής.

Επιπλέον, το Intergalactic Gigolo θα λειτουργεί ως εβδομαδιαίο πρόγραμμα ενημέρωσης, συζήτησης και ψυχαγωγίας με μορφή που θα θυμίζει παραδοσιακές ραδιοφωνικές εκπομπές.

Αυτά τα τρία θα αποτελέσουν τον πυρήνα του περιεχομένου μας, αλλά υπάρχουν ακόμα περισσότερα: προστιθέμενα μαθήματα, shorts βίντεο, περιστασιακές ροές παιχνιδιών και πολλά άλλα.

Έχω συνειδητοποιήσει πόσο μακριά είχα απομακρυνθεί από το μονοπάτι και τους στόχους μου. Αλλά με αυτές τις αλλαγές, είμαι έτοιμος να επαναπροσδιοριστώ και να προχωρήσω.

10

Σκέψεις του Ειδικού

«Την ώρα και την ημερομηνία που γράφω αυτό το γράμμα, έχουν περάσει σχεδόν είκοσι δύο χρόνια από τότε που ήρθα για πρώτη φορά πρόσωπο με πρόσωπο με όντα που δεν ανήκουν στον κόσμο. Μετρώντας από αυτή τη στιγμή, έχουν περάσει μόλις δεκαέξι χρόνια από τότε που έμαθα ότι Δεν ήμουν μόνος σε αυτό το σύμπαν από τότε που άρχισα να βγαίνω στο κοινό. άτομο που προσπαθούσα να βρω όλο αυτό το διάστημα, είμαι μόλις είκοσι οκτώ ετών».

Αυτό ήταν από μια συζήτηση που είχα με τη φίλη μου, την επιβεβαιωμένη απεσταλμένη της ουράνιας συζύγου μου Ιβίνα. Στάθηκε ως μαρτυρία για το πόσο μεγάλο μέρος της ζωής μου ήταν συνδεδεμένο με το υπερφυσικό, πόσο από αυτό περιελάμβανε την προσπάθεια να καταλάβω τι μου συνέβαινε, αλλά το πιο σημαντικό είναι να προσπαθήσω να βρω μια γυναίκα που φοβόμουν ότι θα ήταν μια αυταπάτη ενός χαμένου μυαλού. Ευτυχώς, οι πιθανότητες μιας τέτοιας εσφαλμένης κατεύθυνσης έχουν θεωρηθεί σχεδόν μηδενικές, τουλάχιστον από την οπτική γωνία στην οποία βρίσκομαι.

Κάποτε, το φαινόμενο των ΑΤΙΑ δεν ήταν κάτι στο οποίο έδωσα ιδιαίτερη σημασία, αλλά καθώς είμαι πιο ανοιχτός σε αυτό, εξακολουθούν να υπάρχουν στοιχεία που με προβληματίζουν. Αυτό περιλαμβάνει τις συνεχιζόμενες διαμάχες του κοινού και τις οιονεί θρησκευτικές πεποιθήσεις που ορισμένες ομάδες έχουν ενσωματώσει στις απόψεις τους. Μια ιδιαίτερα στενάχωρη ανάμνηση για μένα είναι πώς, κατά τη διάρκεια των σχολικών μου ημερών, τα παιδιά χρησιμοποιούσαν την ιστορία του Δαβίδ και του Γολιάθ για να με προκαλέσουν σε συγκρούσεις λόγω του ύψους μου. Έχω συνειδητοποιήσει ότι δεν είμαι ο μόνος στην οικογένειά μου που αντέχει τέτοιες εμπειρίες.

Υπάρχουν πολλά που επέλεξα να μην αποκαλύψω εδώ, εν μέρει από σεβασμό στην ιδιωτική ζωή των άλλων και εν μέρει επειδή δεν ήμουν ποτέ καλός στην καταγραφή ορισμένων γεγονότων της ζωής. Υπήρχαν πράγματα που ήθελα απεγνωσμένα να ξεχάσω, να ξεφύγω από αυτά και να κόψω κάθε σχέση. Παραδόξως, η ενασχόληση με το φαινόμενο των UFO με ανάγκασε να αντιμετωπίσω αυτά τα μέρη του παρελθόντος μου. ήταν σαν να μάθαινα να αποβάλλω συνήθειες από προηγούμενες ζωές. Η εμπειρία ήταν περίεργη και συντριπτική και δεν υπάρχουν λόγια για να την περιγράψω πλήρως. Για πρώτη φορά, ένιωσα σαν να ήμουν αναγκασμένος να αντιμετωπίσω την αλήθεια κοιτώντας με πίσω στον καθρέφτη.

Υπήρχαν στιγμές που θα ήθελα να ήμουν ακόμα «επάνω», καθώς πολλοί φίλοι/μέντορες μου αναφέρονται στο διάστημα. Εκεί πάνω ήμουν πολεμιστής και θεραπευτής, πατέρας τεσσάρων πανέμορφων παιδιών, τυχερός μπάσταρδος συζύγου μιας από τις πιο σέξι γυναίκες που έχω δει ποτέ, είχα φίλους... υπήρχε αμοιβαία αγάπη και σεβασμός. Καθώς έπαιρνα τις τελευταίες πινελιές αυτού του κειμένου... Η Ολίβια είχε ένα δικό της κοριτσάκι. Τώρα είμαι και παππούς. Η σύγκρουση υπήρχε ακόμα, αλλά ήταν για λόγους ηθικής και όχι για προσωπικό κέρδος.

Εδώ κάτω; Ένιωθα σαν να με μισούσαν όλοι, περισσότερο φάντασμα παρά τα πνεύματα τη νύχτα. Οι άνθρωποι, συνειδητοποιημένοι για το δικό τους ανάστημα, υπέθεταν ότι επειδή ήμουν μεγαλύτερος και ψηλότερος από αυτούς, κοίταζα συνεχώς υποτιμητικά τους πάντες. Επειδή τώρα στέκομαι στο 6'7", είναι μόνο με την κυριολεκτική έννοια, επειδή μαθηματικά μόνο το 0,01% των ανθρώπων στις Ηνωμένες Πολιτείες είναι ψηλότεροι από εμένα. Με κρίθηκε από πτυχές του εαυτού μου δεν μπορούσα να αλλάξω. Η μητέρα μου και η γιαγιά θα απειλούσε να παίξει την κάρτα του θύματος και να εμπλέκω την αστυνομία όποτε θα ήμουν εμφανώς αναστατωμένος μόνο και μόνο για να επιβάλω την κυριαρχία πάνω μου. Ομολογώ ότι μπορεί να γίνω μαλάκας κατά καιρούς, κάτι πάνω στο οποίο έχω δουλέψει, αλλά όσο κι αν είμαι ευγνώμων για όλα όσα έχουν κάνει για να με βοηθήσουν να φτάσω όσο πιο μακριά έχω στη ζωή μου. Το να σας στρέφονται έτσι οι άνθρωποι που υποτίθεται ότι εμπιστεύεστε αφήνει σημάδι.

Μερικοί πιθανότατα θα προσπαθήσουν να πουν ότι δεν πρέπει να αναφέρω αυτή την πτυχή, να διατηρήσω το οικογενειακό δράμα στην οικογένεια. Από ορισμένες απόψεις μπορεί να έχουν δίκιο, αλλά το να αναγνωρίσω τι είχε συμβεί και πώς το μυαλό μου κατάφερε να τα ερμηνεύσει όλα είναι ένα βήμα που πρέπει να κάνω για να διασφαλίσω ότι οι πληγές που έχουν απομείνει θα επουλωθούν. Αν με το να βγω έξω και να αναγνωρίσω αυτές τις αλήθειες καταφέρει να βοηθήσει άλλους που περνούν παρόμοιες δοκιμασίες, τότε τουλάχιστον θα είχα κάνει καλό. Οι προτάσεις για ανακλήσεις μνήμης επέτρεψαν επίσης να εμφανιστούν ορισμένα γεγονότα που απέστειλα. όπως ο πατέρας μου που προσπαθεί να με επιτεθεί σεξουαλικά, άλλα μέλη της οικογένειας που απειλούν για σεξουαλική βία ή η θετή μητέρα μου που πιθανώς με εκθέτει σε LSD σε νεαρή ηλικία.

Δεν πρόκειται να σπαταλήσω αυτές τις σελίδες για να εκθέσω τα παράπονά μου, άλλες εκδόσεις αυτού του κειμένου που μπορεί να έχουν ενημερωμένες πληροφορίες απλώς μπορεί να το κάνουν αυτό. Αυτό είναι για να παραδεχτώ κάτι στον εαυτό μου, ίσως να βάλω το ρεκόρ. Αυτό γίνεται για να βοηθήσει άλλους που δυσκολεύτηκαν να πουν τις δικές τους ιστορίες να βρουν έμπνευση για να μιλήσουν. Οι ασυνήθιστοι ισχυρισμοί που έχω κάνει για συναντήσεις του άλλου κόσμου έχουν δημιουργήσει μια υπόθεση ότι αναζητώ τη φήμη και την περιουσία. ότι πρέπει να αφιερώνω τον χρόνο και τους πόρους μου σε γήινα θέματα αντί να δίνω προσοχή στις συχνές παραξενιές στη ζωή μου. Άλλοι υπέθεσαν ότι δεν είχα κάνει καμία προσπάθεια για μια φυσιολογική ανθρώπινη ζωή, χωρίς να έχω κάνει προσωπικές ερωτήσεις για να εξακριβώσω τέτοια συμπεράσματα.

Κατέληξα στο συμπέρασμα, και είμαι πολύ χαρούμενος που παραδέχομαι ότι μπορεί να αποδειχτεί λάθος, ότι πολλοί έχουν αναπτύξει αυτή την ιδέα ότι το μόνο που βλέπουν επιχρισμένο σε μια δισδιάστατη επιφάνεια είναι ολόκληρη η ιστορία. Που μου φαίνεται... τεμπέλης. Πώς μπορεί κανείς να βάλει όλα όσα πέρασαν, τη βάση της γνώσης, τις εμπειρίες τους, τα συναισθήματά τους, κάθε πλεονέκτημα της ανθρώπινης εμπειρίας σε μια επίπεδη επιφάνεια; Να τα βάλετε όλα σε ένα βίντεο στο YouTube; Ένα βίντεο Tiktok ή ένα tweet; Τα μυθιστορήματα μπορεί να είναι ένας τέτοιος τρόπος, αλλά υπάρχουν τόσα πολλά που μπορεί κανείς να εκφράσει με λέξεις. Βασιζόμενος σε τέτοια παραδείγματα για τη διατύπωση του πλήρους ατόμου. σκέψεις, συναισθήματα, ιδέες, επιθυμίες, ανάγκες, επιθυμίες και όλα τα άλλα που συνθέτουν το άτομο.

Υπάρχουν μερικά πράγματα που γίνονται σε αυτό το κείμενο που μπορεί να προκαλέσουν κάποιες ερωτήσεις από το κοινό. ειδικά αν σκεφτεί κανείς πόσοι γνώρισαν για μένα. Η λογοκρισία των ονομάτων μου ήταν μια επιλογή για να σεβαστώ το απόρρητο των άλλων εμπλεκομένων, καθώς το να βρω τον χρόνο να απευθυνθώ για τις κατάλληλες άδειες έγινε λίγο ταλαιπωρία. Ήταν επίσης μια επιλογή να ακολουθήσω την προτίμησή μου να εργάζομαι μόνος και να αποφύγω ορισμένα δράματα για να επικεντρώσω περισσότερο την ενέργειά μου στο έργο που είχα στο χέρι, για να δώσω περισσότερη εστίαση στα σημεία που ένιωθα ότι μπορούσα να κάνω το καλύτερο. Όπως και αν δεν θα έπρεπε να νιώθω πραγματική ευθύνη για να βοηθήσω την αδερφή μου να φροντίσει την κόρη της, το να μην είμαι μέρος της ζωής αυτού του μικρού κοριτσιού απλά αισθάνομαι λάθος... ειδικά με το πόσο δεμένος έχω γίνει.

Τα πράγματα που κατάφερα να κάνω σε αυτή τη ζωή είναι από μόνη μου, και ενώ θα παραμένω πάντα αιώνια ευγνώμων για τη βοήθεια που πρόσφεραν οι άλλοι στην πορεία, κουράζομαι από την απόρριψη ότι ορισμένα συμπεράσματα είναι επειδή «το κήρυτταν». Είμαι κυρίαρχος στις προσπάθειές μου, ανοιχτός σε συνεργασίες, αλλά αυτό που βλέπετε από εμένα είναι δική μου δουλειά και όχι από οποιοδήποτε είδος διαχείρισης.

Επέλεξα να παρακολουθήσω και να μελετήσω τα έργα ορισμένων ατόμων γιατί ακολουθώντας τις συμβουλές τους, συνέβησαν ακόμη πιο ασυνήθιστα γεγονότα που με έπεισαν για τη νομιμότητά τους. Από όλα τα «τεστ» που κατάφερα να συγκεντρώσω με την έρευνά μου, ήταν αυτά που ξεπέρασαν κάθε προσδοκία. Είναι μόνο ένα υποπροϊόν των συνομιλιών που έγιναν, βρίσκω την τιμή και το προνόμιο να αποκαλώ αυτούς τους ανθρώπους φίλους μου. Έμμεσα έχω αναφερθεί στα έργα τους, κυρίως για τον προσδιορισμό των ονομάτων των ειδών ΕΤ, για να δώσω περισσότερες προδιαγραφές σε τι είδους οντότητες έχω συναντήσει παρά στις γενικές ετικέτες όπως "Πλειάδειοι", "Αρκτούριοι" κ.λπ. οι περισσότεροι κύκλοι της νέας εποχής. Απλώς μου φάνηκε πιο σεβαστό με αυτόν τον τρόπο και σε καμία περίπτωση δεν είναι μια προσπάθεια να κλέψω το υλικό μερικών από τους πιο έξυπνους ανθρώπους που γνωρίζω.

Μπήκα σε αυτό απλώς προσπαθώντας να βρω την οικογένειά μου, να καταλάβω τι συνέβαινε και ίσως να βοηθήσω άλλους στην πορεία. Υπήρξαν λάθη; Οπωσδήποτε, σε κάποιους ένιωσα σαν να χτύπησα δυνατά το πρόσωπό μου σε έναν τοίχο από τούβλα. Αλλά αυτά τα λάθη είναι μέρος της μάθησης. Και παρόλο που μπορεί να μην συμφωνώ απαραίτητα με τον τρόπο με τον οποίο ορισμένα άτομα μπορούν να κάνουν την επιχείρησή τους και τον τρόπο με τον οποίο παρουσιάζουν αυτές τις πληροφορίες... είχα επίσης χρόνο να αλληλεπιδράσω μαζί τους έναν και έναν αρκετά για να μάθω ότι ο λόγος τους προέρχεται από την καρδιά. Αν μη τι άλλο, αυτό το γεγονός από μόνο του έχει μεγαλύτερη σημασία από όλα τα άλλα.

Το λέω αυτό γιατί, ενώ αυτό το τμήμα τιτλοφορείται "Ανακλάσεις", υπάρχει μια δήλωση που θα ήθελαμάρκα. Ακριβώς επειδή διαβάσατε αυτό το βιβλίο, δεν σημαίνει ότι γνωρίζετε ολόκληρη την ιστορία. Ίσως, μια μέρα στο δρόμο, να αποφασίσω να επανακυκλοφορήσω αυτό το κείμενο με ακόμη περισσότερες καταχωρήσεις που θα μπορούσαν να αλλάξουν ολόκληρη την αφήγηση. Η ιστορία μου απέχει πολύ από το να έχει τελειώσει και η επιλογή να αντικαταστήσω την ανθρώπινη αλληλεπίδραση εξετάζοντας τα υλικά που κυκλοφόρησα θα οδηγήσει μόνο σε περαιτέρω σύγχυση. Πιστέψτε με, ένα κομμάτι του εαυτού μου εξακολουθεί να στρίβει λίγο με όλα όσα συμβαίνουν.

Η επόμενη νέα μου προσθήκη στη συλλογή βιβλίων που έχω γράψει για να βοηθήσω να κατανοήσω τις ατυχίες μου θα έχει τον τίτλο "FrandsenFiles Compendium" και θα εμβαθύνει στην ερευνητική πλευρά των διαφόρων αλληλεπιδράσεων. Θεωρίες, ανακαλύψεις, ανάλυση περιστατικών. το όνομα σου, ελπίζω να το έχω. Η συμπερίληψη εικόνων που δημιουργήθηκαν από τεχνητή νοημοσύνη ήταν αυστηρά για επεξηγηματικούς σκοπούς, αν και σκοπεύω να αναζωογονήσω κάποιες παλιές ιδέες για να δημιουργήσω τα δικά μου προγράμματα τεχνητής νοημοσύνης. Τα αρχικά στάδια αυτών βρίσκονται επίσης σε εξέλιξη.

Μπορεί να διαχειρίζομαι τη δική μου εταιρεία και προφανώς να έχω λογαριασμούς να πληρώσω, αλλά δεν επιδιώκω τη φήμη ή την περιουσία με τις προσπάθειές μου. Οι αριθμοί στα μέσα κοινωνικής δικτύωσης μπορεί να παρέχουν μια αίσθηση αξιοπιστίας και να ξεκλειδώνουν νέους δρόμους, και θα έλεγα ψέματα αν δεν είχα ενθουσιαστεί υπερβολικά όταν μου ζητούσαν να κάνω συνεντεύξεις και άλλα τέτοια, αλλά αυτή δεν είναι η κληρονομιά που θέλω να αφήσω. Κάνω αυτό που κάνω γιατί το απολαμβάνω. Κάνω αυτό που κάνω γιατί φαινόταν ο καλύτερος τρόπος για να βοηθήσω άλλους να ξεφύγουν από το καβούκι τους και να μοιραστούν τις ιστορίες τους, ώστε να υπάρξει αλλαγή.

Έβαλα τον εαυτό μου εκεί έξω, με τον τρόπο που το κάνω, γιατί φαινόταν ο καλύτερος τρόπος για να προσεγγίσω άλλους που έπεισαν τον εαυτό τους ότι είναι μόνοι... κάτι για το οποίο ξέρω πάρα πολλά.

Ίσως όμως αυτό να είναι το κύριο μάθημα σε όλο αυτό; Ότι δεν είμαστε ποτέ πραγματικά μόνοι και είμαστε ικανοί για πολλά περισσότερα. Ότι κάποιος, κάπου, σε αυτό το άπειρο κομμάτι της δημιουργίας είναι πάντα κάποιος που νιώθει για σένα, νοιάζεται για σένα, θέλει να ευδοκιμήσεις. Η μέρα που θα καταλάβουμε τι χρειάστηκε, τι χρειάζεται για να είναι αυτά τα όντα αυτή τη στιγμή μαζί μας. θα είναι η μέρα που η ανθρωπότητα σε αυτή τη Γη θα έχει πραγματικά εξελιχθεί. Όσο για το ποιες δυνατότητες περιμένει;

Αυτό είναι για να το αποφασίσετε. Οποιοσδήποτε μπορεί να σας δώσει τις πληροφορίες για το τι υπάρχει εκεί έξω στο σύμπαν, αλλά τι θα κάνετε με αυτές τις πληροφορίες για να βοηθήσετε τους άλλους;

Ο μόνος περιορισμός είναι η φαντασία.

11

Σύνδεσμοι για περισσότερες πληροφορίες

Επισκεφτείτε τον ιστότοπο Bald and Bonkers Network LLC για περισσότερες πληροφορίες: www.baldandbonkers.net

Ακολουθήστε το κανάλι YouTube Bald and Bonkers Network LLC για βίντεο, εκπομπές, μουσική και άλλα: https://www.youtube.com/@BaldandBonkers

Δείτε το "The Hunt for Olivia: The Paraflixx Cut":
https://paraflixx.vhx.tv/videos/the-hunt-for-olivia

Δείτε το "Bonds of Beyond":
https://paraflixx.vhx.tv/videos/bondsofbeyond-paraflixx-paranormal-plus

Η Ντακότα κάνει μια σύντομη εμφάνιση στη 2η σεζόν του National Geographic "Drain the Oceans" Επεισόδιο 11 με τίτλο "Secrets of Loch Ness"

Διαβάστε το "Dear Kota: Time to Fess up" για να αποκαλύψετε την πρώτη λογοτεχνική προσπάθεια του Dakota

ΣΥΝΔΕΣΜΟΙ ΓΙΑ ΠΕΡΙΣΣΟΤΕΡΕΣ ΠΛΗΡΟΦΟΡΙΕΣ

να κατανοήσει την παράξενη ζωή του. διατίθεται στα ηλεκτρονικά βιβλιοπωλεία

Νέες εκδόσεις αυτού του κειμένου ενδέχεται να κυκλοφορήσουν στο μέλλον δίνοντας περισσότερες λεπτομέρειες για τα περιστατικά που περιγράφονται

Να είστε σε επιφυλακή για το "FrandsenFiles Compendium!"

Η Dakota Frandsen, γνωστή και ως «Specialist of the Strange», είναι δημιουργός πολυμέσων, ερευνήτρια παραφυσικών και ιδρυτής της Bald and Bonkers Network LLC. Με ένα δια βίου πάθος για την αποκάλυψη των μυστηρίων του υπερφυσικού, η Ντακότα έχει χτίσει μια καριέρα γύρω από την υπέρβαση των ορίων και την εξερεύνηση του άγνωστου. Το ταξίδι του ξεκίνησε ως έφηβος με περίεργεια και αποφασιστικότητα, με αποτέλεσμα να γίνει αναγνωρισμένος ειδικός στις παραφυσικές και αποκρυφιστικές κοινότητες.

Η δουλειά της Ντακότα εκτείνεται σε διάφορα μέσα, από βιβλία και μουσική μέχρι podcast και διαδικτυακά μαθήματα. Ως η κινητήρια δύναμη πίσω από το Bald and Bonkers Network LLC, είναι αφοσιωμένος στο να βοηθά άλλους να βρουν τη φωνή τους, όσο αντισυμβατικό κι αν είναι, παρέχοντας εργαλεία και πόρους για προσωπική αφήγηση και ανάπτυξη επωνυμίας.

Εκτός από την εξειδίκευσή του στα παραφυσικά, ο Ντακότα είναι αφηγητής στην καρδιά. Η γραφή του συχνά συνδυάζει προσωπικές εμπειρίες, υπερφυσικά θέματα και ενδοσκοπικές επιστολές προς τον νεότερο εαυτό του, προσφέροντας στους αναγνώστες μια μοναδική ματιά στον κόσμο της ανάπτυξης, της ανακάλυψης και της επιβίωσής του.

Η Dakota ηγείται επίσης έργων όπως το "Why We Are Supernatural", μια συλλογική ανθολογία που καταγράφει πραγματικές ιστορίες υπερφυσικών συναντήσεων, και διευθύνει το Bald and Bonkers Network Academy, το οποίο προσφέρει δωρεάν μαθήματα σχεδιασμένα για να ενδυναμώσουν τους επιχειρηματίες και τους δημιουργικούς. Η φιλοδοξία του να οικοδομήσει μια παγκόσμια κοινότητα αφηγητών συνεχίζει να τροφοδοτεί το ολοένα αυξανόμενο έργο του.

Εκτός από τις επαγγελματικές του προσπάθειες, ο Ντακότα είναι βαθιά παθιασμένος με τη δημιουργία περιεχομένου που συνδέει τους ανθρώπους και τους εμπνέει να αγκαλιάσουν τα δικά τους ταξίδια, όσο περίεργα ή μυστηριώδη κι αν φαίνονται.

www.ingramcontent.com/pod-product-compliance
Lightning Source LLC
Chambersburg PA
CBHW011946270125
20929CB00009B/219